中国石油销售业务要览

2021

中国石油天然气集团有限公司 编

石油工业出版社

图书在版编目（CIP）数据

中国石油销售业务要览.2021/中国石油天然气集团有限公司编. —北京：石油工业出版社，2023.12
　ISBN 978−7−5183−6057−4

　Ⅰ.①中… Ⅱ.①中… Ⅲ.①石油销售企业−概况−中国−2021　Ⅳ.①F426.22

中国国家版本馆CIP数据核字（2023）第245819号

中国石油销售业务要览2021

出版发行：石油工业出版社
　　　　　（北京安定门外安华里2区1号　100011）
　　网　　址：www.petropub.com
　　图书营销中心：（010）64523731
　　编　辑　部：（010）64523623　64523586
　　电子邮箱：gailan@cnpc.com.cn
经　　销：全国新华书店
印　　刷：北京中石油彩色印刷有限责任公司

2023年12月第1版　2023年12月第1次印刷
710毫米×1000毫米　开本：1/16　印张：12.25
字数：220千字

定价：35.00元
（如出现印装质量问题，请与图书营销中心联系）
版权所有　翻印必究

编 辑 说 明

一、《中国石油销售业务要览》（以下简称《要览》）是《中国石油天然气集团有限公司年鉴》的主营业务简本之一。

本册《要览》记述中国石油天然气集团有限公司2021年销售业务及其相关企业主要发展情况和所取得的成就，向广大读者展示中国石油天然气集团有限公司努力实现有质量、有效益、可持续发展，为建设世界一流综合性国际能源公司所做出的努力和取得的成就。

二、本册《要览》内容分为3个部分：销售、天然气销售、销售企业概览。

三、本册《要览》所引用的数据和资料截至2021年12月31日，个别内容略有延伸。除特别指明者外，一般指中国石油天然气集团有限公司统计数字。

四、为行文简洁，《要览》中的机构名称一般在首次出现时用全称，随后出现时用简称。中国石油天然气集团有限公司简称"集团公司"，中国石油天然气股份有限公司简称"股份公司"，两者统称"中国石油"。

五、本册《要览》资料翔实、叙述简洁、数据准确，为石油员工以及广大读者了解中国石油天然气集团有限公司年度发展情况提供帮助。

六、希望读者多提供宝贵意见和建议，以便今后能更好地精选内容，为读者服务。我们的联系方式，邮箱：gailan@cnpc.com.cn。

《中国石油天然气集团有限公司年鉴》编辑部

2023 年 12 月

目　录

第一部分　销　售

综述 ·············· 2
　概述 ················ 2
　经营业绩 ············ 2
成品油业务 ········ 3
　概述 ················ 3
　市场特点 ············ 3
　市场营销 ············ 4
　零售运营 ············ 4
　资源调运 ············ 5
非油业务 ·········· 6
　概述 ················ 6
　便利店运营 ·········· 7
　自有商品开发 ········ 7
　运营管理提升 ········ 7
　业务拓展 ············ 7
　非油品牌建设 ········ 8
加油卡业务 ········ 8
　概述 ················ 8
　加油卡发行管理 ······ 8
　互联网业务 ·········· 9
　营销传播 ············ 9

　会员体系建设 ········ 9
气、电、氢业务 ···· 9
　概述 ················ 9
　天然气业务 ·········· 10
　充换电及加氢业务 ···· 10
投资管理与网络建设 · 10
　概述 ················ 10
　投资管理 ············ 10
　网络开发 ············ 10
　库站工程建设 ········ 11
专业管理 ·········· 11
　HSE 建设与管理 ······ 11
　计量管理 ············ 12
　质量与标准化管理 ···· 12
　油库管理 ············ 13
　财务管理 ············ 13
　信息化管理 ·········· 15
　合规管理 ············ 15
　培训管理 ············ 16
　考核激励 ············ 16
　技能鉴定 ············ 16

· 1 ·

第二部分　天然气销售

综述 ················· 18
　概述················· 18
　经营业绩 ············· 19
　油气体制改革 ········· 19
天然气批发销售业务 ··· 20
　概述················· 20
　资源池结构及优化 ····· 20
　天然气批发销售流向及结构······· 20
　天然气批发市场开发 ··· 20
　天然气保供 ··········· 21
天然气终端销售业务 ··· 21
　概述················· 21
　天然气终端销售量 ····· 21
　天然气终端销售流向及结构······· 21
　天然气终端销售策略 ··· 22
　天然气终端市场开发 ··· 22
液化石油气销售业务 ··· 22
　概述················· 22
　液化石油气销售流向及结构······· 22
　液化石油气销售策略 ··· 23
　液化石油气资源拓展及市场开发 ··· 23
LNG 接收站业务 ······ 23
　概述················· 23
　接卸外输量 ··········· 23
　新建 LNG 接收站布局及项目前期
　　工作············· 23

新能源业务 ·········· 24
　概述················· 24
　新能源业务发展方向 ··· 24
　新能源试点项目前期工作 ········· 24
增值业务 ············ 25
　概述················· 25
　销售业绩 ············· 25
　非气业务发展方向 ····· 25
天然气销售专业管理 ··· 26
　概述················· 26
　规划管理 ············· 26
　投资管理 ············· 26
　预算管理 ············· 27
　财务管理 ············· 27
　资产管理 ············· 27
　资本运营 ············· 27
　股权管理 ············· 27
　生产运行 ············· 28
　工程管理 ············· 28
　物资管理 ············· 28
　安全环保 ············· 29
　计量管理 ············· 29
　科技管理 ············· 29
　信息化管理 ··········· 30
　标准管理 ············· 30
　培训工作 ············· 31
　资本市场管理 ········· 31

第三部分 销售企业概览

**中国石油天然气股份有限公司
东北销售分公司** ………… 34
概况 …………………………… 34
产销服务 ……………………… 35
扭亏解困 ……………………… 35
改革创新 ……………………… 36
风险管控 ……………………… 36
精益管理 ……………………… 36
企业党建工作 ………………… 37

**中国石油天然气股份有限公司
西北销售分公司** ………… 37
概况 …………………………… 37
业务运行 ……………………… 38
经营创效 ……………………… 39
风险防控 ……………………… 39
改革创新 ……………………… 40
基础管理 ……………………… 40
队伍建设 ……………………… 41
企业党建工作 ………………… 41
群团建设 ……………………… 41

中石油昆仑好客有限公司 …… 42
概况 …………………………… 42
业务发展 ……………………… 42
一体化营销 …………………… 43
商品集采与自有商品开发运营 … 43
专业管理 ……………………… 43
品牌经营 ……………………… 44
基础管理 ……………………… 44
企业党建工作 ………………… 45
办公地点搬迁 ………………… 45

**中国石油天然气股份有限公司
北京销售分公司** ………… 46
概况 …………………………… 46
加油站管理 …………………… 47
营销业务 ……………………… 47
非油业务 ……………………… 47
油库管理 ……………………… 48
投资建设 ……………………… 48
企业管理 ……………………… 48
财务管理 ……………………… 49
数字信息化管理 ……………… 49
人才队伍建设 ………………… 49
企业党建工作 ………………… 49
群团工作 ……………………… 50
助力冬奥 ……………………… 50

**中国石油天然气股份有限公司
上海销售分公司** ………… 50
概况 …………………………… 50
市场营销 ……………………… 52
资源调运 ……………………… 52
非油业务 ……………………… 52
加油站管理 …………………… 52
新领域新业务 ………………… 53
投资建设 ……………………… 53
企业管理 ……………………… 53
信息化建设 …………………… 54
健康质量安全环保 …………… 54
员工队伍建设 ………………… 54
企业党建工作 ………………… 55
企业文化建设 ………………… 55

中国石油天然气股份有限公司湖北销售分公司 …… 56

概况 …… 56
油气销售 …… 57
非油业务 …… 57
资源运行 …… 58
投资建设 …… 58
合规管理 …… 58
管理创新 …… 59
企业党建工作 …… 59

中国石油天然气股份有限公司广东销售分公司 …… 60

概况 …… 60
油气销售业务 …… 61
非油业务 …… 61
加油站管理 …… 62
油库管理 …… 62
投资建设 …… 63
质量健康安全环保 …… 63
企业党建工作 …… 63

中国石油天然气股份有限公司云南销售分公司 …… 64

概况 …… 64
战略发展 …… 65
成品油业务 …… 65
数智营销 …… 66
非油业务 …… 66
资源运行 …… 67
"云油利剑"成品油专项整治行动 …… 67
安全环保数质量管控 …… 67
网络建设 …… 67
提质增效 …… 68
管理创新 …… 68
法治企业建设 …… 68
队伍建设 …… 69

企业党建工作 …… 69
新冠肺炎疫情防控 …… 70
品牌文化 …… 70
首座红色文化主题加油站落成 …… 70

中国石油天然气股份有限公司辽宁销售分公司 …… 71

概况 …… 71
成品油销售 …… 72
非油业务 …… 73
网络建设 …… 73
质量健康安全环保 …… 73
提质增效 …… 74
企业改革 …… 74
信息化建设 …… 74
企业党建工作 …… 74

中国石油天然气股份有限公司吉林销售分公司 …… 76

概况 …… 76
油气销售业务 …… 76
非油业务 …… 78
安全环保 …… 78
库站管理 …… 78
投资建设 …… 79
企业管理 …… 79
提质增效 …… 79
企业党建工作 …… 80

中国石油天然气股份有限公司黑龙江销售分公司 …… 80

概况 …… 80
成品油业务 …… 81
非油业务 …… 82
加油卡业务 …… 82
气、电、氢业务 …… 82
投资管理与网络建设 …… 83

专业管理……………………………… 83

中国石油天然气股份有限公司
天津销售分公司 ………… 84
概况……………………………… 84
油品销售业务…………………… 85
非油业务………………………… 85
加油站管理……………………… 85
油库管理………………………… 86
投资建设………………………… 86
资源运行………………………… 86
三项制度改革…………………… 86
精益化管理……………………… 86

中国石油天然气股份有限公司
河北销售分公司 ………… 87
概况……………………………… 87
市场营销………………………… 88
加油站管理……………………… 88
非油业务………………………… 89
油库管理………………………… 89
投资建设………………………… 90
安全数质量……………………… 90
基础管理………………………… 90
企业党建工作…………………… 91

中国石油天然气股份有限公司
山西销售分公司 ………… 91
概况……………………………… 91
油品销售业务…………………… 93
非油业务………………………… 93
加油站管理……………………… 93
投资与工程建设………………… 93
储运与油库……………………… 94
企业管理………………………… 94
质量计量安全环保……………… 94
信息化建设……………………… 94

人事管理………………………… 95
企业党建工作…………………… 95

中国石油天然气股份有限公司
内蒙古销售分公司 ……… 96
概况……………………………… 96
油气销售业务…………………… 96
加油站管理……………………… 97
非油业务………………………… 98
资源运行………………………… 98
投资建设………………………… 98
安全环保………………………… 98
合规管理………………………… 99
改革创新………………………… 99
提质增效………………………… 99
企业党建工作…………………… 99

中国石油天然气股份有限公司
陕西销售分公司 ………… 100
概况……………………………… 100
油品销售………………………… 101
非油业务………………………… 101
提质扭亏………………………… 101
投资建设………………………… 102
管理提升………………………… 102
深化改革………………………… 102
队伍建设………………………… 103
企业党建工作…………………… 103
扶贫攻坚………………………… 104
抗击疫情………………………… 104

中国石油天然气股份有限公司
甘肃销售分公司 ………… 105
概况……………………………… 105
油气销售………………………… 106
客户管理………………………… 107
服务提升………………………… 107

非油业务	108
投资建设	108
安全环保数质量	108
治理体系建设	108
管理创新	109
提质增效	109
队伍建设	109
企业党建工作	109

中国石油天然气股份有限公司青海销售分公司 110

概况	110
油气销售	110
非油业务	111
加油站管理	112
油库管理	112
投资建设	112
提质增效	113
安全环保	113
企业改革	113
企业党建工作	114

中国石油天然气股份有限公司宁夏销售分公司 114

概况	114
油气销售业务	115
非油业务	116
企地共建	116
深化改革	116
提质增效	117
风险防控	117
企业党建工作	117
工团工作	118

中石油新疆销售有限公司 118

概况	118
油品销售	119
非油燃气销售	120
投资建设	120
资源运行	121
加油站便利店营销模式创新	121
改革创新	122

中国石油天然气股份有限公司重庆销售分公司 122

概况	122
成品油业务	124
非油业务	124
新能源业务	124
数字赋能	125
提质增效	125
改革创新	125
企业党建工作	125

中国石油天然气股份有限公司四川销售分公司 126

概况	126
油气销售业务	126
投资建设	127
质量计量安全环保	127
改革创新	128
地企合作	128
企业党建工作	128

中国石油天然气股份有限公司贵州销售分公司 129

概况	129
油品销售	130
非油业务	130
加油站管理	130
资源运行	131
投资建设	131
深化改革创新	131
疫情防控与安全环保	131
提质增效	132
合规管理	132

干部管理	132
绩效管理	133
企业党建工作	133
主题教育活动	134
社会责任	134

中国石油天然气股份有限公司西藏销售分公司 … 135

概况	135
油气销售业务	135
非油业务	136
加油站管理	137
油库管理	137
投资建设	137
资源运行	138
企业党建工作	138
队伍建设	139
强基惠民活动	139
加油机器人（试验）暨智能识别提枪技术启动仪式在拉萨举行	140

中国石油天然气股份有限公司江苏销售分公司 … 140

概况	140
零售业务	141
直批业务	142
非油业务	142
提质增效	142
资源组织	143
风险防范	143
队伍建设	144
企业党建工作	144
企业文化建设	145

中国石油天然气股份有限公司浙江销售分公司 … 145

概况	145

油品业务	146
非油业务	146
加油站管理	147
投资建设	147
首座光伏发电站	147
创新装配式施工	147
资源运行	148
质量健康安全环保	148
企业管理	148
数字化转型	148
首座智能中央仓投运	148
三项制度改革	149
人才强企工程	149
抗击台风"烟花"	149
企业党建工作	149
企业文化建设	150

中国石油天然气股份有限公司安徽销售分公司 … 150

概况	150
成品油业务	151
非油业务	152
网络建设	152
提质增效	152
改革创新	153
风险管控	153
企业党建工作	153

中国石油天然气股份有限公司福建销售分公司 … 154

概况	154
油气销售	154
非油业务	155
安全环保	156
网络建设	156
企业管理	157
党建工作	158

中国石油天然气股份有限公司江西销售分公司 …………… 158

概况 …………………………… 158
油品销售 ……………………… 159
非油业务 ……………………… 160
网络建设 ……………………… 161
质量计量安全环保 …………… 161
提质增效 ……………………… 161
企业管理 ……………………… 161
改革创新 ……………………… 162
信息化建设 …………………… 162
企业党建工作 ………………… 162
扶贫工作 ……………………… 163

中国石油天然气股份有限公司山东销售分公司 …………… 164

概况 …………………………… 164
成品油销售 …………………… 165
非油业务 ……………………… 165
网络建设 ……………………… 165
精益管理 ……………………… 166
安全环保 ……………………… 166
改革创新 ……………………… 167
企业党建工作 ………………… 167

中国石油天然气股份有限公司河南销售分公司 …………… 168

概况 …………………………… 168
油气销售业务 ………………… 168
非油业务 ……………………… 169
加油站管理 …………………… 170
油库管理 ……………………… 170
投资建设 ……………………… 170
资源运行 ……………………… 171
队伍建设 ……………………… 171
企业党建工作 ………………… 171

社会责任履行 ………………… 172
抗洪救灾 ……………………… 172

中国石油天然气股份有限公司湖南销售分公司 …………… 173

概况 …………………………… 173
油气销售业务 ………………… 174
非油业务 ……………………… 174
加油站管理 …………………… 174
油库管理 ……………………… 175
投资建设 ……………………… 175
资源运行 ……………………… 175

中国石油天然气股份有限公司广西销售分公司 …………… 176

概况 …………………………… 176
油气销售业务 ………………… 176
非油业务 ……………………… 177
加油站管理 …………………… 178
油库管理 ……………………… 178
投资建设 ……………………… 179
资源运行 ……………………… 179
打非治违 ……………………… 179
改革发展 ……………………… 180
企业党建工作 ………………… 180

中石油海南销售有限公司 … 181

概况 …………………………… 181
油气销售业务 ………………… 181
非油业务 ……………………… 182
加油站管理 …………………… 182
投资建设 ……………………… 183
资源运行 ……………………… 183
数字化转型 …………………… 183
提质增效 ……………………… 184
"大部制"改革 ………………… 184
人才队伍建设 ………………… 184

第一部分

销　售

综　述

【概述】　中国石油成品油、天然气、非油、车用润滑油及其他炼油小产品的销售业务，加油（气）站、光伏电站、加氢站、充换电站、油气氢电非综合服务站等的建设与运维由中国石油天然气股份有限公司销售分公司（简称销售分公司）负责组织管理。销售分公司是中国石油专业分公司之一，归口管理31家省级销售企业，东北销售、西北销售两家资源配置型大区公司和昆仑好客1家专业公司。

2021年是成品油销售业务"十四五"规划的开局之年，也是全力打造"国际知名、国内一流"油气氢电非综合服务商的起航之年。销售分公司深入贯彻集团公司党组对销售业务的部署要求以及市场营销工作会议精神，千方百计克服新冠肺炎疫情反弹、人民群众就地过年、部分地区竞争加剧、国家收紧汽柴油出口等不利因素，全力以赴保运行、提销量、增效益，整体经营运行好于预期。

【经营业绩】　2021年，销售分公司销售成品油11172万吨，其中自营纯枪销量6410万吨，非油业务店销售收入248.7亿元、毛利润额45.8亿元，加油卡累计发行量2.03亿张，沉淀资金330.6亿元，费用总额478.8亿元，税前利润32.6亿元，净利润22.8亿元，扭转连续亏损局面，较好完成集团公司党组下达的提质增效目标任务（表1-1）。

表1-1　2021年销售分公司主要经营业绩

指　标	2021年	2020年	同比增减
国内成品油销量（万吨）	11172	10499	673
其中，纯枪	6410	6464	-54
批发	4762	4035	727
税前利润（亿元）	32.6	-129.8	162.4
净利润（亿元）	22.8	-142.1	164.9
营业收入（亿元）	7814	6156	1657
其中，非油收入	272.5	244.9	27.6
资产总额（亿元）	2882	2892	-10

成品油业务

【概述】 2021年，面对油价波动、新冠肺炎疫情散发、市场竞争激烈等不利因素，销售企业认真贯彻落实集团公司各项部署要求，在炼化子集团的统筹协调下，践行"24字"营销工作方针，以市场为导向、效益为目标，抓住经济快速恢复、市场需求回升、油价波动上行等有利时机，积极主动作为，突出抓好批发、直销终端客户开发，推进零售业务提质创效，成品油销售总量同比增幅整体跑赢大势。

【市场特点】 2021年，国内成品油价格累计调整25次（14涨7跌4搁浅），其中汽油累计上调1000元/吨（2020年下调1295元/吨）、柴油上调970元/吨（2020年下调1250元/吨）2021年国内成品油调价情况见图1-1。

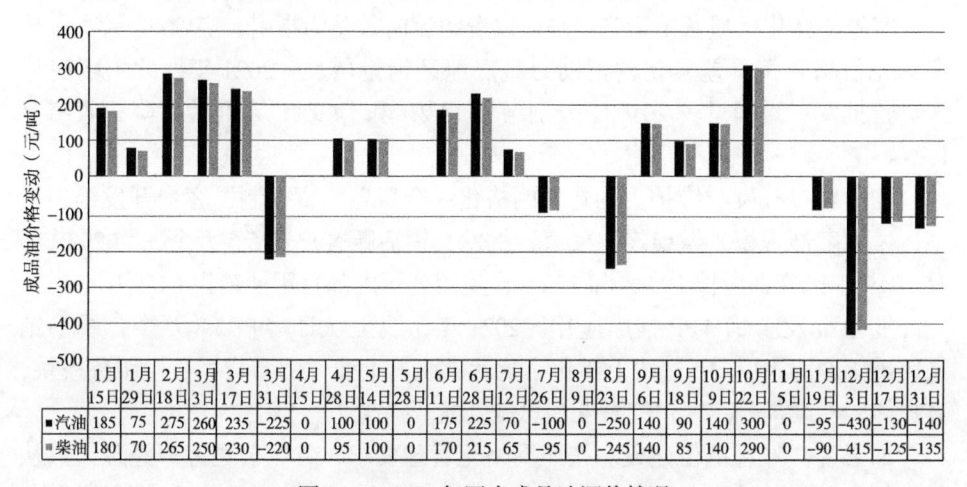

	1月15日	1月29日	2月18日	3月3日	3月17日	3月31日	4月15日	4月28日	5月14日	5月28日	6月11日	6月28日	7月12日	7月26日	8月9日	8月23日	9月6日	9月18日	10月9日	10月22日	11月5日	11月19日	12月3日	12月17日	12月31日
汽油	185	75	275	260	235	-225	0	100	100	0	175	225	70	-100	0	-250	140	90	140	300	0	-95	-430	-130	-140
柴油	180	70	265	250	230	-220	0	95	100	0	170	215	65	-95	0	-245	140	85	140	290	0	-90	-415	-125	-135

图1-1 2021年国内成品油调价情况

2021年，国内成品油表观消费量3.4亿吨，考虑调和油影响因素后，可比口径同比增长1%。汽油表观消费量15469万吨，同比增长4.9%；柴油表观消费量15820万吨，同比下降3.9%。一季度受上年同期基数较低影响，成品油消费呈高速增长态势，同比增长19%；二季度增速逐渐回落至正常状态，同比下降1.6%；三季度因多地新冠肺炎疫情暴发、能耗双控力度加大等原因，成品油表观消费量同比下降3.8%；四季度受资源紧张、LNG价格飙升以及隐性资源减少等利好因素影响，成品油表观消费量好转，需求同比增长4.3%。

国家出台规范成品油市场管理的举措，对国内成品油市场向公平、有序方向发展产生良好效果。地炼份额首次下降，进口调和资源退市。地炼原油加工量与汽油柴油产量自2015年获得双权以来首次回落，全年地炼原油加工量和成品油产量份额同比回落1.8个百分点。剔除汽油柴油出口，主营单位汽油柴油供应占国内供应量的份额分别提高4.1个百分点和1.4个百分点。

【市场营销】 全力以赴扩销上量。持续加强市场研判，精细营销策略，全力用好炼化子集团"汽油出口转内销、增加柴油额外量"等支持政策，实现销量与份额"双提升"。2021年，成品油自营批发直销量3777万吨，同比增加567万吨，批发直销相对市场份额37.4%，同比提高1.5个百分点。

加快变革批发直销营销模式。下发《关于加强成品油直销和批发业务体系建设的指导意见》，发挥销售分公司、省区公司、地市公司三层合力，健全完善批发直销营销体系，加强整体策略和区域间营销协调，批发直销营销运行更加顺畅、运作更加高效。

实施差异化区域营销策略。坚持以资源流向效益为指引，实施"一省一价"市场化价格政策，差异化营销助力重点地区销量增长，2021年西北、西南片区自营批发、直销量较2019年分别增长14.2%和14.9%，东北片区降幅收窄至1.7%。

加大客户开发与维护。构建"网格化、全覆盖、责任制"客户开发维护体系，做大客群规模，做稳终端渠道，批发直销活跃客户数5.5万个，与2020年及2019年比分别增长19.9%和12.6%；集团公司内部自用油销售64.3万吨。

加强批发直销APP推广应用。2021年，线上认证客户5.8万个，线上销量突破1000万吨，12月线上销售占比达72%，上线"油易贷"金融服务模块，客户体验持续提升，客户满意度和忠诚度显著提高。

加强客户经理队伍建设。按照网格化管理要求，省区公司客户经理人数从年初的1402人增加至1474人；组织召开"百名优师"客户经理培训师培训班，来自31家地区公司的62名客户经理参加培训，培养出第一批客户经理培训师。

【零售运营】 2021年，销售分公司着力提升零售营销水平，分类施策，精准开展纯枪提量创效工作，针对不同的客户群体设计零售营销方案，先后开展汽油柴油客户开发、区内柴油份额保卫战等活动，带动纯枪增量超过343万吨；深入开展"10惠"、会员日等品牌促销活动，利用非油爆款商品，在重要节假日开展促销活动，"五一"小长假期间汽油纯枪销量环比增长15%~20%；开发邮政、一汽解放等全国性客户,用油份额稳步提升;与197家汽车厂商开展合作,基本覆盖全国年销千辆汽车以上车企,新增销量7.6万吨;进一步整合营销资源,不断推进与银行、支付宝、微信的联合营销,实现客户资源共享,扩展营销活动覆盖面,全年引入外部促销资源超过16亿元,有效节约促销成本、优化营销支出。

加油站服务功能不断提升,加大洗车网点布局,累计运营洗车网点4120座,拉动洗车站点汽油销量增长2%;新投运加气站90座,LNG销量同比增长70%;在北京、河北、广东、上海、重庆、海南等地区开展加氢站以及综合能源服务站试点建设,2021年建成8座加氢站,北京、河北按照冬奥加氢保供要求,如期建成投用保供加氢站点。

管理精细化水平不断提升,对加油站、加气站规范及操作手册进行修编完善,提升规范化水平;强化管理规范和服务标准宣贯,开展视频巡站、"四不两直"检查,加大日常检查频次和力度;重视客户投诉,认真查找原因,严格督导考核,持续提升加油站服务质量;推进全流程诊断与优化工作,开展线上诊断优化14万站次,站点覆盖率提高至59%;实施专项治理,提高加油站运行效率。

稳步推进加油站管理系统3.0项目建设,提高零售营销手段的信息化水平,电子加油卡、小程序、集团客户开发等功能上线运行,互联网渠道应用加快迭代,丰富营销手段,提升客户体验。

【资源调运】 统筹资源组织,提升价值贡献。2021年,物流专业线发挥子集团优势,凝聚炼销合力,协调炼化企业调整产业布局,统筹多种资源优化,强化运行组织,推动管理提升,用优化消化增量,向优化要回效益。全年交货计划兑现率100%,成品油运费188.64亿元,较预算节约8.84亿元,按可比口径下降9.1亿元;吨油运费168.85元,较2019年、2020年分别下降5.5%、3.7%,连续三年硬下降。

推动重点地区资源优化。依托东北销售公司与中国石化华北公司试点串换,2021年在黑龙江、内蒙古、辽宁、北京等七省一市完成串换58.1万吨,节省运费1.03亿元;组织西北销售公司编制《新疆地区资源串换方案》《西南地区物流优化分析》,在新疆、西南等地串换86.2万吨,节约运费1.57亿元;在山东、苏北、皖北等仓储物流薄弱地区与中国石化、中国海油等主营单位开展互供,完成串换91.7万吨,节约运费0.6亿元。

巩固提高跨区配送。细化省区毗邻地区物流优化组织,2021年在云南—贵州、内蒙古—黑龙江、四川—云南、宁夏—甘肃、江苏—山东、湖北—陕西等

11省（自治区）交界区域完成跨区配送量75.8万吨，同比增加11.7万吨，节约运费0.5亿元。

持续加大一次地付进站力度。与炼油与化工分公司共同研究完善炼化企业储运设施，协调推动兰州石化、宁夏石化完成改造方案并组织实施，同时坚持用足地付发运能力，2021年地付1812万吨，占国内交货量19%，节约运费约8000万元。

严格管控运输杂费。与铁路部门协调对接，降费1.73亿元。其中：取消沈阳、哈尔滨两局路车联运代理服务费，调整运费代垫措施，修改计费依据，协调兰州铁路局取消点对点运费上涨等合计降费0.39亿元；退租自备车684辆，节省租金0.45亿元；紧密跟踪优惠降费政策，协调减少铁路保价费0.89亿元。

持续优化水运模式。打通芜湖三山油库"海进江"运行，实现沿江油库共用和跨区主动配送，补充"海进江"库容的同时节约江运费、租赁费约0.33亿元；打通组分油"海进江"中转通道，较铁路远距离运输节约费用1470万元。

非 油 业 务

【概述】 2021年，锚定高质量发展目标不动摇，全力克服新冠肺炎疫情影响，有效应对百年一遇特大洪水冲击，主动适应新零售市场变局，在利益相关者加快资源争夺、便利店数量和进店顾客规模性缩减等诸多不利条件下，各项工作取得新成绩展现新气象。全年非油店销收入248.7亿元、非油毛利45.8亿元，同比分别增长12.3%和18%，实现"十四五"良好开局（表1-2）。

表1-2 2021年非油业务主要经营指标

项　目	2021年	2020年	同比增减
非油收入（亿元）	272.5	244.9	27.6
其中，店销收入	248.7	221.4	27.3
毛利（亿元）	45.8	38.8	7
毛利率（%）	16.8%	15.8%	1个百分点
非油利润（亿元）	20.6	18	2.6

【便利店运营】 2021年，以持续推进昆仑好客运营体系落地为主线，升级便利店精益管理。分片区打造示范店，门店整体运营质量效率不断提高，年收入百万元以上店6839座，同比增长12%。开展一体化营销，创办昆仑好客购物节，精选600多款畅销品和30款"爆品"组合"油卡非润"大礼包，历时3个月在全渠道分阶段统筹推进，全面开展销售竞赛和陈列创意大赛，打造2299座示范店，8大促销品类毛利同比增长43%；开展冬奥主题、年货节、后备厢计划等30多项全国营销活动，连续两年参与"全国消费促进月"活动。

【自有商品开发】 2021年，统筹规划提升管理，严格规避低水平重复开发，开发"好客童品""昆觅"以及赣南脐橙等58个系列新品；着力运营推广，突出"大单品"引领，打造优选+大米、好客壹生纸等亿元级"爆品"，带动10余款千万级畅销品，优化商品毛利结构；积极与高校和专业机构合作，共建咖啡与茶饮料研发培训中心，加快产研销一体化探索。2021年销售自有商品11.7亿元，同比增长56%。

【运营管理提升】 坚定不移推进两级集采。2021年，全面落地第三期集采结果，全国合作品牌由88家增至136家、SKU达2600多个，集采规模21亿元，综合采购成本下降11%。规范指导地区公司二级集采业务，明确选商、入围、品控等工作标准，将27家公司150个区域品牌纳入全国集采，满足差异化需求，提升运营质量，降低采购成本。试点推进供应链与物流优化，与头部企业合作，线下在京津冀地区试点供应链优化，订货满足率和响应速度大幅提升、物流费率和门店库存明显降低；线上尝试开展到家业务，试点运行电商物流仓。

【业务拓展】 加快建设线上营销渠道。2021年，上线运营中油即时通信内购商城，完善天猫旗舰店功能，149款商品入驻石油e采平台，组织直播带货350多场，促进内部员工、加油卡客户和公域渠道流量变现，全年线上销售收入8502万元，带动油卡充值15亿元。

发展延伸业务。新建汽车服务网点1814座，促进所在站点油品销售平均增幅超过2个百分点，汽车服务业务销售收入6亿元，同比增长60%。探索"化肥+植保+金融+产成品"经营模式，推动农业产业链一体化发展，农资业务销售收入28.5亿元、毛利1.3亿元，均创历史新高。立项肯德基快餐项目30个，新投运15座，单店销量稳步提升，因地制宜拓展奶茶、馄饨等餐饮项目。

拓展业务渠道。稳步做大传统销售渠道，开发新客户130多家，联合地区公司共建京外大客户开发模式，在多地打通服务渠道，自有商品打入航空、高铁等新领域，2021年销售收入7966万元，同比增长150%。快速推广果蔬生鲜销售，有序打造24小时药品专柜，紧盯电信类积分商城市场，尝试便利店品牌输出，效益支撑点进一步增加。

【非油品牌建设】 助力乡村振兴履行央企责任。响应中央发展特色产业、推动地方做实做强做优实体经济号召，2021年在江西、内蒙古等地开发消费帮扶自有商品，策划赣南脐橙、内蒙古牛羊肉等特色农副产品全国营销活动，打造"从田间到餐桌"的消费帮扶产业链。高质量承办集团公司消费帮扶产品展销会，将7个地区23种帮扶商品纳入全国集采平台拓宽销路，助力销售企业完成消费帮扶金额6.5亿元。

多渠道开展品牌推广。抓住2022年北京冬奥会、冬残奥会机遇，赞助"相约北京"体育赛事，在北京城区主干道、公共交通工具加大品牌展示，组织地区公司建立490个冬奥特许商品专柜；与电台、报社、网站等媒体合作，以商品为载体加大全媒体宣传，自有品牌水、酒、纸、咖啡等商品多次亮相高端展销会；举办开放日活动，通过新华网、人民网等主流媒体吸引300多万网友"围观打卡"。"昆仑好客"品牌知名度不断提升，获"2021我喜爱的中国品牌"称号，品牌价值超过134亿元，名列行业前茅。

加油卡业务

【概述】 2021年，持续发挥加油卡桥梁纽带作用，推进会员体系建设，推广加油卡移动支付应用，实施互联网业务专业化运营。截至2021年底，累计发卡量20321万张，实名活跃客户2963.8万户；沉淀资金330.6亿元，同比下降5.2%；卡销比46.0%，同比下降1.2个百分点。

【加油卡发行管理】 发挥加油卡营销促销媒介作用，加大记名卡发行力度。2021年，发行冬奥主题加油卡，发行量超过100万张。推广发行电子加油卡，个人电子卡分两批实现全国推广，车队电子卡在四川、重庆、北京、河北四省（直辖市）试点上线157座站点，助力冬奥车队无接触加油加氢。截至2021年底，累计发行电子卡291.5万张，其中新客户办卡182.2万张，占比62.5%。

加强异常卡核查监管，强化加油卡套现套积分微腐败治理。落实集团公司要求，全面筛查2016—2021年异常卡情况，风险核查单累计核实率97.6%，2021年追回金额18.88万元，罚款65.33万元，查处违规事件833起，解除劳动合同违规人员590名，员工廉洁从业承诺书签订率100%。未按规定时间完成的单位，予以通报批评。编发加油卡风险周报55期，月度事件总数从年初的60起降到年底的14起，加油卡微腐败行为明显减少。

【互联网业务】 2021年，完成对中油好客e站APP、支付宝小程序的UI改版工作，形成"微信公众号+中油好客e站三端"（APP、支付宝及微信小程序）为主体的互联网营销渠道。客户线上充值金额超过700亿元，同比增长52%；线上充值比例28.4%，同比提升6个百分点。移动支付金额274亿元，同比增长159%；汽油移动支付比例9%，同比增长4个百分点。推出微信小程序，积累用户23万户，充值576万元，加油消费636万元。支付宝小程序上线移动支付、电子卡功能，用户400万户，日均9万笔。推出车队版APP，在北京、河北及四川、重庆四省（直辖市）试点。

【营销传播】 2021年，积极拓展平台业务，销售分公司总部层面上收中油九洲北斗股权，形成中油北斗全国业务拓展方案，注册成立中油北斗陕西公司，继续与G7、中交兴路加强沟通，就电子卡对接、LNG、物流园油非供应探讨合作。省区公司与"以客促油"模式的平台探索合作，坚决不与"团油"等"以油引客"模式的平台合作。及时关注国家法律法规及阶段性政策，降低风险。拓展社群营销，31家省区销售公司在加油站层面建立客户微信群3.25万个。其中，24家单位建立基于企业微信的客户群3.18万个，合计群内客户720余万人，2021年带动汽油纯枪销量37万吨、非油收入2.8亿元。

【会员体系建设】 2021年，整合"油卡非润气"、线上线下等多维度客户，建立零售客户、直销与批发客户全口径会员洞察及维系体系；推进数字化会员管理，统一入口，统一后台管理数据库，完善会员等级评定，动态维护会员级别，完善和优化会员积分规则；研究会员权益设计方案，构建会员服务新生态，制定线上线下全渠道的会员服务标准，提升客户忠诚度。截至2021年底，通过APP进行中油好客e站首次注册用户数1505万户，全国纯枪汽油吨油APP注册用户0.38人，线上注册用户超9100万户，绑卡用户3100万户。

气、电、氢业务

【概述】 2021年，瞄准"国际知名、国内一流油气氢电非综合服务商"的发展定位,积极探索、加快推进气电氢业务,网点建设、增收创效等取得阶段性成果。

【天然气业务】 发挥存量资产效能,统一规划 LNG 布点,跨区整合主要国道干道沿线 LNG 业务站点布局,形成整体市场合力。坚持市场先行和效益优先原则,保证必要的客户规模和稳定气源,确保高质量发展。坚持油气合建原则,与存量网络充分结合,利用现有油站场地增设 LNG 加注设施。坚持全资站为主,控股站为辅,暂不考虑租赁型站点。坚持整体统筹规划、有序推进,在重卡集中的跨省干线物流通道、两条以上的国省道交汇处优先布点,加快实施市场、资源靠实的项目。保持合理间距,综合考虑 LNG 车辆续航里程,科学控制布点间距。2021 年新投运加气站 90 座,LNG 销量 101 万吨,同比增长 70%。

【充换电及加氢业务】 2021 年,编制《销售业务"十四五"新能源发展规划》,全面启动并初步建立与充换电头部企业的沟通交流渠道,制定《销售企业库站光伏业务发展实施方案》,印发《销售企业库站光伏业务高质量发展指导意见》。全年建成 8 座加氢站,建设光伏利用加油站 70 座、充换电站 66 座、综合能源服务站 3 座。初步形成氢、电、光伏利用等新能源业务多模式、多区域全面试点的发展局面,上汽车电分离合资等重点项目初步取得突破。

投资管理与网络建设

【概述】 贯彻落实集团公司高质量发展方针和建设世界一流综合性国际能源公司的战略目标,进一步优化投资结构和网络开发政策,坚持优存量、控增量,2021 年新开发加油(气)站 300 座,投运 305 座。

【投资管理】 全力保障重点,优化投资策略,改善投资结构。聚焦计划刚性控制和结构优化,2021 年投资 121.2 亿元,其中加油站 97.2 亿元、油库 3.3 亿元、其他 20.7 亿元;强化区域差异化投资策略,7 个区内重点创效区投资占比超 35%,12 个全国重点区域合计占比超 52%;强化存量网络功能提升,加油站改造 59 座、投资 1.8 亿元,LNG 项目 149 个、投资 8 亿元,司机之家项目 65 个、投资 1606 万元,汽车服务项目 581 个、投资 2.4 亿元,餐饮项目 31 个、投资 9422 万元。

【网络开发】 主动放缓节奏,提升开发质量。2021 年,根据市场环境变化,动态调整开发策略、权限政策,主动调整常规加油站开发规模,以自主新建为主、鼓励合资合作，严格控制收购和租赁项目，着重控制投资成本。全年新开发加油（气）站300座，同比减少125座；新开发项目比例中，新建站提高4.5个百分点，控参股站提高5.1个百分点，租赁站下降2.9个百分点，收购站下降6.7个百分点。全年平均单站投资2168万元，同比下降27.9%；吨油投资156万元，同比下降9.5%。

【库站工程建设】 2021年，积极稳妥推进油库项目建设，湖北宜昌油库新建项目、辽宁东梁油库场地污染治理项目、西藏725油库扩容改造项目取得阶段性成果。完成加氢站项目建设3座，分别是上海平霄路、广东罗格、河北崇礼北3座油氢合建站。推进标准建设，编制《加油站建设标准——LNG加气站分册》《加氢合建站建设标准》《库站分布式光伏系统建设标准》。完成综合能源站新形象方案设计，依托专业品牌形象设计研究机构开展综合能源站新形象设计工作，新形象在张家口崇礼北站、重庆双溪站落地。规范有序组织物资采购，一级物资（加油机）集采招标有序推进，开展2021年加油机集中采购招标，中标价比同类企业采购价平均低8.64%；二级物资规范监管全面加强，按照集团公司招标采购评审系统《操作手册》，对地区公司2020年度招标采购工作进行逐家打分排名，印发《关于加强招标采购合规性管理的通知》，通报招标采购典型问题；建立专项抽查、企业互查自查机制，开展检查"回头看"，逐步实现监督检查常态化、全覆盖。

专 业 管 理

【HSE建设与管理】 2021年，开展两轮全覆盖QHSE体系审核，按照"一体化、精准化、差异化"审核要求，坚持"审核不停、力度不减、转变方式、疫情防控为前提"原则，突出重点，优化方式，创新应用审核移动端，高标准、高效率、高质量完成审核工作，销售企业量化审核平均得分首次突破90分，体系运行效果持续提升。

开展油库安全深度评估。深入贯彻落实国家应急部和集团公司要求，组织各地区公司认真开展对标自评，组建专家评估组开展深度评估，选派专业技术人员参加应急部督导核查并组织做好迎检，完成246座油库安全风险深度评估，64座油库接受应急部督导核查。召开油库安全暨基础管理提升会议，总结评估成果，推出评估辅助工具包，建立常态化评估机制，制定三年提升行动方案，确定 7 项研究性课题，有效提升油库基础及安全管理水平。

深入抓好环保工作。组建 11 个挥发性有机物（VOCs）检测中心，开展中央环保督察、生态环境部夏季督导"帮扶"、冬奥会期间空气质量保障前置督查工作，提前治理超标问题，有效保障库站油气回收设施达标运行，全年未发生通报情况。制定《加强挥发性有机物管理指导意见》《销售企业 VOCs 管控五项禁令》，开展"油气味"整治，按期完成冬奥会会期间空气质量保障任务。结合《排污许可管理条例》实施，推进排污许可问题整改，对国家生态环境部督办集团公司 304 项排污许可取证问题，逐一印发督办函，对排污许可问题逐项督办，明确整改措施及时限，无法取证的库站采取限时补办相关手续或关停、退租等方式，推动问题整改，2021 年初 304 个库站许可取证问题全部完成整改销项。

妥善处置突发新冠肺炎疫情事件。坚持防疫信息日报机制，通过周督促、月通报，推进疫苗接种率，全口径用工接种率 97.62%，未发生疑似或确诊病例。抓实常态化日常检查，开展"四不两直"检查 12348 次，组织开展为期 3 个月的反违章专项整治，连续三年未发生生产亡人事故。

【计量管理】 把"最大降耗空间"作为全过程损耗管理水平的评价标准，开展计量管理专项行动，启动损耗一体化智能管控平台建设，建立分环节、分品种、分牌号的全过程、全环节、全覆盖的计量损耗管理体系。自动化管理程度持续提升，储罐液位、温度、密度自动计量，通过安装在线温度测量设备，逐步实现监测数据自动采集上传。东北销售公司、西北销售公司两家资源配置型专业公司管理的油库，从流量计检定、流量计系数修正、空气浮力修正以及信息系统油量计算软件的修正着手，率先推行"零误差"付油。强化加油站销售环节油品油温管控，开发使用油温自动采集和集成软件，持续提升计量和损耗管理的精细化水平。有序推进车载液位仪安装，出台《车载液位仪使用管理规定（试行）》。2021 年，销售企业下海油（直炼资源）、铁路（直炼资源）、公路运输损耗率分别控制在 0.075%、0.008%、0.007%，创历史新水平。

【质量与标准化管理】 2021 年，强化购进、运输、储存、销售全环节油品质量监管，开展质量提升百日专项行动，明确"六抓一创"（抓严油品质量全环节管控、抓细非油商品质量全流程管控、抓精服务质量全方位提升、抓实挥发性有机物全过程管控、抓强质量管理全链条责任提升、抓好质量管控体系全要素升级、争创一流质量管理企业）重点和"五个一"（一次质量管理提升大讨论、一次质量问题隐患大排查、一次全员质量知识大培训、一次质量管理大对标、一次质量监督大检查）措施，开展五轮视频巡查督导，重点加强京 VIB 标准油品质量升级、外采油品质量计量管理、汛期及换季质量计量管理、节假日及重大活动期间的质量计量管理等重点工作，坚决守住成品油质量管理红线。将非油业务纳入质量体系审核，持续强化非油商品质量管理。提升服务质量，完成"95504"与"956100"客服电话切换，定期下发服务质量监督通报，客户服务质量综合平均得分97.37分，全年开展神秘顾客访问9000站次，平均得分85.8分。

标准化方面，完成车用乙醇汽油调合组分油内控指标、新建油库投用管理规范、柴油酸度的测定（电位滴定法）、变性燃料乙醇中铜的测定（显色法）、柴油尾气净化液加注机现场校准方法、销售企业非油业务自有商品质量管理规范（食用油类）、销售企业非油业务自有商品质量管理规范（日用品类）、销售企业非油业务自有商品质量管理规范（粮食类）、车用乙醇汽油中乙醇含量的测定等9项集团公司级标准制定，完成车用乙醇汽油中甲醇快速测定（比色法），汽油、柴油中氯含量的测定（微库仑法）等2项集团公司级标准复核。

【油库管理】 加强油库规范管控。2021年，按照一次、二次物流和仓储费用整体最优的原则，对低效、新建、改扩建油库量化分析测算，编制完成《十四五油库布局优化方案》。狠抓油库安全环保、运行保障、运行效率、成本费用、经营管理等工作，推进储运公司建设，31家省区公司有25家成立储运（仓储）分公司，其中15家实现人财物集中统一管理，10家（四川销售、广东销售、内蒙古销售、新疆销售、山东销售、甘肃销售、河南销售、浙江销售、山西销售、宁夏销售）完成部分职能的集中统一管理。持续推动油库关停退租，全年关停退租24座、库容75万立方米。建立油库设备分级分类管理标准，研究制定《油库设备分级分类管理标准》，明确油库设备设施分级工作目标、定级标准、分类评级方法和分级评价流程，构建起覆盖运行、成本、可靠性、后果危害4大类管理要点以及成本、维修等11项评价子要素的分析评价框架，进一步厘清地区公司、仓储公司（地市公司）、基层油库的设备设施分级管理职责界面，助力销售企业油库运营管理水平迈上新台阶。

【财务管理】 完善全面预算管理机制。2021年，优化完善预算政策，改进预算运行机制，强化政策导向引领，坚持以市场为导向、以效益为中心，强化零基预算、量入为出，坚持事前算赢，以预算引领生产经营的优化。在现有集采不变的前提下，取消市场化试点政策，确保大区公司不亏损。协同分解预算指标，业务与财务部门协同配合，共同确定预算政策，优化资源流向，传导经营压力，分解年度预算指标。加强分析管控，业财深度融合，分析实际经营数据与预算、同期、环比相关变化情况及背后原因，加强预算过程管控，引导企业追赶进度。严格预算指标考核，客观评价企业经营情况，发挥预算激励导向作用。

深入开展经营运行分析。坚持问题导向、效益优先，持续优化完善经营活动分析体系。做好月度经营分析，从毛利、费用、利润角度，围绕成品油、非油等业务，突出资源、产品、流向效益，为经营决策提供依据。开展全方位、多层次分析，强化与中国石化的对标分析，查找资源结构、销售能力、价格水平等方面的差距，提出改善优化方案；按月分析通报销售企业提质增效指标完成情况，对比主要指标与提质增效目标进度差距，督促推动销售企业做好提质增效工作。着眼当前难点、热点问题，开展专题分析，按月进行资源流向效益分析，推进营销策略优化，找准盈利重点，及时堵住出血点。

极限压控成本费用。开展成本费用核查，核查范围包括省区公司两级机关、经营部、加油站、油库及股权企业，核查全口径费用项目，推动企业实现费用硬下降。将费用压减指标分解到专业线，持续优化一次、二次物流，在成品油销量同比上升673万吨的情况下，运费同比减少0.3亿元。落实全口径人工成本管控，加快推进大部制改革和三项制度改革，2021年底直接用工13.95万人，同比减少1.02万人。深入开展炼销企业储运设施优化研究，开展成品油计量管理专项行动。降低微信、支付宝支付佣金费率，稳步推广数字人民币结算试点，佣金手续费同比减少0.6亿元。加强财税政策研究，推广山东销售公司消防用地土地使用税减免等先进经验，辽宁、甘肃等销售公司取得批准减免土地使用税，新疆、湖北等销售公司招用退役军人取得增值税减免，陕西、重庆、海南等6家销售公司延续或争取所得税享受15%优惠税率政策。

加强对标管理工作。完善对标体系，统一对标口径，落细对标维度，靠实对标结果，突出数据采集的客观性、准确性、及时性及有效性；销售分公司层面以与中国石化对标为主，省区公司层面以内部对标为主，地市公司以及加油站和油库层面打破区域限制，开展全系统对标。搭建销售对标平台系统，按照"通用指标共用、专业化指标快速迭代"的方式，快速复制推广，实现源头规范化、过程自动化、结果可视化、管理精细化，助力销售企业内部对标工作常态化。召开精益管理研讨会，系统梳理销售企业"十三五"以来经营情况，围绕成本费用极限管控，精益刻画每家销售企业"成本费用"画像，分析企业存在的不足，点评提出改进提升建议，持续提升对标管理水平。

推进提质增效"升级版"及亏损企业治理。强化目标引领，坚定市场导向，突出量效兼顾，落实提质增效及亏损企业治理目标任务。制订下发提质增效专项行动实施方案及亏损企业治理工作方案，确定五大类43项重点措施。加强市场营销，盯住零售、批发直销、非油3个销售端，统筹处理竞合、量价、批零、油非等关系。加强成本费用极限管控，进行重点费用措施落实及完成情况分析，定期通报控费情况，视频会约谈人工成本、修理费等超支单位。发布排名榜，对省区公司主要经营指标进行排名，督促追赶提质增效目标进度。实施销售分公司领导挂点联系分工指导，召开亏损治理视频会议，与相关亏损企业逐家对接督导，压实目标任务。全级次亏损企业户数和亏损面同比分别减少9户和下降20个百分点，亏损额度合计下降77.9%，超出集团公司年度减亏目标47.9个百分点。

【信息化管理】 以销售分公司信息化建设"十四五"规划为指引，围绕销售业务中心工作，开展销售业务数字化转型、项目建设和应用、网络安全和系统运维等工作。2021年，编制数字化转型智能化发展方案，启动河北销售试点实施，确定7个转型场景、28个子场景，完成电子加油卡、零售小程序、视频智能识别等13个子场景上线应用。开展加油站管理3.0项目需求分析和详细方案设计，完成个人、车队电子卡和微信小程序上线应用。零售会员体系上海试点在客户招募、会员规则、营销、权益等业务领域梳理需求106项，在中后台数据可视化分析等技术领域梳理462个功能点，完成需求分析评审。启动销售物联网项目，同步开展需求分析、损耗和设备一体化平台模块在云南销售和广西销售试点上线运行。强化数据应用工作，完成数据资产梳理和认责，建立数据资源目录和指标体系。持续做好大数据应用支持，完成广东、广西、甘肃、湖北、黑龙江和四川6家销售公司共性应用模型部署，满足销售企业客户加油轨迹和消费习惯分析功能。突出抓好科技研究工作，在前期市场研究工作基础上，快速开展"国内成品油市场滚动研究"课题立项工作。组织加油机器人项目研发和标准制定工作，完成首座科研试验站打造，在河北销售和河南销售开展落地应用工作。

【合规管理】 推进依法治企，2021年组织召开销售企业法律工作会议，重点梳理"十三五"期间销售企业的纠纷案件、合同管理及法律人员队伍建设等方面的工作，总结成绩、分析问题、明确方向，取得较好效果。强化制度建设，研究出台资产出租、纠纷案件、办公用房、公务用车、客户开发管理、加油卡微腐败治理等制度和指导意见。根据销售分公司规章制度，结合销售企业实际，制定下发销售企业纠纷案件管理细则，抓重点纠纷案件处理，按照销售分公司纠纷案件管理"减存量、控增量、提质量"的工作要求，以重大纠纷案件应对处理为突破口，以点带面提升销售企业纠纷案件总体管理上水平。对平安银行广州天河支行诉揭阳中油油品经销有限公司金融借款合同纠纷案件、广西销售诉广西心海投资有限公司阳鹿高速合同纠纷案、河南销售陈艳非法集资案系列民事诉讼、黑龙江省建设装饰工程有限公司诉中国石油黑龙江销售分公司石油大厦工程款纠纷案、青海销售宁夏宝塔票据承兑系列诉讼案件开展督导推进工作，各重点案件处理都取得显著效果。纳入2019年"三年清零"目标的存量案件，除个别案件尚未结案外，均已结案，较好完成销售企业案件减存量任务。抓案件分析促进管理提升，销售企业特点是"点多面广"，2万多座加油站，遍布全国各地，直接面对市场、客户，交易多，风险点多，发生纠纷不可避免。实践中，几乎每一起纠纷案件都或多或少地暴露出企业管理中存在的问题，要求各销售企业妥善处理好已发案件，做好案件分析，总结经验，以点带面，以案促管。11月，组织省区公司编写销售企业典型案例分析，并以不同形式进行经验分享，促进销售企业整体提升管理水平。强化合同管理，做好合同管理信息系统维护，明确销售分公司内部合同审签流程、会签原则及责任，避免线下合同、事后合同，用好合同范本，风险防范条款全面到位，做到销售企业合同从签订到履行程序全面合规。重大合同根据需要及时介入，与业务部门密切配合，完成销售分公司与管道公司成品油管输合同、支付宝服务协议、南方航空集采合作、上汽新能源合作、加油站管理3.0项目开发等重大合同谈判及签订工作，保障销售企业经营工作顺利开展。

【培训管理】 2021年，实施市场营销关键人才培训培养计划，培训培养计划覆盖一级副（省区公司班子副职）、二级正副（机关处室负责人、地市公司经理及后备干部）、三级正（省区公司业务骨干、地市部门经理及后备干部）、基层经理人（加油站经理与客户经理）等四个层级。启动市场营销专家队伍建设，明确专家职数，填补销售企业没有专业技术序列人员的空白。建设网络培训平台开展线上线下一体化培训，编制培训体系"十四五"建设规划，全面推进培训组织体系、制度体系、教材体系、师资体系、运行体系和资源体系建设。

【考核激励】 完善地市公司分级分类办法。2021年，将地市公司综合发展能力评价结果直接用于地市公司分级分类评定，一年一评定，并将评定结果与地市公司的工资总额和机关人员编制，领导班子薪酬和动态管理直接挂钩，提升组织管理效能，激发动力活力。全面推行以升油含量工资制为主的加油站薪酬分配制度，升油含量工资以主营业务（油和非油）效益贡献为加油站员工工资收入的基本核算依据，突出效率分配和精准激励，有效激发加油站员工的经营主动性和工作积极性。持续开展全系统的劳动竞赛，通过竞赛持续深化管理对标、业务对标，比指标、比工作、比措施、比效果。

【技能鉴定】 2021年，紧扣集团公司新要求，结合销售业务发展新形势，高质量推进技能鉴定工作，进一步优化鉴定中心的管理职能，抓住制度、流程、资源等鉴定质量管控的关键环节，加强督导，做好全年鉴定工作，为高技能人才发挥作用搭建平台、创造条件。2021年底，销售分公司有技师、高级技师150人，集团公司技能专家10人，建成技师工作室超过30个。

（李　军）

第二部分

天然气销售

综　述

【概述】 中国石油天然气股份有限公司天然气销售分公司（简称天然气销售分公司）是中国石油旗下的专业化天然气销售公司，与昆仑能源有限公司实行一套班子、两块牌子，内部称谓为天然气销售分公司（昆仑能源有限公司），按直属企业管理，作为中国石油的天然气销售业务一体化运营管理平台和投融资平台、天然气销售业务的管理主体和经营主体，是天然气销售业务的利润中心、经营管理中心和资本运营中心。批发分销和终端零售业务实行"分别经营、分账核算"，批发分销业务在天然气销售分公司项下运营，终端零售业务在昆仑能源有限公司项下运营。天然气销售分公司同时加挂天然气与管道分公司牌子，作为中国石油的专业公司之一，代表中国石油对国家管网集团履行出资人管理职能，统筹协调管道规划布局、预算及投资、天然气输销衔接等工作。总部设在北京市，设有天然气销售北方、东部、西部、南方4个区域事业部，下设黑龙江、吉林、辽宁等30家天然气省公司，东北、华北等5家液化石油气公司，京唐、江苏LNG接收站以及燃气技术研究院等42家企业；同时，对天然气销售川渝分公司实施业务管理和考核。

昆仑能源有限公司由中国石油控股，境外注册，在香港联合交易所主板上市，是中国石油天然气业务发展融资平台、投资主体。先后获能源行业最受尊崇企业第一名、"十三五"中国企业文化建设优秀单位、第四届"金港股"之"最佳基建及公共事业股公司"奖、"第六届最佳投资者关系公司（大市值公司）"奖、能源行业最佳投资者关系团队第一名、能源行业最佳ESG第一名，名列MSCI（明晟）中国公用事业板块前十大成分股，被国务院国有企业改革领导小组评估为A级"双百企业"。2021年，入选国务院国资委"央企ESG·先锋50指数"，MSCI评级由B级调升至BB级；在第三十五届ARC国际年报大奖中，首次获银奖；获"最佳投资者关系团队""最佳投资者关系企业""最佳环境、社会及治理"等奖项；获国际权威刊物《投资者关系》杂志大中华区"最佳投资者关系公司"与"最佳公用事业公司"两个奖项，连续两年获评"能源行业最受尊崇企业"；连续五年获中国证券"金紫荆"奖项。

2021年，天然气销售分公司（昆仑能源有限公司）认真落实集团公司党组决策部署，遵循"四个坚持"兴企方略和"四化"治企准则，抓住国内天然气市场紧平衡有利时机，着力稳增长、调结构、提质量、增效益、防风险，重点抓实积极推动新时代新思想在天然气销售领域落实落地、坚守人民群众温暖过冬政治底线、加快市场营销体系转型升级、夯实企业高质量发展根基、打造一体协同与竞合共赢企业发展生态五件大事，超额完成各项任务目标，开创销量首次突破2000亿立方米、批发业务自大规模引进进口气以来首次扭亏的两个历史性局面。

（田　超　赵　艺）

【经营业绩】 2021年，股份公司天然气销售2029.3亿立方米，同比增长9.9%。

【油气体制改革】 2021年2月，股份公司印发《关于调整优化天然气销售业务管理体制的通知》，调整天然气销售区域公司功能定位，天然气销售北方、东部、西部、南方分公司改设为天然气销售北方、东部、西部、南方事业部（统称区域事业部），做实业务运营组织管理职能，对外沿用"中国石油天然气股份有限公司天然气销售××分公司"名称。区域事业部是天然气销售分公司的下属机构，作为机关业务管理职能的延伸，根据授权，承担区域天然气销售、液化石油气销售和LNG接收站等单位（统称二级单位）业务运营组织管理职能，负有实现区域效益最大化责任，赋予其对二级单位经营类指标的考核权。将天然气销售福建分公司从福建销售公司分离，与天然气销售分公司福建项目部合并，组建新的天然气销售福建分公司，纳入南方事业部业务管理范围，列入天然气销售分公司二级单位序列。按照"一项业务、一个运营主体"原则，自2021年4月1日起油气田周边天然气资源纳入天然气销售分公司统一管理，油气田周边市场由天然气销售分公司和油气田企业共同经营，所需天然气资源实行单独申报、计划单列。天然气销售川渝分公司暂由西南油气田公司管理，业务由天然气销售分公司归口管理并考核。推进天然气和煤层气资源统筹，将煤层气纳入天然气资源统一配置，其销售业务由天然气销售分公司归口管理并考核。销售分公司、天然气销售分公司共同组织编制各省车用天然气发展规划，加强加油站、加气站统一开发和运营，天然气资源由天然气销售分公司（昆仑能源有限公司）统一配置和供应，并将车用天然气终端市场开发纳入成品油销售企业业绩考核指标。昆仑能源有限公司加气站原则上由成品油销售企业按市场化方式（租赁等）运营，新增项目由成品油销售企业负责开发和运营。天然气供应由天然气销售分公司统一负责组织。

2021年3月，完成昆仑能源有限公司管道资产交割，国家管网集团全面接管北京管道和大连LNG接收站的运营管理。本次交易后昆仑能源有限公司宣布向绿色综合能源供应商转型，带动公司市值大幅增长。

2021年，按照国务院国资委和集团公司改革三年行动工作部署，制定《天然气销售分公司改革三年行动实施方案》，明确改革总体思路及任务目标，推进5个方面42项重点任务，并将推进"双百行动"综合改革工作纳入改革三年行动，同部署、同落实。全年完成42项具体任务举措中的39项，成果完成率92.86%；对照国务院国资委12项重点考核任务，全面完成相应改革任务。

（刘璘璘　赵　艺　刘玮婧）

天然气批发销售业务

【概述】 2021年，新冠肺炎疫情得到有效控制，宏观经济快速复苏，叠加"双碳"政策等因素影响，4月开始天然气市场需求旺盛，呈现"淡季不淡、旺季更旺"特点。天然气销售分公司以高质量发展为引领，坚持产业链协同，全面开展国内外资源采购与批发端市场营销工作，支持产业链优化运行，利用需求增长契机，开发高端用户市场，推动天然气销售量效齐升。

（闵俊豪）

【资源池结构及优化】 2021年，天然气销售分公司同勘探与生产分公司、中油国际公司、国际事业公司协同合作，将国产、进口、长贸、现货资源优化结合，以满足国内市场需求为目标，立足稳定资源供应，支持国内增储上产，优先保障国内自产气全产全销，进口气不触发照付不议，参与进口气价格复议，持续优化资源池结构，有效保障市场稳定供应和产业链顺畅运行。

（李　然）

【天然气批发销售流向及结构】 2021年，天然气销至全国32个省（自治区、直辖市）及香港特别行政区，覆盖中国七成以上地级市主城区，保持较高市场份额。天然气销售结构中，城市燃气占比70.3%，发电占比8.6%，工业燃料占比4.4%，化肥占比3.7%，化工占比3.1%，LNG工厂占比3.4%，CNG占比1.7%，LNG装车占比1.2%，其他占比3.6%。

（周　澜）

【天然气批发市场开发】 2021年，天然气销售分公司夯实市场开发工作基础，按照"规划一批、储备一批、开发一批、投产一批"整体开发策略，做好优质项目的跟踪与储备，同时利用管销分离契机，提前谋划最优供气路径，精准拓展高端市场，确保天然气销售业务价值最大化。与相关电力集团、燃气集团建立沟通协作机制，巩固存量市场、锁定需求增量，进一步稳固并提升中国石油天然气市场份额。将满足客户需求作为工作的出发点和落脚点，提供高质量商品供给和高品质服务，维护中国石油天然气品牌价值。全年投产新客户158家，新增客户销量45.6亿立方米，形成年度用气规模约96亿立方米。

（赵鹏程）

【天然气保供】 2021—2022年冬季，天然气销售分公司坚守人民群众温暖过冬政治底线，多措并举组织落实"冬季保供"总体要求，从市场形势、资源配置、安全管控等方面持续发力，超前谋划，一体化统筹，密切关注天气变化、上游资源上载、储气库采气、接收站气化等实时情况，多措并举稳定资源供应、灵活应变掌控销售节奏，科学细分用气结构、精准实施压非保民，全力保障冬季保供和2022年北京冬奥、冬残奥会期间市场平稳用气，收到国家部委、地方政府及大型企业感谢信132封，获赠锦旗53面。

（闵俊豪 王 威）

天然气终端销售业务

【概述】 2021年，天然气终端销售业务认真贯彻落实集团公司市场营销工作会议部署要求，以"二十四字"营销工作方针为基本遵循，准确把握加强市场营销工作的思路目标和重点任务，制订全员营销行动方案，抓住经济回暖契机，克服下半年资源紧张和市场气价上涨的压力，不断优化销售运行，大力开发终端客户，持续优化客户服务，加强价格管理，推进一批新项目投产并表，推动城市燃气综合能源项目形成初步规模，完成年初确定的经营目标。

【天然气终端销售量】 2021年，天然气终端销售与管输气量完成计划的103%，同比增长14%。其中，天然气销售量增长9.3%，管输气量增长45.2%。

【天然气终端销售流向及结构】 2021年，天然气终端销至全国31个省（自治区、直辖市）。天然气终端销售结构中，管道气占比65.4%，CNG占比5.1%，LNG占比12.7%，管输气占比16.8%。

【天然气终端销售策略】 2021年，积极应对新冠肺炎疫情和市场供需矛盾，强化市场竞争能力，持续优化销售和资源结构，夯实营销业务基础，各项指标持续向好。紧密跟踪市场形势变化，充分发挥量价调节作用，采取积极营销策略，扩大销售规模，疏通资源后路。一季度气候转暖资源紧张局面缓解后，各终端企业积极推动工业用户恢复用气，广元、兰州等LNG工厂开工。二季度抓住资源宽松机会，积极对接用户，扩销增量，畅通后路。三季度资源偏紧时，优化销售结构，保障零售用户的足额供气，帮助终端用户解决资源缺口。四季度加强寒潮期间运行对接，保障民生供气安全。

（马　军）

【天然气终端市场开发】 2021年，聚焦省会城市和重点城市，大力开发终端燃气项目，推动新疆、宁夏、辽宁等地一批城镇燃气项目落地；推进城市燃气企业下游终端客户开发，开展工业客户挖潜、商服客户"扫街"、老旧小区改造、燃气"下乡"等专项行动。在四川等地加强油气合建站建设，推进LNG和CNG资源统一供应。加快发展城镇燃气综合能源业务，装机规模229兆瓦。

（韩　杰）

液化石油气销售业务

【概述】 2021年，液化石油气销售业务以"二十四字"营销工作方针为根本遵循，按照"保障后路畅通，实现价值最大化"的整体要求，深化实施"四个延伸"营销思路，拓展资源采购渠道，推进终端网络建设，深化降本增效，创新经营模式，强化合规管理，规范液化石油气营销和库存管理日趋规范，经营效益和管理质量迈上新台阶。全年销售液化石油气同比增长15%，其中终端销售增长0.4%。

（张尔嘉）

【液化石油气销售流向及结构】 2021年，液化石油气批发销售占69%，终端销售占31%。其中，东北区域占36.8%，华北区域占20.4%，西北区域占20%，西南区域占15.7%，其他区域占7.1%。

（谢红梅）

【液化石油气销售策略】 2021年，克服采购成本上涨和新冠肺炎疫情反复等不利因素，优化液化石油气销售结构，扩大终端市场份额。持续推广智能钢瓶+零售信息化平台应用，零售终端直营量同比增长11%。持续改进客户管理，提高服务质量，综合服务满意度超过97%。准确研判市场，把控销售节奏和量价存关系，抓住有利市场时机，扩大销量。开展进口资源价格对标，研究液化石油气期现结合业务模式，启动期货仓单交易。

（李艳平）

【液化石油气资源拓展及市场开发】 2021年，提高集团公司内资源规模，拓展国内其他资源渠道，聚焦国外资源采购创新突破，通过优化资源结构，实现资源来源多元化。强化资源协调，促进生产企业增加商品量，集团公司炼化企业液化石油气全部纳入统销。实现相关石化企业加工俄罗斯原油所产资源的购销，协调相关炼销公司提高资源串换量，稳步开展液化石油气延伸产品购销业务。多措并举推动终端网络建设，董家口LPG库完成码头施工建设，盐城LPG库岸线使用权审批通过，依托福建福清LNG项目共建LPG库完成内部可行性研究评估，进口库建设有序开展。参与区域市场整合，利用品牌和物联网技术优势，创新开发思路，拓宽合作方式，推动落地项目加快投运形成终端销售量。

（毛小军　赵宏图）

LNG 接收站业务

【概述】 2021年，运行江苏、唐山2座LNG接收站，LNG接收能力1300万吨/年。在建工程方面，唐山LNG接收站应急调峰保障工程2021年8月26日试运投产成功，江苏LNG接收站扩建（三期）工程2021年9月26日试运投产成功。

【接卸外输量】 2021年，江苏、唐山2座接收站接收进口LNG同比增长24.6%；总外输量同比增长15.8%，其中气化外输量增长35.0%，液态装车量下降59.4%。

（刘筠竹）

【新建LNG接收站布局及项目前期工作】 2021年，天然气销售分公司在福建、广东、山东、江苏等地规划布局LNG接收站项目，并推进项目前期工作。福建

LNG接收站核准附件齐备，向国家发改委申办核准工作；粤西LNG接收站推进合资公司组建工作；揭阳LNG接收站纳入全国LNG接收站码头布局规划；江苏LNG项目三期配套码头工程获江苏省发改委核准批复，并推进合资公司组建工作；江苏LNG增建储罐项目开展方案研究工作；威海、日照LNG项目开展前期研究工作。

（刘　峰）

新能源业务

【概述】 2021年，坚持"立足实际、突出重点、集中力量、试点先行"原则，依托资源和终端业务优势，以气电调峰为突破口，重点推进基地侧气电与新能源融合业务，开展常规风电光伏业务、终端侧综合能源服务和常规气电业务。结合国家行业政策及新能源发展形势，建立完善新能源项目开发管理体系，研究探索新能源项目相关标准规范，编制项目开发手册3本；推进新能源项目开发，持续深入开展相关科技专题和规划研究工作。

【新能源业务发展方向】 2021年，立足天然气资源、终端网络和上市公司平台优势，放眼全国市场，以气电与新能源融合发展为切入点，重点发展天然气与新能源融合、终端综合能源、常规新能源三大业务，构建多能融合和新能源两大业务链价值链，加快试点、示范项目落地投产，形成天然气与新能源融合发展、接续发力、持续增长的新态势，推动企业绿色低碳转型，打造绿色能源综合供应商。

（黄晓光　王　迪）

【新能源试点项目前期工作】 2021年，气电与新能源融合发展方面，通辽一体化项目开展方案编制工作。常规新能源和综合能源方面，四川广元LNG工厂分布式光伏项目、上海屋顶光伏项目完成可行性研究评估；新疆吉木萨尔县50兆瓦光伏项目、拉萨LNG气化站分布式光伏项目、济宁风光气氢储试验项目开展方案研究和前期工作。气电项目方面，完成江苏镇江热电等4个参股项目投产，新增装机容量303万千瓦；完成费县新时代等可行性研究批复，并推进实施控参股或工程建设。规划研究方面，完成新能源业务发展规划、综合能源业务前景及发展机会研究。完成"低碳排放天然气化学链重整制氢技术和氢能综合利用研究""集中式天然气发电与风光储融合发展关键技术研究及示范应用"两个科技专题的开题工作,并按计划开展相关研究工作。

(黄晓光)

增值业务

【概述】 增值业务包括燃气延伸、客户增值、电子商务、金融保险、技术服务、资源利用六大类业务。2021年,按照"资产轻量化、运营公司化、效益最大化、产业规模化"原则,加强自主品牌管理与平台化运营,强化品牌战略,注册昆仑雪源饮用水、昆仑格尔燃气具、昆仑格尔燃气配套设施、昆仑丽尔工装、昆仑慧享+线上线下电子商城五大自主品牌。昆仑雪源(北京)饮品有限公司、昆仑泰客(大庆)技术服务有限公司、国昆广源科技服务有限公司、昆仑安健(北京)科技有限公司注册成立并开展运营,为增值业务公司化、市场化、平台化、专业化发展提供有力依托。

【销售业绩】 2021年,增值业务收入完成年度预算指标的106%,同比增长33.0%。毛利润完成年度预算指标的103%,增长19.4%。

【非气业务发展方向】 2021年,以"依托两气资源、促进两气发展,打造天然气产业链未来增长极,实现整体价值最大化"为主旨,以市场为导向,以客户为中心,以服务终端用户为目标,着眼平台赋能、数字赋能、科技赋能、服务赋能、投资赋能,搭建线上线下服务体系和专业化服务平台,构建"城市燃气+综合能源+生活服务"的燃气2.0转型新模式,着力打造"互联网+能源+生活"多业态生活圈,为天然气产业链价值发展提供新动能。

(翟羽达)

天然气销售专业管理

【概述】 2021年，面对新冠肺炎疫情反复、价格动荡、资源缺口等严峻形势，认真落实集团公司党组各项决策部署，聚焦天然气销售业务高质量发展，抢抓天然气需求旺盛有利时机，持续稳增长、调结构、提质量、增效益、防风险，创天然气销售业务历史最佳业绩。超额完成集团公司下达的业绩考核指标，全面完成QHSE责任指标，未发生一般A类及以上生产安全责任事故。

（赵　艺）

【规划管理】 2021年，全面贯彻落实集团公司"十四五"规划部署，以新发展理念引领"十四五"规划编制，深入对接集团公司发展战略和区域规划，与规划总院多次衔接论证，组织院士、专家进行专题研讨，进一步明确业务定位、发展方向，优化规划目标和部署，科学编制"两级三类"共85项规划及天然气与新能源融合发展研究等10项配套专题，完成"十四五"规划编制工作。2021年12月，天然气销售与储运业务"十四五"发展规划通过集团公司规划领导小组审查。聚焦核心业务，滚动开展天然气销售规划、储运设施规划、新能源业务规划等专项规划编制工作，进一步分解规划目标、细化工作部署、明确工作任务；结合业务发展需要，深入开展LNG接收站规划、储气调峰规划等专题研究，统筹谋划设施布局，优化资源配置，提升调峰保障能力，推动"十四五"规划目标有序落地。

（赵　俊）

【投资管理】 2021年，按照集团公司"油气和新能源业务是公司核心竞争力所在，要大力发展"的定位，坚持以"十四五"规划为引领，聚焦天然气与新能源两条业务主线，打造天然气高质量发展生态系统、打造天然气与新能源互促发展路线，坚守严谨投资、精准投资、效益投资的理念，坚持量效兼顾、有保有压的原则，持续优化实施年度投资计划，注重向效益好的项目和高端高效区域市场倾斜。持续开展开源节流、提质增效工作，确保集团公司要求和规划部署落实到位。

（隋海波）

【预算管理】 2021年，坚持以市场为导向、以效益为中心，强化零基预算、坚持事前算赢，以预算引领生产经营的优化和提质增效工程，坚持资源"标签化"管理，坚持价格优化增效益、加大力度治亏损、强化管控防风险，推动落实提质增效升级版，经营业绩勇创新高，实现有质量的销售、有效益的规模、有质量的发展。精准开展月、旬、季度滚动及年度效益动态预测，确保年度业绩目标完成。牢固树立以价值创造为核心的预算管理理念，强化预算执行过程控制，坚持低成本战略，建立月度分析及对标管理长效机制，实时跟踪找问题、动态分析找差距、强化对标补短板，以精益管理推动落实"一切成本皆可降"的目标。

（孙　鲲）

【财务管理】 2021年，围绕公司"十四五"发展战略目标，坚持精益管理理念，强化价值导向，持续对标管理，扎实推进提质增效、亏损企业治理专项工作，聚焦价值引领，坚持内外兼顾，全力夯实企业高质量发展坚实根基。

（邱子睿）

【资产管理】 2021年，以集团公司三年改革行动计划为导向，有序开展资产分类评价，分析高效、常效、低效、负效资产总体占比情况，制定低效无效及闲置资产清理计划，进一步细化考核细则，研究资产处置途径和方法，通过合作经营方式推动长期闲置加气站恢复运营，通过对外处置、资产调剂、资产出租等方式盘活资产，有效提高资产管理创效能力。通过推动长期无动态工程重新开工建设、长期停工在建项目对外处置以及长期挂账在建工程转资等方式清理长期无动态工程项目，超额完成集团公司下达的低效无效资产清理处置任务。

（刘　妍）

【资本运营】 2021年，坚持规模效益并重，稳步推动股权投资项目落地。全年取得股权可行性研究批复项目47个，其中新增法人项目注册（变更）落地40个、存量法人增资扩股项目7个。推进法人压减工作，促进业务结构调整，全年完成法人压减处置项目61家。

（李　喆　孙憬明）

【股权管理】 2021年，组织开展股权投资收益及分红预算编制工作，超额完成集团公司下达的考核指标；进一步夯实管理基础，实现精细化、信息化股权管理。围绕合资公司章程梳理、董监事委派及履职等6个方面开展法人治理专项整治。按照国务院国资委及集团公司有关要求，精准发力推动参股企业整改工作持续深入开展。

（王佳怡　周雯雯）

【生产运行】 截至2021年底，在役城镇燃气管网总里程8.5万千米，在役支线管道4412千米，各类场站1368座，生产设备22万余台，设备完好率保持99%以上，支线管道完整性管理覆盖率100%。管道完整性管理稳步加强，开展城镇燃气管网隐患排查整治工作，生产管理系统2021年11月全面上线运行，全年管道数字化率超过70%，A类设备运行状态监控覆盖率100%，为公司全面加强安全风险防控数字赋能，成为有效推动安全生产管理向数字化、智能化、集约化转型的重要手段。通过系统的全面推广和深化应用，推进安全生产专项整治三年行动计划和城镇燃气专项整治目标落实落地，全面提升安全风险管控能力和本质安全水平，夯实高质量发展基础。着力推进维抢修体系建设，编制完成《2022—2026年天然气销售分公司维抢修体系建设规划》，深入推动维抢修企业化运作，完成二级维抢修队企业化运作效果评估验收。同时，以业务为驱动、问题为导向，开展无人化场站课题研究工作，逐步完善专业技术标准。

（王　凡）

【工程管理】 2021年，建成LNG接收站应急调峰、LNG接收站扩建及支线、城市燃气、加气站等建设项目56个。其中，唐山LNG接收站应急调峰保障工程、江苏LNG接收站三期工程、湖南岳阳—临湘支线等33个项目建成投产，潮州市天然气高压管道等23个项目建成待投产，全年建设管道里程550.24千米。城市中压管道完成977.55千米，居民用户安装完成50.99万户，公共福利用户完成2146户，工业用户完成455户。严格三检制和现场监督检查，全线焊口无损检测一次合格率99.33%，工程质量合格率100%。批复永清—保定天然气输气管线、揭东区天然气利用工程和湖北天然气维抢修中心基地3个项目初步设计，完成20个项目竣工验收任务。瓦房店—长兴岛天然气支线管道工程获2021年度中国石油工程建设协会石油优质工程金奖（省部级），该项目推行工程建设管理系统（PCM）、智能化管道建设，推行全数字化录入，项目试运投产后实现全数字化移交，为运营期管道完整性管理工作夯实基础，是天然气销售分公司首家实施应用PCM系统的试点工程项目。

（张金源）

【物资管理】 2021年，天然气销售分公司继续加大物资集中采购力度，编制18项招标文件标准文本，完成17类二级物资集中招标采购工作，编制12项集采物资技术规格书，提高采购标准化水平。强化重点招标项目过程监管，实现依法合规阳光采购。加强集团公司电子招标平台信息系统推广应用，提高招标报审、报表统计运用信息化管理水平及工作效率。强化供应商管理，确保集中采购中标供应商考察全覆盖。加强电子采购2.0系统推广应用，推进采购业务全面线上运行，强化非生产性物资电子超市采购管理，加强系统中供应商库数据动态管理。2021年，物资采购金额14.79亿元，两级集中采购度92.3%，网上采购率88.79%，期末库存降低率6.96%。

（赵　晶）

【安全环保】　2021年，加大安全生产专项整治三年行动攻坚力度，以防泄漏为核心，治理重大安全环保隐患590项。全要素开展2次体系审核，严肃安全生产记分制度，问责处级干部83名、管理人员1473名。创新体系审核成果应用，开展末位穿透式指导帮扶，升级优秀站110座、示范站10座，常熟、马驹桥场站获评集团公司"百千示范工程"示范站，广元LNG工厂获评四川省青年安全生产示范岗。实施科技兴安战略，完成潮州支线项目无人化值守试点建设，以生产管理系统为载体提升设备管理、管道完整性等业务管控能力，本质安全水平迈上新台阶。健康环保管理持续提升。持续抓好常态化新冠肺炎疫情防控工作，守住办公和生产场所"零疫情"底线。强化员工健康管理，云南、华南等8家公司通过健康企业创建验收。开展生态保护红线和环境敏感区全覆盖隐患排查，消除生态环境隐患122项，全面完成冬奥会空气保障治理任务。

（于海娟）

【计量管理】　2021年，严把计量红线，坚守诚信计量，未发生重特大计量事故，未出现严重影响生产运行、交接结算的计量争议和纠纷事件。全年各类强检计量设备送检率100%。逐步开展用户在线计量交接建设，推动贸易计量交接电子化。推动管道下载点形成托运商、批发客户和代输方三方计量交接模式。

（赵晨阳）

【科技管理】　2021年，深入落实集团公司科技与信息化创新大会精神，围绕批发和终端业务高质量发展要求，坚持问题导向，强化创新驱动，为安全生产、精准营销、数字化转型和标准引领等工作提供科技支持。完成"十四五"科技发展规划编制工作，为"十四五"科技工作有效开展奠定基础。承担和参与城镇燃气管道完整性、天然气客户特性分析与市场仿真等11项集团公司课题立项实施工作，启动低温密封检测技术国产化、天然气品质检测优化、资源配置与优化、精准营销、新能源与综合利用等13项技术攻关研究，运行控制、数字化、资源配置等技术研究成果得到应用和推广。智慧无人值守站技术成果为广东潮州天然气高压管道项目无人值守站的建设提供支撑；车船加注 LNG 燃料指标研究为天然气销售分公司牵头编制国家标准《车船加注用液化天然气》提供支持；全数字化编码标准成果构建城镇燃气输配工程实体树模型，在天津工程项目进行试点应用；智慧燃气实施策略研究为山东分公司数字化转型智能化发展试点建设实施方案编制提供依据；智能燃气表研究为推动基于 NB-IOT 技术的燃气表在天然气销售分公司大范围应用提出解决方案，同时为国家标准《物联网面向智能燃气表应用的物联网系统技术规范》的编制提供技术支持；天然气市场跟踪滚动研究、天然气资源市场优化配置、国际天然气贸易价格、资源采购潜力分析等研究成果为把握市场动态、调整营销策略和销售价格预测、优化资源采购等提供重要支撑和决策依据。加强技术总结提炼和知识产权保护，取得《一种基于最小检测代价的无人机高程误差双门限修正方法》等发明专利 3 项。

（冯立德）

【信息化管理】 2021 年，深入落实集团公司科技与信息化创新大会精神和集团公司党组《关于数字化转型、智能化发展的指导意见》，完成天然气销售数字化转型顶层设计，推进"上云用数赋智"，促进数据共享、业务协同、风险预控和商业模式创新，构建智慧销售体系。在智能运营方面，启动天然气大数据分析平台建设，拉通业务与财务数据，实现业财数据融合，建立经营测算模型。在智能营销方面，天然气销售运行管理系统（A13）实现天然气资源平衡、批零销售计划、冬季保供运行、智能计量管理等功能，提高天然气销售运行精准化能力；电子销售系统（C2）线上生成结算单，加强天然气销售业务整体风险管控能力；天然气零售系统（A10）覆盖 991 万终端客户，实现 51% 业务量线上自助办理，NB-IOT 智能燃气表应用数量 270 余万台；启动昆仑能源 LNG 加注站管理系统建设。在智能运行方面，昆仑能源生产管理系统试点项目全面上线，生产动态、设备管理和应急管理在全公司推广应用，运行监视、管道完整性、安全管理和综合展示功能在 5 家试点单位上线应用，完成 25 万余台套设备资产信息化、6 万余千米支线及城燃管道数字化，提升生产安全管控能力。在智能场站方面，启动山东分公司数字化转型智能化发展试点建设，打造示范工程。

（江 鹰）

【标准管理】 2021 年，天然气销售分公司围绕安全生产、经营管理需求，加强标准体系建设和标准制修订工作。完成"十四五"标准发展规划编制及技术标准体系表修订，为各项业务高效开展提供技术标准支撑。编制并发布企业标准17项，为基层站队标准化工作提供依据；参与编制并发布实施《燃气储运工》等国家标准2项、《液化天然气汽车加气装置检验规则及气体损耗评价方法》行业标准1项、《城镇燃气输配工程投产前安全检查规范》等团体标准3项。

昆仑能源有限公司作为中国城市燃气协会标委会的主任委员单位，围绕燃气行业发展，组织制修订《燃气服务导则》等5项国家标准和《燃气自闭阀》1项行业标准；《直埋式地下燃气调压装置》等6项团体标准立项，发布实施《燃气分布式能源站调试及验收规程》等8项团体标准。组织2021年会员大会暨标准化赋能行业共创、共享、共赢发展论坛，来自政府、行业协会、燃气企业等430余名代表参加会议，为行业搭建高质量交流平台，全面提升昆仑能源有限公司在燃气行业的话语权和影响力。

（刘金岚）

【培训工作】 2021年，结合新冠肺炎疫情防控形势变化，灵活组织集中面授和线上培训，及时协调优化培训方案，确保培训计划到位率100%。选派716人次参加集团公司88个培训项目；组织实施天然气销售分公司C类培训项目43个（含线下转直播），培训员工6931人次（其中网络直播培训2530人次）。持续加强党的创新理论跟进培训，举办习近平新时代中国特色社会主义思想、党的十九届五中全会精神、习近平法治思想教育、习近平总书记"七一"重要讲话精神4个网络专题培训班，累计培训14779人次，强化了思想理论武装，增强了队伍凝聚力、战斗力。充分依托"中油e学"网络平台开展全员赋能提素培训，全年网络参训16175人次，人均学习时长20小时以上，助推员工改善知识结构、提高专业本领。

（杨立成）

【资本市场管理】 2021年，组织召开凤凰项目股东特别大会、股东周年大会、董事会会议及相关专业委员会会议。适时披露北京管道和大连LNG接收站股权出售等重大信息，发布四川华盛投资成立合伙企业等35个公告及通函。高质量开展投资者关系工作，组织期内业绩发布和路演，140余家机构及分析师参加，促成管理层与投资者有效沟通。持续加大投资者关系沟通力度，参加摩根士丹利、瑞信、花旗等证券公司的投资峰会（电话）。完善以股价日表现、股价周（双周）报、股价表现月度分析、投资者关系工作月报为主要内容的资本市场信息跟进收集、分析与报告机制。维持公司评级稳定，以突出公司优异流动性和发展空间为核心，惠誉、标普对公司信用评级达到"A"级。

（田　超）

第三部分

销售企业概览

中国石油天然气股份有限公司东北销售分公司

【概况】 中国石油天然气股份有限公司东北销售分公司（简称东北销售）1998年6月组建，是中国石油所属大区销售公司之一，是销售分公司在东部地区的派出机构。主要负责东北、华北、华南地区14家直属炼化企业和部分地炼企业成品油资源的统一采购、配置、调运和结算，22个地区销售公司和9个专项用户资源的全部或部分供应和一次物流组织，东北三省、内蒙古东部二次物流的主动配送，海进江区域二次物流组织，东部地区成品油出口业务的组织协调和实施，物流区域内沿海、沿江、沿成品油管线具有集散和储备功能的所属油库的建设和管理。东北销售本部设在辽宁省沈阳市，设9个机关部室、1个直属机构、15个二级单位，分布在黑龙江、吉林、辽宁、河北、天津、山东、江苏、浙江、广东9个省（直辖市）。员工总数1816人。管理资产型油库14座，库容351.21万立方米。运营成品油铁路罐车3650辆，其中产权车2297辆、租赁车1353辆。作为国内最大的成品油物流中心之一，东北销售有效发挥衔接上下游、协调产运销的物流枢纽作用。成品油年销量约占股份公司成品油年产量的50%。

表3-1 东北销售主要经营指标

指　标	2021年	2020年
成品油销量（万吨）	4442.95	4083.43
汽油销量（万吨）	2167.06	1974.07
柴油销量（万吨）	1963.79	1840.00
航空煤油销量（万吨）	306.56	265.02
运费成本（亿元）	72.07	67.94
商流费用（亿元）	28.60	27.29
吨油商流费用（元）	64.37	66.83
资产总额（亿元）	209.12	133.65
收入（亿元）	2855.03	2087.90
利润（亿元）	0.21	−111.64
税费（亿元）	0.39	0.27

2021年，东北销售全面配置油品4442.95吨，同比增长8.8%；运费总额72.07亿元，较预算节约2.1亿元；商流费用28.60亿元，较预算节约1.4亿元；净利润0.21亿元，超预算考核指标0.11亿元，同比减亏111.85亿元，实现扭亏为盈的目标任务（表3–1）。

【产销服务】 2021年，东北销售推进日对接、周碰头、月总结、季走访、年座谈"五位一体"产销服务保障机制。通过召开首次专项用户恳谈会、建立客户经理人制度等措施，确保专项用油销量不降。主动开展服务承诺，发送承诺书70份、征求意见函35份，解决产销问题142项。突出产销研究和市场研判，协调炼化企业"减油增化"，推进华北石化优化产品结构，稳定和提升北京机场航空煤油份额，完成京ⅥB标准油品升级置换，保障北京冬奥会用油。组织开展产销协调会和炼油厂检修保障会，强化特殊时段、重要节日期间运行保障，保障9月、10月资源紧缺时期以及河南山西特大暴雨、东北地区暴雪、局部新冠肺炎疫情暴发等艰难时期的市场稳定供应，彰显大区公司价值。

【扭亏解困】 2021年，东北销售强化顶层谋划，构建以提质增效专项行动方案为中心，以主题教育活动推进方案和作风建设年活动实施方案为保障，聚集提质增效专项行动底线目标、奋斗目标总任务，建立逐级分解，逐级落实责任体系。建立提质增效月度分析共享机制，推行专项激励约束机制，兑现管理创新、业务营运、提质增效单项奖励300万元。强化业务运营创效，争取额外量兑现，同比增效34.7亿元；研究和编制出口补贴找补方案，增效13.8亿元；构建效益测算分析模型，坚持资源向高效市场倾斜，争取出口转内销价格政策，增效13亿元；加强市场预判，改变集采模式，锁定低价资源，创效7.5亿元；推进订单式生产，发送订单66份，协调生产适销产品62万吨，创效1.6亿元。建立责任清单，统筹组织推进，确保33项优化方案落实落地，运费比预算节约1.3亿元。创新资源串换，降费1.03亿元。推进"班轮制"运输和代储机制，滞期费同比减少3900万元。拓展跨区配送业务，节省运费2355万元；狠抓作业环节优化，三江口油库年周转次数提高5.9次，节约成本1806万元。协调取消地付设施使用费降低成本797万元。开展计量管理专项行动，推进诚信交接体系建设，降低损耗1900吨，增效1317万元。严格执行亏损企业"八项禁令"，极限管控成本费用，销售及管理费用同比下降10%。其中，"五项"费用、租赁费、维修费分别同比下降21%、32%和54%。抢抓需求快速反弹契机，加大库存压降，用商票承付运费，优化结算管理，节约财务费用1814万元。通过探索网约车出行、整合办公场所、提升结算效率、降低船舶滞期费等措施，持续促进管理提升增效。

【改革创新】 2021年,东北销售以三项制度改革为牵引,滚动编制《改革三年行动实施方案(2020—2022)》及60个配套实施子方案,完成63项改革任务。建立小机关、大现场管理模式,二级机构减少8个,三级机构减少80个,分别压减25%、48%。压减业务外包人员144人,节约费用1176万元。在集团公司2021年销售企业职业技能竞赛中,东北销售包揽油品储运调和工竞赛前4枚金牌,获团体第一名。东北销售"汽柴油氯含量的检测方法"获集团公司2021年一线创新成果奖一等奖;"内浮顶储油罐浮盘及密封泄漏在线监测技术研究"项目被评定为销售分公司唯一的集团公司技能人才创新基金优秀项目;"下海油班轮制"创新项目在集团公司立项;"'3+1'诚信计量交接服务体系"等3个项目被纳入集团公司管理创新参评成果,创新发展驱动力日趋增强。

【风险管控】 2021年,东北销售召开新冠肺炎疫情防控工作领导小组及专题会议43次,修订常态化疫情防控相关方案预案,推进疫苗接种,全员接种率96.51%。逐级签订《安全环保责任书》,开展油库公路付油、反违章和VOCs专项治理,整治安全环保隐患59项。强化安全生产风险监测预警平台建设及应用,开展质量和HSE体系审核,规范质量计量争议处理流程,持续提升QHSE绩效水平,连续两年HSE体系审核达到A2优秀级并在销售分公司排名第一。践行依法合规治企兴企方略,强化法治建设。开设"普法讲堂",普及《中华人民共和国民法典》和新《中华人民共和国安全生产法》等法律法规,开展6次重点制度集中宣贯。突出重大事项法律参与,出具法律意见书8份,提供法律咨询服务31次,维护企业合法权益。坚持新官理旧账,稳妥推进40项历史遗留问题处理,完成3家存续企业和沈阳宏天东、天元2座加油站的改制任务。

【精益管理】 2021年,东北销售优化调整制度立项、审定、发布等管理流程,增加各部门协同联动、一体审核环节,制度立、改、废84项。建立完善预算管控体系,实现量化授权,管办分离。深化专项管控分析,突出对标管理,建立预警机制,指导经营决策。实行专业线会签制,实施费用化项目批次计划管理,实施非生产性用房检维修项目提级管理,升级设计变更、现场签证审批权限,完成38项安全环保隐患治理项目。编制《油库智能化建设纲要》,开展油库全流程诊断与优化,修订8座油库操作规程,完善油库、班组、岗位三级考评体系,提升油库标准化管理水平。召开首次科技与信息化创新大会,编制完成《"十四五"科技与信息化发展规划》《数字化转型工作实施方案》,驱动业务发展、管理变革、技术赋能。实现13家直属炼化企业数据集成共享,建成油库自控数据池,4座油库实现无线网络配置及手持终端应用,改善组织模式,提高工作效率。

【企业党建工作】 2021年,东北销售召开第四次党代会,擘画未来党的建设发展蓝图。树立大抓基层的鲜明导向,有效推进"三基本"建设与"三基"工作有机融合,筑牢企业发展根基。一体推进"三不",强化监督执纪问责。建立分工负责、立体联动的巡视整改责任体系,党组巡视反馈的35项问题整改完成32项,持续整改3项,发挥巡视"利剑"作用。制定印发《激励支持干部担当作为干事创业若干措施》,激励调动广大干部员工的积极性、主动性、创造性。开展作风建设专项行动,力戒形式主义、官僚主义。开展"我为员工群众办实事"实践活动,为员工群众解决"急难愁盼"问题326件,帮扶困难职工117人次。开通"党委信箱",倾听员工群众呼声。

(管育林 孟天放)

中国石油天然气股份有限公司西北销售分公司

【概况】 中国石油天然气股份有限公司西北销售分公司(简称西北销售)前身是1946年9月成立的中国石油有限公司兰州营业所,新中国成立后先后隶属于商业部、甘肃省、中国石油化工总公司,1998年成建制划转集团公司,总部设在甘肃省兰州市,是销售分公司在西部地区的派出机构。主要承担着西部地区13家直属炼化企业,21个省(自治区、直辖市)销售公司,铁路、民航、兵团等10家专项用户的成品油产销计划衔接、资源优化配置、物流调运组织、质量计量监督和油品统一结算,以及地炼资源的集中采购等职责,业务范围覆盖中国陆地国土面积的80%。管理运营9座成品油库,总库容216.5万立方米,有铁路专用线近20千米、自备罐车4255辆。机关设7个职能部门、2个直属单位,在中西部12个省(自治区)设14家分公司,在职员工1473人。1999年以来,累计配置销售成品油7.46亿吨,向国家上缴税金115.2亿元。获全国文明单位、全国五一劳动奖状、全国企业文化建设先进单位、甘肃省文明单位、甘肃省先进基层党组织、甘肃省高质量发展突出贡献奖、甘肃省最具社会责任感物流企业等荣誉。

2021年，西北销售油品销量5323万吨（表3-2），调运油品8925万吨，销售收入3323亿元，缴纳税费10.2亿元，利润16.22亿元，同比减亏55.3亿元，炼销企业服务满意度99.7%，风险综合防控体系运行，安全生产实现"三个为零"（工业安全生产事故为零、道路交通事故为零、火灾事故为零），油品损耗指标有效控制，三项制度改革稳步推进，取得近10年最好经营业绩，获集团公司2021年度先进集体称号。

表3-2 西北销售主要经营指标

指 标	2021年	2020年
成品油销量（万吨）	5323	5140
汽油销量（万吨）	2307	2140
柴油销量（万吨）	2496	2520
航空煤油销量（万吨）	520	480
调运总量（万吨）	8925	8676
油库数量（座）	9	9
油库库容（万立方米）	216.5	216.5
运费总额（亿元）	78.4	77.63
吨油运费（元）	147.28	151.04
资产总额（亿元）	106.3	91.01
收入（亿元）	3323	2613
利润（亿元）	16.22	-39.06
税费（亿元）	10.2	3.38

【业务运行】 2021年，西北销售主动应对柴油产需形势快速转换、出口配额和集采政策调整等不利局面，一体协同推进西部产运销企业优结构、拓渠道、扩配置、增效益。加强沟通协调，推动集团公司调整生产营销政策10余次。协同西部产销企业减油增化、增储扩销，区域整体效益位居所属销售分公司前列。发挥自有库存"蓄水池""调节阀"作用，分别在柴油223万吨超高库存、140万吨超低库存困境下安全运行42天和20天，产业链始终保持平稳运行。分区域、分阶段、分品种制订产销保障方案，保障春耕秋收、节庆假期和会议活动等特殊时段油品供应，完成成都和兰州国ⅥB标准汽油置换、"十四运"和格炼检修保供任务，高效保障局部地区暴雨和地震灾害抢险用油。践行"服务创造价值"核心理念，主动走访35家产运销企业和专项用户，组织召开西部地区

成品油业务产运销协调会和专项用户恳谈会。第一时间协调解决格拉管道停用、炼油厂装置波动、省（自治区）油库关停和区域道路限行等棘手问题，保障产销企业加工生产、成本效益等指标全面完成。

【经营创效】 2021年，西北销售推进"事前算赢"和业财融合，精打细算，打造提质增效"升级版"。落实内部市场价格传导机制，刚性兑现直炼交货计划，额外量交货1270.5万吨、增效72.1亿元。紧跟市场变化，协调炼油厂释放产能，助力省（自治区）扩销增效，高标号汽油、低凝点柴油配置分别同比增长9.9%和4.3%，创效25亿元。细化库存运作，创效10亿元。深挖集采潜能，完成集采125.4万吨、创效7.76亿元。巩固传统市场、拓展新兴市场，实现航空煤油配置520.2万吨、创效2.43亿元。深入开展一次、二次物流整体优化，吨油运费同比下降3.8元。开展自备车重装重返、区域循环和单车装载治理，节约延时费、检修费和返空费1471万元，自备车周转率、单车装载率同比提高0.01次/月和0.03个百分点。突破障碍，全面取消铁路保价费，降低车船杂费，节约费用1.1亿元。精细结算组织，结算速度同比加快0.38天，提前收款981亿元，节约财务费用3279万元，首次结算大连石化下海油170万吨。用足用好税收优惠政策，所属兰州、呼和浩特分公司增值税退税2698万元，陕西分公司、宁夏分公司、宝鸡分公司争取水利基金减免2901万元，川渝分公司、青藏分公司、玉门分公司获政府扶持奖励、稳岗补贴355万元。清理低效无效资产，实现报废自备车处置收入1309万元，溢价率77.89%。扩大"网约车"应用范围，试点单位费用同比下降90%。

【风险防控】 2021年，西北销售实现安全平稳受控运行，获评集团公司2021年度质量健康安全环保节能先进企业。结合机构和职能调整，修订程序文件133个，优化业务流程274个。完善安全生产责任清单，建立重大危险源包保责任制，实现责任分解、有序承接。首次采取"自主审核+综合评审"方式开展体系内审，发现问题392项，整改完成326项。积极迎接集团公司QHSE审核、管理层测试及第三方监督审核，反馈问题整改率99.1%。接受国家大型油气储存基地安全风险评估等督查检查25次，均无重大隐患问题，得分位列销售分公司前列。推进安全生产专项整治三年行动，年度计划任务完成率100%。开展违章专项整治，推进健康企业建设，升级全国"两会""七一"等特殊时段安保防恐措施，落实重点地区环保监管要求，完成油库挥发性有机物专项治理、危废固废动态监测处置和排污许可梳理排查。组织西部炼油厂油品质量普查，妥善处理直发计量纠纷，上线运行全流程风险防控管理平台，经营管理领域风险防控能力提升。积极应对多地新冠肺炎疫情反弹，从严落实防控措施，有效巩固零疫情成果。新冠肺炎疫苗应接人员两针接种率100%，加强针接种率超60%。开展应急预案有效性评估，修订完善预案242项，完成各类应急演练406次。所属武汉、郑州分公司举办公司级综合应急演练，优化企地应急联动机制，增强全员应急处置能力。完成6座一类油库消防安全评估，开展专职消防战斗员能力达标考核，推动应急消防专业化建设。

【改革创新】 2021年，西北销售制定落实治理体系和治理能力现代化实施方案，推进改革三年行动和对标世界一流管理提升工作，任务完成率分别为93.4%、91.1%。建立集中采购机制，全面规范工程、物资和服务选商采购。依法合规推动集体企业改革，昊阳商贸改制为地方国资控股企业，妥善完成7家历史遗留股权单位清理。完成机关改革，实施领导人员任期制和契约化管理，制定员工薪酬激励措施。优化人力资源结构，完成集团公司用工总量控制任务。组织开展西部储运设施、供应链综合物流和航空煤油保障优化等重大课题研究，部分成果推广应用。发挥销售专业标准委员会秘书处职能，首次参编1项国家标准正式发布，牵头制修订和审查《管理体系融合实施指南》等11项集团公司企业标准。做好管理创新成果推广，2项成果、4篇论文获行业部级奖项，《一体化综合管理体系理论与实践——基于流程整合的视角》获评2021年石油石化企业管理现代化创新优秀著作三等奖。开展QC活动，1项成果获集团公司QC小组活动三等奖，8项获甘肃省优秀质量管理小组二等奖，西北销售首次获评甘肃省群众性质量管理小组活动优秀企业。

【基础管理】 2021年，西北销售完成销售分公司油库装备完整性管理试点建设任务，梳理完善25大类26.3万条设备基础信息，建立油库设备全生命周期管理机制。推进标准化建设，规范油库现场管理和员工作业行为，做好电气仪表、环保消防等重点设备维保，所属川渝分公司获评集团公司HSE标准化站队，武汉油库获"中国石油成品油销售榜样·标杆油库"称号。争取项目资金5487万元，完成咸阳油库储罐浮盘改造、彭州油库紧急切断阀改造等39个重点项目。紧跟数字化发展趋势，研究形成《数字化转型智能化发展规划》。完善综合营运指挥平台功能，搭建完成西北销售数据中心，实现报表自动生成和数据综合分析，为统筹优化提供决策支持。推广应用北斗导航手持终端和电子工牌，深化态势感知系统应用，实时有效拦截各类网络攻击行为，通过集团公司"护网2021"行动测试。开展福利费、培训费、工程项目、信息化项目专项审计和采购、招标及合同管理专项整治，完成"小金库"清查、会计基础工作检查和8家基层单位主要领导离任经济责任审计，有效堵塞漏洞、规范管理。制定实施"八五"普法规划，利用"12·4"国家宪法日、保密法治宣传月开展学法普法宣传，全员法治意识提升。编纂完成《西北销售公司志（2016—2020）》和《西北销售组织史（2016—2020）》。实施机关档案集中化管理，完成三级以上领导人员人事档案专项审核。

【队伍建设】 2021年，西北销售推行人才强企战略，以高质量人才队伍保障公司高质量发展。制定实施《人才强企工程行动方案》及6个配套方案，全面打通员工发展通道。组织完成人才评价考核和高技能人才选聘工作，举办第七届职业技能竞赛，开展全员技能大练兵活动。参加集团公司竞赛项目，获油品储运调和工种2银1铜和团体第三名，1人入围实训师大赛决赛。参加集团公司培训162项312人次，组织公司培训23项、参培603人次。落实校企联合培养机制，选送57名专业骨干参加清华大学、国家会计学院高端知识培训班。建立专家和"424"人才师徒结对关系，举办技能人才大讲堂4期，参训1400余人次。办理答复各类调研反馈问题，精准对接发展所需、基层所盼，推动"我为员工群众办实事"实践活动走深走实。

【企业党建工作】 2021年，西北销售持续推进党的领导与公司治理有机统一，建立模拟法人治理结构，完善"三重一大"决策机制，聚焦全面从严治党，加强组织领导，强化责任担当，激发和汇聚各级党组织力量，党委把方向、管大局、促落实的领导作用有效发挥。召开西北销售第三次党代会，选举产生新一届党的委员会和纪律检查委员会。围绕建党百年政治主题，开展丰富多彩的庆祝活动，组织收看党中央庆祝中国共产党成立100周年大会实况直播，传达学习习近平总书记"七一"重要讲话，表彰88个先进党组织和个人，新增命名20个示范党支部、党建阵地和党员示范岗。健全《落实全面从严治党主体责任清单》，逐级签订责任书，建立容错纠错机制。落实党委"第一议题"制度，学习贯彻习近平新时代中国特色社会主义思想，及时跟进学习习近平总书记发表的重要讲话、做出的重要指示、提出的重要论述，开展中心组学习16次、"第一议题"学习14次。

【群团建设】 2021年，西北销售推进"健康西销"行动，建设共享"健康小屋"，提高健康体检标准，员工体检率100%。依法保障女职工特殊权益，关心关爱女工，绽放女工风采。强化民主管理，落实赡养老人护理假等职工提案17件，答复反馈职工意见建议129条，提案落实率100%。弘扬劳模精神、劳动精神、工匠精神，隆重表彰10名劳动模范。搭建"先锋模范数据平台"，完成3800余项荣誉的采集和数字化录入。制定实施《西北销售党建带团建工作实施细则》，发布《青年发展规划》，召开团青工作会，开展"三送温暖"志愿服务，深化"青字号"品牌创建，1个集体和1名个人获评集团公司"青年文明号""青年岗位能手"。推动慰问帮扶、送关怀送温暖工作常态化、制度化，投入各类慰问经费491万元，坚持开展"金秋助学"活动，提高全体员工生活品质。实施"精准滴灌、靶向帮困"，帮扶困难人员348人次，发放帮扶资金156万元。做好重点时期维稳信访安保防恐工作，获集团公司嘉勉。

（高　越）

中石油昆仑好客有限公司

【概况】　中石油昆仑好客有限公司（简称昆仑好客）2017年9月在北京市昌平区注册成立，列股份公司合资子公司序列，作为销售分公司非油业务的管理运营和合资合作平台，指导各成品油销售企业非油业务专业化运营，承担非油业务的管理协调与考核职能，主要负责非油业务的顶层设计、标准规范制定、品牌管理，开展商品统采统配，物流优化、合资合作、自有商品开发等业务。2021年底，设综合部（党委办公室、人事处）、财务部、商品部、经营部、市场部、项目开发部、销售部7个部门，控股福建武夷山水食品饮料有限公司1个专业公司；员工70人，其中本部52人、武夷山水公司18人，本科及以上64人，中级及以上职称47人，中共党员53人，平均年龄38岁。实收资本15亿元，资产总额19亿元，所有者权益总额15.77亿元。

　　2021年，昆仑好客主动适应新零售市场变局，各项工作取得新成绩。组织非油业务实现收入248.7亿元、非油毛利45.8亿元，分别同比增长12.3%和18%。昆仑好客本部实现利润4726万元、同比增长50%。

【业务发展】　2021年，昆仑好客组织非油全网络专业化运营，围绕"油气氢电非"综合服务平台建设，坚持以便利店业务为核心，拓展汽车服务、化肥、快餐、电子商务等业务。升级便利店精益管理，推广昆仑好客运营体系，强化单品管理，提升选品、陈列、营销等核心能力，8个品类销售收入同比增长超过20%，百万元以上店6839座、同比增长12%。加快建设线上营销渠道，上线运营中油即时通信内购商城，完善天猫旗舰店功能，149款商品入驻"石油e采"平台，组织直播带货350多场，促进内部员工、加油卡客户和公域渠道流量变现，实现线上销售收入8502万元，带动油卡充值15亿元。新建汽车服务网点

1814座，促进所在站点油品销售平均增幅超过2个百分点，汽车服务业务销售收入6亿元、同比增长60%。探索"化肥＋植保＋金融＋产成品"经营模式，推动农业产业链一体化发展，农资业务销售收入28.5亿元。新投运肯德基快餐店15座、单店销量稳步提升，因地制宜拓展奶茶、馄饨等餐饮项目。稳步做大传统销售渠道，开发新客户130多家，联合省（自治区）销售公司共建京外大客户开发模式，自有商品进入航空、高铁等新领域。

【一体化营销】 2021年，昆仑好客协同成品油零售专业线深化油非一体化营销。创办昆仑好客购物节，精选600多款畅销品和30款"爆品"组合"油卡非润"大礼包，历时3个月在全渠道分阶段统筹推进，开展销售竞赛和陈列创意大赛，按照统一活动Logo、统一主题、统一宣传、统一订货、统一营销、统一爆品的"六统一"标准打造2299座示范店，8大促销品类毛利同比增长43%。组织各省（自治区）销售公司开展冬奥主题营销、年货节、后备厢计划等30多项全国营销活动和178项地域性促销活动，连续两年参与"全国消费促进月"活动，灵活运用积分、满赠、充值、组合、抽奖赠券等促销政策，分区域、分站型、分客群推出"油品/油卡＋商品/服务"油非组合礼包，提升顾客体验，增强门店竞争力。通过油非互促双向引流，提高顾客黏性，油非转换率同比提升1.3个百分点。

【商品集采与自有商品开发运营】 2021年，昆仑好客强化以商品为核心的供应链能力建设。推进两级集采，全面落地第三期全国集采谈判结果，全国集采合作品牌由88家增至136家、SKU达到2600多个，规模达21亿元；规范指导省（自治区）销售公司二级集采业务，明确选商、入围、品控等工作标准，将27家公司150个区域品牌纳入全国集采。强化自有商品开发运营，严格规避低水平重复开发，全系统开发"好客童品""昆觅"赣南脐橙等58个系列新品；着力运营推广，突出"大单品"引领，打造"优选＋"大米、"好客壹生"纸等亿元级"爆品"，带动10余款千万级畅销品，优化商品毛利结构；与高校和专业机构合作，共建咖啡与茶饮料研发培训中心，加快产研销一体化探索。试点推进供应链与物流优化，与美团、京东等头部企业合作，线下在京津冀地区试点供应链优化，线上尝试开展到家业务，试点运行电商物流仓。

【专业管理】 2021年，昆仑好客发挥非油业务管理运营平台作用，强化专业管理。开展非油业务研究规划，完成专题咨询项目15个，编制《非油参阅》12期，完善并实施非油业务"十四五"发展规划和细化措施，明确坚持加快扩大规模、保持效益增长以及做大重点品类、重点业务和重点区域等新思路，制定非油业务高质量发展的路径、措施。健全非油业务投资审核与评价机制，完成5批次620个项目的投资审核。牵头整改集团公司巡视、专项检查反馈的非油业务事项，开展非油业务财务管理风险防控专项治理，整治走单、空转、刷卡套现等问题。协同推进销售企业安全生产专项整治三年行动计划，细化非油QHSE体系审核标准，落实体系审核及督办整改，保持非油业务质量健康安全环保事故零发生，通过ISO 9001国际质量管理体系认证。加快非油业务信息化建设，制订信息化发展规划方案，协助股份公司销售分公司开展加管3.0系统建设，完成7类181项业务需求分析，通过评审。开展非油业务经营、财务管理、质量安全风险管控、电子商务等培训班，培训一线骨干4000多人次。对标行业一流，创建覆盖4个方面、3个维度、17项关键指标的精益管理对标模型，全系统推广应用，地市公司首次实现跨省分级对标。

【品牌经营】 2021年，昆仑好客通过多渠道、多平台着力提升品牌效益。昆仑好客获评"2021我喜爱的中国品牌"，品牌价值超过134亿元、名列行业前茅。开展美好生活·优行动，坚守"万店无假货"底线，加强各层级供应商管理，坚持二方审核和质量监督抽检，探索重点商品一物一码溯源，建立3类自有商品质量管理规范标准，"优品·优质·优享"的品牌形象深入人心。落实乡村振兴战略，在江西、内蒙古等地开发消费帮扶自有商品，策划赣南脐橙、内蒙古牛羊肉等特色农副产品全国营销活动，将7个省（自治区）23种消费帮扶商品纳入全国集采平台拓宽销路，助力销售企业完成消费帮扶金额6.5亿元，打造"从田间到餐桌"的消费帮扶产业链。抓住北京"双奥"机遇，赞助"相约北京"体育赛事，在北京城区主干道、公共交通工具加大品牌露出，组织省（自治区）销售公司建设冬奥形象站411座、冬奥商品货架490组、冬奥特许商品专柜101组。完善新冠肺炎疫情应急物资优先保供机制，兑现"不断供、不涨价、不打烊"的庄严承诺。高质量承办集团公司消费帮扶产品展销会，搭设108个展位、展销面积约7000平方米，来自150个脱贫县的2000余种商品参展。举办中国石油开放日活动，通过新华网、人民网等主流媒体吸引300多万网友"围观"。

【基础管理】 2021年，昆仑好客加大基础管理和改革创新力度，提升运行质量效率。协同对标世界一流管理提升行动，推动改革三年行动计划改革举措完成98%，实施经理层成员任期制和契约化管理，优化考核机制加大工效挂钩力度，突破干部能上能下、薪酬能增能减、员工能进能出的重要关口；推进格桑泉水厂股权优化。统筹非油业务和昆仑好客公司两个层面，打造提质增效"升级版"，全面推进全成本核算，常态化降库提效，严格"两金"管控措施，保证全系统增效达标的基础上盈利4726万元，创成立以来最好水平；安全高效推进武夷山水公司改扩建项目建设，建成9025平方米仓库，新增一条国内先进全自动生产线，武夷山水公司推进仓储物流优化，创新设备技改，扩销增效实现盈利，完成集团公司扭亏治困目标。开展规章制度清理评价，动态立、改、废18项制度；全面实施重大事项法律论证，审核率100%；加大科技课题选报力度，推进自有商品质量管理规范标准取得集团公司立项批复；加强知识产权宣传普及，获3项专利共有权；杜绝失泄密事件和实际事后合同。从严从紧新冠肺炎疫情常态化防控，员工疫苗接种率超过95%，实现零感染、零疫情。

【企业党建工作】 2021年，昆仑好客党委认真落实全面从严治党责任，坚持以高质量党建引领高质量发展。推进党史学习教育，落实"第一议题"制度要求，围绕党中央指定书目、习近平总书记系列重要讲话和党的十九届六中全会精神，集中学习、研讨80多次，分批开展红色教育，党员干部做到"五个带头"；开展"我为员工群众办实事"实践活动，帮助员工解决"急难愁盼"实事13项，学习教育成果得到党组领导高度肯定。完善党建引领的治理体系，修订公司章程，将党的领导嵌入业务流程，全面落实"党建入章""双向进入、交叉任职"等要求。召开党委会19次，研究审议重大事项120个，党委"把、管、促"作用有效发挥。完成4个党支部换届，按部门成立党小组，基层组织建设加强；首次开展党支部书记现场述职评议，抓党建工作合力逐步增强。围绕庆祝建党百年主题，创新开展"迎七一·七个一"系列活动，8部作品在集团公司获奖。落实人才强企战略，完善干部管理制度体系，配齐配强中层干部队伍，提拔使用9人、调整交流使用1人；加强年轻干部培养，建立年轻干部挂职锻炼机制，与地区公司交流挂职8人；引进各类专业人才6人，晋升一般管理岗员工8人、专业技术职务任职资格6人。

【办公地点搬迁】 2021年，昆仑好客落实集团公司党组决策部署，办公场所由北京市朝阳区恒毅大厦搬迁至北京市昌平区中国石油科技交流中心。从法律角度提前介入解约谈判，第一时间制订专项工作方案，围绕合同条款多次与业主、物业沟通协商，最大程度争取昆仑好客和员工合法权益。抓住谈判"窗口期"组织干部员工利用业余时间，发扬大庆精神铁人精神，同步做好新址装修和员工就餐、通勤等保障工作，在业务不断档的情况下将工作干在最前面、将损失降为最低，在2021年12月25日前完成搬迁，受到集团公司党组高度肯定。

（关志强）

中国石油天然气股份有限公司北京销售分公司

【概况】 中国石油天然气股份有限公司北京销售分公司（简称北京销售）前身系中国石油华北销售公司，1999年4月成立，曾先后负责七省两市的成品油销售、非油销售和终端网络建设工作。2009年12月，原华北销售公司机关与原北京销售公司整合，上划中国石油天然气股份有限公司直接管理，主要负责中国石油在北京市的成品油和非油销售、网络建设和市场开发等工作。2021年底，北京销售资产总额38.86亿元，在用油库2座，库容3.1万立方米，投运加油站197座，投运橇装站123座，便利店194座，员工1891人。

2021年，北京销售成品油销售120万吨，纯枪销售93万吨，LNG销售7.54万吨，IC卡发卡12.3万张。非油业务收入3.02亿元，非油业务利润7988万元（表3-3）。账面税前利润4554万元，费用总额7.98亿元。新投运加油站20座，新增立项股权企业3个。

表3-3 北京销售主要经营指标

指　　标	2021年	2020年
成品油销售（万吨）	120	111
汽油销量（万吨）	73	68
柴油销量（万吨）	47	43
加油站总数（座）	197	193
在用油库数量（座）	2	2
在用油库库容（万立方米）	3.1	3.1
纯枪销量（万吨）	93	83.64
非油业务收入（亿元）	3.02	2.68
非油业务利润（万元）	7988	2863
资产总额（亿元）	38.86	34.08
收入（亿元）	93	73.44
利润（亿元）	0.11	-2.45

【加油站管理】 2021年，北京销售精准实施零售创效。强化"数字化营销"应用，落实零售环节提质增效。坚持毛利最大化，提升纯枪质量，开展营销活动51项，4.9万人参与，核销电子券8.4万张，高德平台触达新客户1.1万人，有效带动销量提升；加大移动支付推广，新增个人实体卡、电子卡20.8万张，同比增长121.3%，储值28.3亿元；深化数字平台应用，实现数据可视、实时协同、主动预警、自动分析，提升运营效率。深化团队建设，开展客户开发强基固本。提升基层团队管理水平，整合资源、统筹调配，"阿米巴"模式取得实效，单站日销量11.65吨，同比增长18%；建立多维度客户标签，精准触达客户需求，拓展线上会员，微信小程序交易3013笔，支付宝平台新增客户0.9万人，开发部队、央企等5家终端客户，拉动线上线下消费。打造强大现场，综合提升加油站服务创效能力。结合"6S"管理，开展全流程诊断，实施标杆引领，有效提升顾客体验，展现中国石油良好品牌形象；组织开展团队经理及成员综合素质提升培训班，实现参培站经理全覆盖；加强"双低"站治理，摘帽"双低"站16座，完成治理目标；强化监督检查、驻站帮扶和问题跟踪，现场检查324站次，远程扫站960站次，排名居销售分公司前六名。

【营销业务】 2021年，北京销售营销质量显著提升。统筹资源运行。强化市场研判，把控节奏，有效平衡库存、客存和保供，加大客存清理，提升资源创效力，直批销量46.55万吨；直批毛利7956万元；互供19.18万吨，创效2810万元。深化客户开发维护。实施分区域、分类别、分阶段客户开发，新增客户205个，新增销量7.65万吨；深入开发机构用户，与长城钻探、中铁十九局、北京现代等5家企业达成合作协议，实现销量1.01万吨；深化直批APP应用，线上订单1987笔，实现销量11.96万吨。推进站外"油卡非润"一体化营销。聚焦集团内部市场、政府、大中型企业采购项目，推动华油商贸公司、北汽福田配件公司及中国融通集团等单位加油卡、润滑油等合作机会，实施组合营销，一体化协同创效，实现非油销售134万元。

【非油业务】 2021年，北京销售非油业务实现跨越发展。高质量打造营销品牌。开展"5·13"武夷山饮水节活动，销售收入106.6万元、同比增长86%，毛利30万元、同比增长6%，实现量效双增长；打造昆仑好客购物节，实施"储值超值购""购物油礼"等活动，促销品收入1043万元，同比增长342%。着力提升店销能力。坚持市场化发展、专业化运行，开展油非互促，储值换购107万笔，带动销售70万元，购非油送电子券推出超值商品163个，带动销售277万元；推进商品协同管理，丰富品类、优化物流，引入寻源商品1385

个；优选非油团购清单，完善奖励机制，开发客户28家，实现销售720万元。非油业务收入700万元以上店同比增加2座、百万元店增加5座。坚持线上线下一体化营销。引入优质服务商内容合作运营机制，围绕用户实际生活需求整合多方资源，结合门店营销场景，开展"消费帮扶""月圆中秋""TCL家电专场""9·15加油国货"等8场直播活动，期间各分公司承担部分直播任务，销售实现140万元。积分商城兑换订单92.8万笔，收入1483万元、毛利401万元。

【油库管理】 2021年，北京销售克服库容限制，科学安排资源保障和配送保供，抢运紧俏资源，直炼资源调运79.83万吨；应用创效模型，把握客存节奏，按时保质完成京ⅥB标准油品置换，调运增效8829万元。调整库容分布，优化互供提油，提高作业效率，人均周转量1.18万吨、同比提高61%，周转次数15.78次、同比增加4.03次；开展诚信交接和全环节损耗分析，落实重大危险源包保责任，通过政府检查。发挥VOCs检测中心和质检中心作用，抽检库站483座次，连续获青岛海关技术中心授予的"能力验证优秀实验室"称号。

【投资建设】 2021年，北京销售坚持稳拓并举，增强终端控制力，开发建设实现逆势突破。网络布局优化。加大集团客户开发力度，实现华路和首发所属加油站合作投运，完成新租、续租投运项目20座，新增立项股权企业3个；项目成效显著。打造北京标准、拼出北京速度、亮出北京质量，先于竞合对手完成福田加氢站投产，改造升级沙河智慧橇装示范站，打造28座冬奥形象站，高标准建设投运中国石油首座油气氢电非"金龙综合能源服务站"，70兆帕连续加氢能力居行业首位。推进自营汽车服务，完成新建汽车服务项目28座，恢复运营23座，促进油非良性互动，带动单站销量增长10%以上。稳步推进石楼油库改造，通过市区两级评估审查，建设筹备如期进展；新能源踏上新赛道。创新合作模式、抢占市场先机、力促转型升级，全面布局加氢、充换电、光伏项目。深入调研，积极谋划，成立中油新能源（北京）有限公司，致力打造区域性"制、储、运、销"上下游一体化氢能公司；重卡换电项目、乘用车换电项目、光伏业务已与相关单位达成合作合资意向。

【企业管理】 2021年，北京销售坚持聚焦主业、服务一线，精雕细刻抓管理，精益求精练内功。安全环保更加稳固。全面落实新安全生产法，严格执行"三管三必须"要求，完善"一岗双责"责任体系；QHSE体系内审发现问题342项，全部完成整改，在集团公司审核中得分率92.09%，位列销售分公司前茅，连续第17年获集团公司安全先进单位；强化隐患治理、风险管控和应急演练，投入资金1031万元，治理公司级隐患85项；落实环保节能要求，所属库站全部取得排污许可证，节能8.09吨标准煤、节水2055立方米，超额完成集团公司考核任务，获"首都生态文明奖"和集团公司"绿色企业"称号；强化计质量工作，综合损耗0.13‰，同比下降0.53个千分点；精准新冠肺炎疫情防控，守住零疫情底线。合规管理成效显现。加强内控监管、合规监察，梳理优化制度47个、流程290个、作业文件15项，强化法律风险防范，处理纠纷案件17起，避免损失97.59万元；推进物采数字化平台应用，节约资金365万元、节约率10.87%，超额完成集团目标；规范股权管理，提高股权收益，实现分红完成预算123%；实施库站、办公楼"6S"管理，提升工作效能和对外形象；完成改革三年行动任务的90%、对标世界一流管理提升的91%，超额完成集团公司要求。开展审计15项，工程项目审减21.13万元。

【财务管理】 2021年，北京销售深化业财融合，坚持"事前算赢""量入为出"。加强源头把控和计划衔接，实现闭环评价；发挥预算导向作用，保障核心高效业务发展，强化预算执行跟踪，坚持费用极限压控，以周保月、以月保年，打造提质增效"升级版"，商流费实现"同比、比预算"双降；优化上门收款频次，年节约费用130万元，推动首钢票据入池1.52亿元，提升资金创效水平和风险防控能力；会计信息质量全面提高，获评集团公司《企业年度工作报告》优秀单位。

【数字信息化管理】 2021年，北京销售信息支撑更加有力。推进智慧站建设，优化基础设施，深化系统应用，强化安全运维，热线服务1.43万次、系统运维1.52万次、现场运维80站次，狠抓系统应用考核，有效提升销售分公司排名。

【人才队伍建设】 2021年，北京销售全面贯彻人才强企工程。完善选人用人制度，提拔中层干部11人、股权企业班子4人，交流调整31人次，提拔调整董监事53人次，股东代表14人次，提拔科级干部22人，干部队伍年龄结构、梯队层次得到改善；加大年轻干部培养和选拔，按照"重基层、重实践、重业绩、重担当"用人导向，补充二级单位领导班子，40岁左右二级领导班子成员占31.8%、其中正职占18%，超过集团公司1/5和1/8的要求。

【企业党建工作】 2021年，北京销售党风廉政建设持续深化。开展监督检查45次，发现问题120项，整改完成率89.8%；加强警示教育，开展廉洁风险排查、沟通性约谈，识别廉洁风险点143个，约谈2132人次；开展机关作风建设专项行动，持之以恒纠治"四风"，整治基层"微腐败"；推进巡视巡察整改落地，有效发挥巡察监督推动作用。

2021年，北京销售发挥党委"把方向、管大局、促落实"领导作用，以高质量党建引领保障高质量发展。围绕庆祝建党100周年主题，推进党史学习教育和"转观念、勇担当、高质量、创一流"主题教育活动，开展"七一"庆祝大会重要讲话、党的十九届六中全会精神专题学习，各级领导干部带头讲专题党课142次、宣讲73次；深化"我为员工群众办实事"实践活动，立项23项、办结21项、2项长期推进，中央企业和集团公司党史学习教育指导组先后5次调研，给予高度评价；严格履行"三重一大"决策程序，落实"第一议题"制度，开展中心组学习11次、"第一议题"学习7次；推进基层党建"三基本"和"三基"工作有机融合，定标准、建机制、抓考核，实施"一团队一支部"打造一支部一特色，第二分公司第三党支部获集团基层党建"百面红旗"称号，4名个人、1个基层党支部获集团公司"两优一先"表彰。

【群团工作】 2021年，北京销售推进群宣工作，聚焦主题主线、围绕主责主业开展宣传，擦亮宝石花、传递正能量，内宣发稿585篇、对外发稿154篇，福田站在央视"新闻联播"播出；销售帮扶产品1337万元、采购62.47万元，完成既定任务；加强人文关怀，开展"工会办实事、当好'娘家人'"活动，慰问困难员工288人、发放补助59.65万元；团委举办"学党史、强信念、跟党走"学习教育，引导青年岗位建功；获集团公司"心歌向党"歌咏比赛银奖和最佳组织奖，获中国石油"宝石花"杯足球联赛总冠军；2人获首届集团先进工作者，金龙站、南宫站被授予集团公司"工人先锋号"，新景都市站被命名为中央企业"青年文明号"，北京销售获"首都文明单位（标兵）"称号。

【助力冬奥】 2021年，北京销售冬奥保障卓有成效。全面部署赛事资源、服务保障，实现冬奥保障竞赛场馆第一桶油、非竞赛场馆第一桶油和赛事车辆第一枪油"三个第一"，展现责任与担当；32座冬奥形象及特许零售站、18座冬奥资源保供站和2座营销活动品牌站整装上线，销售冬奥特许商品近20万元。

（刘倩倩）

中国石油天然气股份有限公司
上海销售分公司

【概况】 中国石油天然气股份有限公司上海销售分公司（简称上海销售）前身

为中国石油华东销售公司，1998年5月成立，是中国石油在区外成立的第一家销售企业。"十一五"期间历经多次改革重组，2009年底调整成立上海销售，主要负责中国石油在上海市辖区的油气销售、市场开发和终端网络建设业务。

2021年，上海销售启动实施两级机关"大部制"改革方案，上海销售组织机构实行二级管理，设置9个机关部门，规格均为二级一类；1个机关附属机构（质量检验监督中心）。1个所属直属机构（非油品销售分公司），规格为二级一类。所属二级单位6个，其中二级一类单位2个，即浦东分公司、浦西分公司；二级二类单位3个，即奉金分公司、松青分公司、宝嘉分公司；二级三类单位1个，即崇明分公司。有资产型油库3座，库容23.91万立方米；在册员工1387人，其中，大专及以上学历578人，高级职称67人、中级职称183人，高级技师3人、技师28人。上海销售党委下属直属机关党工委1个，基层党委6个、党支部31个，有党员392人，均为在职党员。

2021年，上海销售利润1.34亿元（表3-4），净利润7664万元，超年度提质增效目标92%，在区外销售企业中排名第五。销售油品同比增长9.7%；纯枪销售同比增长6.5%，零售进度完成率在区外销售企业排名第一；非油连续3年考核封顶；商流费同比下降4.7%。主要指标均实现销量效益双跨越。连续第5年获集团公司各单位业绩考核A级。

表3-4 上海销售主要经营指标

指标	2021年	2020年
成品油销量（万吨）	154.93	141.75
汽油销量（万吨）	87.91	82.66
柴油销量（万吨）	67.02	58.64
非油业务收入（亿元）	4.66	4.07
非油业务利润（亿元）	0.31	0.36
吨油费用（元）	324.07	373.12
资产总额（亿元）	66.01	66.29
收入（亿元）	110.34	84.37
利润（亿元）	1.34	1.31
税费（亿元）	1.69	1.54

【市场营销】 2021年，上海销售经营协调小组一体化统筹营销工作，突出整体效益最优，全过程加强板块配置计划衔接、预判油价趋势、把控库存结构、平衡购销节奏，推动大营销运作、大环境协同、大市场竞合，释放最大效能。针对不同时期业务难点，开展"效益从哪里来"大讨论、"销量丢哪去了"大调研，"百日上量提质增效""决胜冲刺大干45天"劳动竞赛，油品总销量、直批销量及利润、非油业务收入及毛利、发卡量均实现与预算和同比的"双增长"。在柴油消费量萎缩的逆境中，坚持量效并举，实现直批毛利8840万元，同比增长200%；直批吨油利润60元，创近年来最好水平。新开发机构客户101个，逆势增长10%，模范客户经理孙帆创造个人销售油品1.52万吨、非油业务345万元的好成绩。稳固存量，市场大调研拜访1197家单位客户，回访1.4万个人客户，新开发客户155家。引流增量，做精会员日、专项卡、"油惠生活"等营销品牌，重点开发出租车、网约车高频客户，增量7.04万吨。精准把握销售节奏，预判10月资源紧张，提前储备资源，在社会停供和零售量暴增的巨大压力下，确保进博会期间稳定供应。

【资源调运】 2021年，上海销售紧盯市场，把握购销节奏，7月堵库时执行销售分公司调度令，4季度资源紧张时超额调入资源，确保后路畅通、库存合理，降低购进成本2780万元。调入低密度油品增效201万元，石化互供创效3642万元。狠抓损耗治理，实施计量管理专项行动，损耗费用同比降低1430万元。配置计划执行率100%。两次超强台风、"七一""进博"重点时段无质量计量和断供事件。

【非油业务】 2021年，上海销售开展非油专项管理提升，非油业务经营质量、创效能力提高，非油业务单店日均收入、平效、人均收入等效益效率指标在销售分公司排名第一,百万元以上店占比65%，高于销售分公司平均值22%。做强便利店主阵地，精准营销，把握热点、"油惠生活"贯穿全年，朋友圈营销、社区团购、直播带货新模式起步，各类营销新业务增收8000万元。大单品战略成效显著，酒类收入同比增长56%，毛利翻倍。加强成本管控，非油仓储配送费率为3.3%，为销售分公司最优。

【加油站管理】 2021年，上海销售以"油卡非润"一体化营销为着眼点，推进以卡锁客、以非带油、互动营销、保效提量。协调各市场主体避免恶意价格竞争，收缩普惠式促销，大幅压缩2种以上的优惠叠加，全面收缩营销支出，价格到位率稳定提升至97%。以卡为媒锁定优质客户，新增发卡21.4万张，卡销比58.4%，卡资金沉淀6.8亿元。优化营销资源投放，引入第三方促销资源2500万元，价格到位率同比增长0.85%，增加效益5245万元。强化运营管理，单站运营天数同比增长3.1天，神秘顾客暗访得分提高1.2分。

【新领域新业务】 2021年，上海销售进军临港新片区和低硫船用保税油两个新领域，平霄路油氢电非综合服务站、鸿音路氢能站、万祥站光伏发电等新能源项目建成投运；船用保税油全国首家打通上海港、舟山港、宁波港三地供油流程；中石油上港、中油港汇、中油浦江公司首年运营，销量、效益远超预期，战略转型新平台初步建成。新能源、新模式、新技术"三个突破"从蓝图正在变为现实。推进"十四五"规划确定的目标，布局临港新片区，中油港汇8座项目启动，平霄路油氢电非合建站首创"当年拿地、当年建成、当年投运"的"上海速度"。中国石油上港公司打通跨关跨港作业全流程，加注保税燃油12万吨，闯出新路径。中油浦江公司搭建资源运作平台，实施"他有我营"运作模式，首年实现净利润169万元，开辟资源创效新途径。制定新能源专项规划，与申能、上汽、国电投等开展新能源合作，多个氢能源、光伏发电、充换电项目建成投运。在新能源转型、新领域进军方面实现从0到1的突破。

【投资建设】 2021年，上海销售打赢网络攻坚"三大战役"，开发加油站5座，投运4座，续租9座，均超年度目标；取得土地6座，创历年新高；创新思维治理"双低"站，9座站扭亏，3个低效站置换迁建为新站；使用5192万元利润处理10大历史遗留问题，上海销售成立以来的遗留难题基本解决，确保"十四五"高质量发展轻装前行。集中处置浦三路、花木路项目、中油吴泾化工、中油浦旭、华浦油气等10项历史遗留问题。灵广站历时8年即将投运；收购晟隆站股权项目，取得加油站经营权及土地使用权，完善市中心区域的网络布局。践行"优化提质"战略，把开发优质站与处置低效站相结合，3个"双低"站迁建处置。完成加油站续租9座，确保一站不丢。加快推动加油站改建工程，改造维修项目96座、完成新建项目4座。

【企业管理】 2021年，上海销售改革三年行动完成56项改革具体工作任务，超计划进度26%。三项制度改革有力推进，"大部制"改革、领导人员任期制改革全面启动。员工队伍优化，机关编制压减8%，直接用工人数减少9%。印发《加油站薪酬分配实施意见》，推行加油站升油工资改革，一线员工收入提升。"三能"机制完善，全口径人均纯枪销量在销售分公司排名第三、区外排名第一。开展对标世界一流管理提升行动，29项任务超额完成，获评集团公司对标提升管理标杆企业。完善内控与风险管理体系，健全制度机制流程，评估出安全环保、市场竞争等年度5项重大风险，新制定、修订规章制度20项。维护和平衡股东权益，股权企业投资收益1.86亿元，完成预算进度152.5%。制定法律合规风险防控指引，开展专项风险排查，治理事后合同，组织重大项目法律论证50余项。降本控费实施"四色预警"强化过程管控，实现商流费硬下降2502万元，同比下降4.7%，纯枪吨油营销成本同比下降62元。优化自有资金、卡沉淀资金管理；推行全资与股权单位资金占用清算机制，保持股权单位资金集中定存；坚持低库存、低成本运行，减少资金占用1.6亿元。财务费用增利2774万元。常态化开展经营活动分析，4类专题对标，4大专项提升行动，堵漏节流创效近7000万元。组织财务"三张表"专题培训，推出"赢销理念11条""一板一册"，强化全员创效意识。

【信息化建设】 2021年，上海销售零售会员体系建设试点起步；上线加油站设备物联网监测预警平台，试点开展加油站违规行为智能识别；完善加管系统、卡系统、电子券系统、电子发票系统等小程序功能；正式投用车载视频云化存储及智能分析系统；率先实现试点站数字人民币收款等功能。获集团公司"信息化工作先进集体"称号。

【健康质量安全环保】 2021年，上海销售深入推进专项整治三年行动，开展油库安全风险评估、反违章专项整治、敏感时段综合保障工作。推动QHSE体系建设，实现两级机关年度审核、加油站三年审核全覆盖，体系审核成绩从B1良好级升至A2优秀级。狠抓安全隐患排查治理，投入811万元整改23个项目。坚持员工健康与安全并重，成为集团公司健康企业创建首批试点单位。常态化新冠肺炎疫情防控，快速响应、精准防控，应对7起二级突发疫情，排查跟踪重点人员162人，核酸检测1618次，结合局部散发迹象对19座库站、上海石油大厦升级管控。常态防控、应急处突能力提升，"两个零"目标稳定受控。

【员工队伍建设】 2021年，上海销售制订人才强企工程实施方案，培养选用高素质专业化干部人才队伍，调整配备中层领导人员13人，其中提拔6人，40岁以下占提拔总数的50%。向集团公司推荐优秀年轻干部14名，输送集团公司党组管理干部2名。连续4年与上海市委党校、地方高校举办领导人员、优秀青年骨干培训，分级分类开展专项培训，102人参训。加大技能人才培养，自办培训28项，受训2700余人次。参加销售分公司线上培训90余次，受训1.49万人次。完成512人技能等级认定工作，2人取得高级技师资质，10人晋升高级专业技术职务任职资格。培育集团公司催化师1名、销售分公司百名优师3名，1人获集团公司首届实操培训师大赛优秀奖，2人获"加油站经理职业技能竞赛优秀选手"称号。

筑强基层战斗堡垒，15个党支部成为市场竞争先锋队、主力军。常德路加油站发挥典型引领作用带动8座站销量上万吨，振兴、青浦、嘉南党支部向万吨站集群不断成长。上中路"社区客户"关系网、丰福路"花园式"加油站、方皇站进博主题"新网红"及"万人朋友圈"营销新模式层出不穷，新增万吨站2座，丰福路加油站成为崇明首个万吨站，梅莘、三新加油站便利店收入破千万，上海销售百万元以上便利店占比65%。

【企业党建工作】 2021年，上海销售连续3年在集团公司年度党建工作责任制考核中获A档。开展党史学习教育，做好集团公司党组要求的9项规定动作、20项45个重点工作任务，创新"特色专题宣讲、特色主题党日、特色实践案例"等自选动作，党委中心组专题学习研讨13次，各级党组织集中学习199次，组织宣讲127场次，成立5个指导组开展指导86次。践行"我为群众办实事"，两级党委班子带队攻坚啃硬，解决问题152项。完善落实"第一议题"制度，学习20次。贯彻民主集中制，召开党委会议56次，研究审定"三重一大"决策事项81项。召开4次党委会研究部署巡视整改工作，53个巡视问题全部整改完毕。完成对4家单位巡察，发现问题122个，移交问题线索1个，收到退赔款项1.52万元。开展"小金库""微腐败"问题等6个方面专项治理工作，听取纪检、巡察等工作汇报8次，约谈20余人次。制定《关于进一步改进工作作风实施细则》《上海销售"四风"问题整治工作指引》，开展廉洁宣传教育300余次，党员领导干部拒腐防变意识持续增强。

【企业文化建设】 2021年，上海销售推进"十四五"文化支撑战略落地，文化建设向硬支撑转型。总结"十三五"上海销售改革发展成果，编撰"十三五"成就画册。完成石油精神教育基地2.0更新，成为上海市红色印记教育基地打卡地，参加经信系统中央在沪企业党建巡礼。汇编先进典型选树亮点，出台库站文化建设2.0实施方案，嘉四、常德路等加油站成为特色文化示范站。推动精神文明建设，2019—2020年上海市文明单位、上海市加油站文明行业续创成功。开展开放日活动，10余家媒体参加活动，地方媒体报道7次，18座加油站开展中国石油开放日暨安全生产咨询日活动，展现文明创建新形象。加强员工关爱，开展"职工健康助推活动"，上海销售再获全国"安康杯竞赛优胜单位"。打造员工心灵关爱园地示范点，走访慰问困难员工130人，发放慰问金150余万元。坚持民主管理深化，完成职代会职工代表2项提案审议落实。丰富员工文化生活，"迎新春"系列活动、交友联谊、民俗文化、第五届员工运动会等文体活动贯穿全年、丰富多彩。完成团委换届，全面梳理团青工作体制机制，共青团工作再上台阶，杨思加油站获集团公司"青年文明号"称号，洪赫获集团公司"青年岗位能手"称号。

（安明珠）

中国石油天然气股份有限公司湖北销售分公司

【概况】 2000年5月，西北销售公司通过组建控股公司——南顺中油销售有限公司进入湖北成品油市场。2002年10月，湖北市场划归华北销售公司管理，中国石油天然气股份有限公司湖北销售分公司（简称湖北销售），正式注册成立。2004年4月，集团公司正式组建华中销售公司，主要负责华中河南、湖北、湖南三省成品油销售及市场开发工作。2008年12月，河南、湖南上划集团公司管理，华中销售公司与湖北销售整合，实行"一个机构、两块牌子"运行。2009年12月，注销华中销售公司，湖北销售以省属公司模式运营管理，主要承担中国石油在湖北省的成品油销售、市场开发、网络建设等业务。办公地点位于湖北省武汉市江汉区常青路149号中国石油武汉大厦。

湖北销售是中国石油所属驻鄂企业牵头单位，负责中国石油在鄂企业与地方政府的联络与协调。2021年底，机关设9个职能处室、2个附属机构、2个直属机构，下辖13个地市销售分公司以及高速公路销售分公司，9个控股公司。有员工4667人，其中合同化104人、市场化4563人，平均年龄38.9岁，实行同工同酬。运营加油站813座、油库13座（资产型5座、租赁型8座），资产规模逾百亿元。

2021年，湖北销售实现利润1696万元，销售成品油288.68万吨，其中直批销量89.9万吨，纯枪销量193.4万吨，非油业务收入10.55亿元，毛利1.7亿元（表3-5）。

表3-5 湖北销售主要经营指标

指　　标	2021年	2020年
成品油销量（万吨）	288.68	252.86
汽油销量（万吨）	157.36	137.89
柴油销量（万吨）	131.32	114.97
润滑油销量（万吨）	0.43	0.42
加油站总数（座）	813	807

续表

指　　标	2021年	2020年
油库数量（座）	13	12
油气库容（万立方米）	22.53	26.3
纯枪销量（万吨）	193.4	184.74
非油业务收入（亿元）	10.55	8.04
非油业务利润（亿元）	1.70	1.27
吨油费用（元）	485	564
资产总额（亿元）	104.41	107.03
收入（亿元）	211.88	159.89
利润（万元）	1696	-1.80
税费（亿元）	0.79	0.70

【油气销售】 2021年，湖北销售坚持做强主营，销售质量实现新提升。坚持做精零售。以市场为导向、以效益为中心，及时调整经营策略，建立零售指数分析体系和市场分析研究长效机制，完善促销动态跟踪评估机制，打造"1+2"（"1"指中油好客e站，"2"指湖北销售微信小程序、微信公众号）会员体系，统筹实施区域差异化策略，汽油卡销比23.49%，创历史最好水平，柴油相对市场份额遏制下滑势头。开展站级企业微信社群营销，发展社区客户284万，线上月度活跃流量超88万，月活率32.4%。联合工行、银联等金融机构投放资源，抓好政府消费券发放引流，引入第三方促销资源2400万元。坚持做优直批。强化"事前算赢"、顺势销售，创新客户经理薪酬考核机制，两级机关协同摸排客户，摸清规上企业5万家，新开发客户719家，贡献销量5.3万吨，终端销售占比、配送销售占比均有增长，机构客户占比提升。与同行建立常态化沟通机制，做到互通有无、同频同向，合力维护市场环境，实现客户互补、资源互补。

【非油业务】 2021年，湖北销售狠抓商品渠道，非油量效再增新亮点。全面开展关键指标对标提升，非油业务收入、毛利保持快速增长，规模位居全国前列，吨油非油业务收入、单店日均收入同比增长高于销售分公司平均水平。实施便利店分类管理和营销，非烟店销同比增长29.1%。补齐品类短板，酒类销售7424万元，同比增长300%。系统推进农资销售，化肥销售1211万元，首年即突破千万元。加大省（自治区）公司渠道销售，创收1613万元，同比增长140%。深化销贸结合，物资贸易实现非油商品销售4450万元。探索自有品牌车用辅助产品代工，实现社会渠道销售100万元。助力乡村振兴，销售扶贫商品1505万元。构建以商城平台、直播电商、社群营销3大板块为主的线上营销矩阵，实现收入近2000万元。加快站外店布局，盘龙大道肯德基项目和咸宁站外店开业运营。推进汽车服务业务，新增智能洗车项目78座，累计投运202座，湖北省站点覆盖率近3成。扩大商家直配业务，节省配送费198.6万元。优化商品结构，竞价带量采购，降低采购成本858万元。

【资源运行】 2021年，湖北销售统筹效益效率，资源创效再做新贡献。围绕效益中心，把握趋势，精细运作，资源创效1.77亿元。统筹水路铁路管道串换联动保障，解决租赁库容缩减难题，应对柴油阶段性紧张局面。精准把握价格走势，抢抓配置调价节点，实现降本3338万元。扩大石化串换规模，新启中化及海油串换业务，串换降本9093万元。拓展乙醇供应渠道，缓解资源偏紧难题，降本5269万元。优化物流组织降低配送费用，加大石化公路出库力度，公路吨油运费同比降低2.2元。推广远程地罐交接，狠抓高耗车辆管控，处理违规承运人员75人次，公路运输损耗控制在0.017%。协调职能部门净化乙醇市场，推动鄂黄地区恢复乙醇汽油供应，提升区域竞争力。

【投资建设】 2021年，湖北销售优化投资建设，网络发展再获新进展。按照轻量化、低成本原则发展优质网络，新增投运加油站5座，开发品牌输出加油站项目4座，其中武汉等经济发达及高效地区占比80%。协调做好拆迁站还建、租赁站续租、停业站恢复投运，实施拆迁还建项目7座，续租项目2座。探索发展油气氢电非综合能源服务站，在盘龙大道加油站试点充电新业务和光伏发电新技术，昆仑好客综合体改造升级后惊艳亮相，中国石油加油站智慧3.0在湖北首次落地。加大项目清理力度，解决证照、法律等遗留问题，恢复投运加油站2座。新建宜昌油库安全平稳推进，为正式投运奠定坚实基础。重新修订湖北销售"十四五"规划，明确建设中国石油一流销售企业的方向目标和路径。

【合规管理】 2021年，湖北销售深化风险防控，依法治企再见新成效。坚持依法合规治企，制定"八五"普法规划，开展合规教育和风险排查，将依法合规融入经营管理全过程。分类梳理完善制度体系，新增制度和程序文件8项、修订23项、废止4项，强化执行监督，合规管理水平提升。建立法律法规动态分析机制，将法治建设融入经营管理全过程。加大纠纷案件办理、胜诉案件执行力度，实现2020年以前发生存量案件全部清理考核目标，取得生效判决22件，胜诉赔偿总金额11749万元，执行到账1253万元，维护合法权益。加强股权企业管控，提升创效能力，实现利润1898万元。强化采购数据分析，优化采购方式，采购资金节约率10.5%。将非生产性物资纳入集团电商平台实施集中采购，节约成本同比增长226%。

【管理创新】 2021年，湖北销售推进改革创新，经营管理再结新成果。统筹推进国企改革三年行动。完成组织人事、授权管理、无效资产处置等重要领域和关键环节改革事项，提前4个月完成改革任务。重点突破三项制度改革，统筹改革发展稳定重大关系，大部制改革有序推进，完成领导人员岗位层级套转，平稳实现委托管理转型。突出效益导向，构建以利润为核心的全员绩效考核机制，实施加油站升油含量工资，队伍活力释放。全面强化对标提升，锚定"一流"目标，建立覆盖重点职能领域和业务领域的对标指标体系，对标管理取得实效。强化正向引导，建立28项评价指标，推动地市公司发展能力评价。持续营造创新氛围，召开管理创新大讲堂，搭建管理创新工作交流共享平台，收获湖北销售管理创新项目成果2项、个人管理创新成果4项、优秀论文3篇，武汉、黄冈、襄阳、十堰、仓储分公司的9项管理创新成果在湖北省范围内推广。打造数字化转型智能化发展新优势，以集团公司数据治理项目试点单位为契机，建立数据认责和协同治理工作机制，智能洗车平台被昆仑好客公司在全国推广，东风扫码加油监控系统获国家软件著作权，盘龙大道加油站试点AI行为分析，实现16种异常行为的自动监控和预警，形成一批湖北销售特色成果，在集团公司科技与信息化创新大会上被授予信息化先进单位。

【企业党建工作】 2021年，湖北销售深化党业融合，党的建设再展新局面。坚定推进政治建设。"第一议题"制度统一思想，党史学习教育统一意志，建党百年系列活动统一行动，"七一"重要讲话、党的十九届六中全会精神得到宣贯，改革发展始终沿着正确方向前行。夯实基层基础。基层党委换届工作按期完成，党组织书记抓基层党建述职评议严格落实，在集团公司党建工作责任制考核中保持A档，宜昌第三党支部"自主维修"、十堰第二党支部"智能家居运用"等党建项目化管理经验得到总结推广。深化队伍建设。推进人力资源价值评价体系应用，提任各级领导干部12人，新提拔5名"80后"年轻干部到中层副职岗位锻炼，员工队伍结构和质量改善。宏图大道加油站、东西湖党支部、马婷等一批先进典型脱颖而出，扶贫干部王汉来等在乡村振兴新战场上展现新时代铁人新风采。巩固政治生态。完成年度巡察工作，实现党的十九大期间巡察全覆盖。一体推进"三不"机制建设，深化联合监督，强化作风监督，集中整治"四风"问题，标本兼治效果逐步显现。建立容错纠错机制，下发《保护支持干部担当作为干事创业若干措施》，为干实事、敢担当者撑腰。

（罗 婕）

中国石油天然气股份有限公司广东销售分公司

【概况】 中国石油天然气股份有限公司广东销售分公司（简称广东销售）主要负责中国石油在广东地区油气销售、网络开发建设工作，受托管理中油BP石油有限公司。2021年底，设有9个机关处室、2个直属机构、1个附属机构、21个地市（区域）分公司、1个综合服务中心、97家股权企业、员工10100人。党委下设26个基层党委、3个党总支、159个党支部，党员2074名。2021年底，投运加油站1105座，运行资产型油库11座，总库容142.5万立方米，资产总额239.36亿元。2021年广东销售主要经营指标见表3–6。

表3–6　广东销售主要经营指标

指　　标	2021年	2020年
成品油销量（万吨）	807.83	719.9
汽油销量（万吨）	464.89	431.31
柴油销量（万吨）	342.94	288.58
加油站总数（座）	1105	1142
油库数量（座）	11	11
油库库容（万立方米）	142.5	109
纯枪销量（万吨）	443.50	464.80
非油业务收入（亿元）	13.22	12.34
非油业务利润（亿元）	1.69	2.01
吨油费用（元）	448.92	523.85
资产总额（亿元）	239.36	265
收入（亿元）	565.52	422.3
利润（亿元）	5.22	−8.3
税费（亿元）	9.17	8.1

2021年底，广东销售打赢扭亏脱困攻坚战、打造提质增效升级版，实现扭亏脱困第一阶段经营性税前利润为正的目标，坚持战略引领，明确建设"国际知名、国内领先的广东地区最具价值'油气氢电非'综合服务商"发展目标，强化战略、市场、效益、基层、问题"五个导向"，实施创新、市场、品牌、人才、低成本"五大战略"，统筹打好市场开发、营销提质、数字化转型"三大攻坚战"，构建三纵两横营销体系、控本降费体系、QHSE保障体系、组织保障体系、党建与思想政治保障体系"五大保障体系"，探索新时期广东销售高质量发展之路。细化制定"五大战略"五年行动计划，形成战略执行的方向标、路线图和时间表，推动发展战略落实落地，为引领广东销售高质量发展奠定坚实基础。

【油气销售业务】 2021年，广东销售成品油销量807.83万吨，其中零售443.50万吨，直批销售363.5万吨。业务运行持续优化。逐月逐季编制营销运行方案，按照"事前算赢"原则，将销量和效益指标压力传导给地市分公司。常态化营销早会日课，紧盯市场形势，科学研判趋势，统筹库存运作。组织开展"市场大调查和客户大摸排""社会加油站开发季"工作，新增交易客户750个，新增直销客户销量37万吨。数字化营销成效初显。推进中油直批APP应用，线上销售比例不断刷新，销售占比57%，客户在线认证率94%以上。组织开展"羊城早市""节日主题促销"等线上活动，"6·18电商日"仅30分钟即实现订单94笔，销量4158吨，毛利41万元。直批体系建设全面展开。推行区域目标市场责任制，广东省划分95个区域市场，建立健全客户经理制度，严格兑现绩效考核。实现直批销售363.5万吨，同比增加102万吨，增长40%；直批毛利2.4亿元，同比增加4.5亿元，增长186%。韶关分公司直批销量20万吨，占据地区直批市场半壁江山；清远分公司直批毛利目标完成率超300%。

【非油业务】 2021年，广东销售店销非油业务收入13.22亿元，非油毛利3.2亿元，分别同比增长8%和3%。优化店面品类，加强店面形象管理，组织工匠与人才创新工作室对12个地市分公司便利店进行优化指导，部分站点优化后非油业务收入短期内提升30%。加快新品迭代，引进新品983个，淘汰停订商品717个，更迭率65.5%。开发"昆小优"等毛利率较高的自有商品，鼓励地市分公司自主引进自有商品和地方特色产品。突出提量商品销售，实现收入5.64亿元。拓展业务平台，借助企业微信与商圈客户建立纽带，拓展社群营销业务，建群1294个，吸粉8.7万人，实现流量变现72万元。顺应市场潮流，开展直播74场次，增加非油业务收入584万元。中油BP创新营销模式，拓展业务领域，店销收入同比增长16%。丰富创效手段，探索重点品类和礼包销售专职团队、打包组合高低毛利商品，销售大礼包3828万元。组织"好客迎春，牛转乾坤""夏日焕新，劲享折扣"等系列主题促销，启动"福虎生威"年货节活动，广东销售本部店销收入同比增长28%。拓展化肥轮胎业务，实现化肥销售630吨，轮胎收入950万元。江门分公司深化与豪爵摩托营销合作，销售摩托车540台，实现收入318万元。韶关分公司多措并举实现吨油非油业务销售收入935元，位列广东省第一。

【加油站管理】 2021年，广东销售优化支出提质增效。全面取消普惠销售、优惠叠加和价格直降，杜绝无感式营销支出，灵活处理竞合关系，减少无效让利。纯枪价格到位率96.58%，同比增长2.43%。零售毛利同比增长4.42亿元、增长34%，创近年新高。广州分公司纯枪毛利1.4亿元，成为首家破亿元单位。多措并举精准营销，下发《零售营销权限分级指导意见》，组织地市分公司分油站、分季度、分时段开展营销活动。以非促油，通过加油超值换购、引导积分兑换等方式，关联油品消费。在143座加油站推广"阿米巴"经营模式。加大发卡充值力度，在新增个人卡无折扣的情况下，发卡27.5万张。突出现场提效，开展全流程诊断3403站次。狠抓现场服务，神秘顾客平均得分90.62分，同比提高1.08分，投诉回访满意率99.2%。异业合作资源共享，深化与平安银行、农业银行、中国移动、腾讯微信异业合作，有效引流外部客户资源。为中国邮政、上汽集团、一汽解放等大型企业集中办卡，增加油品销量7351吨。中油BP通过滴滴联合促销、推广高端油品会员日等方式，增加毛利。累计引入异业资源2.3亿元，带动油品销量2.6万吨，加油站"人·车·生活"生态圈建设迈出新步伐。

【油库管理】 2021年，广东销售11座资产型油库油品入库797.1万吨、出库841万吨、人均周转18525吨（不含外包人员24099吨）、周转7.9次。坚持多措并举，降低运行成本。加强对油库采购的事前审核，推进集中采购，统一技术服务内容、标准及价格，完成油库消防维保（检测）、环境监测、HAZOP分析及SIL定级、进行集中采购，每年降费34万元。鼓励油库创新降费，平洲油库通过对老旧可燃气体报警仪外接声光报警配件方式，满足声光报警规范要求，避免整体更换，节约费用6万元。建兴油库开展定量装车系统仓位识别系统研究，防范溢油混油风险，获广东销售创新工作三等奖。升级替换油库管理信息系统，增加自助终端，提高作业效率，规避油品冒提风险。每周专人对油库进行视频巡查，对发现的"三违"行为及时通报并纳入考核，成效显著，"三违"行为同比下降70%，杜绝接卸油环节违章，承运商管理加强。加大一次资源直配、改进水路承运商招标和小油车计费方式，实现运费下降5100万元。

【投资建设】 2021年,广东销售投运加油站20座,开发21座。低成本战略深入实施。严控投资规模,理性参与土地竞拍。严格租赁项目销量效益论证,减少租赁项目押金,湛江雄发加油站实现浮动租金租赁。对低销低效站提前退租,减少租金支出,广东销售资产结构逐步优化。合资合作稳步推进。坚持不求所有、但求所用,加快合资合作项目落地。成立10个合资合作平台,锁定项目29个。创新开展合资对等租赁、受托管理、品牌输出,广州中美联合公司龙归、海巨加油站实现投运,新增年零售能力近2万吨。能源转型加快布局。顺应"双碳"趋势主动求变,推进罗格加氢站示范项目。依托现有网络,整合优质战略资源,与巨湾公司开展超级充电站试点,探索商业模式和共建生态。开展油站光伏发电调研,统筹推进光伏发电实施方案。清理历史遗留问题,算好盈亏账、把好风险关,一站一策推动问题解决,清理历史遗留项目20个,盘活加油站5座,新增年零售能力2.4万吨。梅州分公司彬芳加油站实现择优址易地迁建,云浮分公司郁南连滩、封开连接线加油站成功盘活。

【质量健康安全环保】 2021年,广东销售严格落实地方政府和集团公司新冠肺炎疫情防控要求,树立"疫情追责、没有借口"责任意识,各项防疫措施精准到位,员工新冠肺炎疫苗两针接种率95%以上。科学应对广州6—7月新冠肺炎疫情,全体员工及家属零疑似、零感染的防疫成果持续巩固。体系运行质量显著提升。强化体系内审,推行安全生产记分制,开展"反违章"活动,在集团公司下半年量化审核中,得分91.29分,从B1级迈进A2级。中油BP践行安全内控文化,完成安全观察与对话678份,跟进行动完成率95%;形成潜在事故报告12914份,跟进行动完成率99.8%。安全管理责任有效落实。实施领导干部安全环保履职能力提升三年行动计划,签订安全责任书,执行个人安全行动计划,领导人员定期到安全联系点监督检查,压实安全管理责任。安全环保形势稳中向好。组建广东销售VOCs监测中心,库站排污许可证全部办理完成。通过中央环保督察和国务院安委会暗访调查,发现问题全部得到整改。加强油品数质量管控,敏感时段升级管理,内外抽检合格率100%。

【企业党建工作】 2021年,广东销售学习贯彻习近平新时代中国特色社会主义思想,落实"第一议题"制度,开展"大学习、大宣传、大落实",推动学习贯彻习近平总书记系列重要讲话和指示批示精神,以及党的十九届六中全会精神走深走实。隆重举办庆祝建党100周年系列活动,唱响石油工人心向党、我为祖国献石油的主旋律。开展党史学习教育,协同推进"转观念、勇担当、高质量、创一流"主题教育活动,加强基层党组织建设,推动基层党建"三基本"建设与"三基"工作相融互促,完成党员空白班组治理,推行"品牌、特色"活动创新实践,激发基层党组织生机和活力。正风肃纪反腐,一体推进"三不"体制机制建设,紧盯6个重点领域、重点环节开展联合监督,分层分类开展廉洁教育,党政纪处分5人、诫勉谈话7人、组织处理6人,完成对中油BP、广东销售机关等10个基层党委的巡察,实现巡察全覆盖,风清气正的政治生态巩固。

(徐 彬)

中国石油天然气股份有限公司云南销售分公司

【概况】 中国石油天然气股份有限公司云南销售分公司(简称云南销售)前身是成立于1999年2月的中国石油西南销售公司。2008年底股份公司销售管理体制调整后,改名为中国石油天然气股份有限公司云南销售分公司,主要负责中国石油在云南省的市场开发,成品油批发和零售业务,以及便利店、润滑油、化工产品和汽车服务等非油销售业务。2021年底,下设9个机关职能处室、2个专业机构、16个地市分公司、42个控参股公司,员工总数5002人,党员1632人(占比32.62%),员工平均年龄33岁。资产总额169.05亿元,运营加油站851座,油库7座,库容42.8万立方米。

2021年,销售成品油601.05万吨(表3-7)。其中,云南省内自营销量510.17万吨,同比增长2.2%,增幅高于中国石化8.7个百分点;纯枪销量248.9万吨,同比下降7.6%,降幅优于中国石化4.7个百分点;直销261.27万吨,同比增长14.3%,增幅高于中国石化9.2个百分点。店销收入1.24亿元,同比增长11.3%。毛利总额2.19亿元,同比增长11.9%。开发网点24座,投运18座。利润总额2.33亿元,同比增长22.6%;净利润2.05亿元,同比增长21.5%。云南销售获评2021年度集团公司先进集体。

表 3-7　云南销售主要经营指标

指　标	2021 年	2020 年
成品油销量（万吨）	601.05	600.04
汽油销量（万吨）	247.2	238.22
柴油销量（万吨）	353.85	361.82
润滑油销量（万吨）	0.31	0.31
加油站总数（座）	851	815
油库数量（座）	7	8
油库库容（万立方米）	42.8	45.6
纯枪销量（万吨）	248.9	269.41
非油业务收入（亿元）	12.61	11.32
非油业务利润（亿元）	1.46	1.39
吨油费用（元）	336.83	351.76
资产总额（亿元）	169.05	159.71
收入（亿元）	416.05	339.92
利润（亿元）	2.33	1.9
税费（亿元）	3.06	3.66

【战略发展】　2021 年，云南销售锚定长远发展目标，坚定战略定力和战略自信，聚焦"十四五"规划部署及重点任务，在突出市场、品牌、创新、人才"四大战略"，加快完善党建与思想政治保障、市场营销、控本降费、安全环保数质量、人才保障、企业文化与品牌建设"六大保障体系"，全力冲刺网络开发、营销提质、信息化提升"三大攻坚战"基础上，致力破解发展瓶颈，持续丰富公司战略体系，以"成品油市场竞争趋势分析及竞争力提升"等 7 个行动方案为指导，以"云南炼销企业产销协同一体运行"等 13 个研究课题为重点，形成"7 个战略 +13 个战术"矩阵，把握战略主动权和发展主动权。

【成品油业务】　2021 年，云南销售坚定"事前算赢"，聚焦精准营销，提升市场引领、市场营销、产品销售和价值创造"四种能力"。精打细算创新营销，突出零售核心，推广"阿米巴"经营模式，制定《经营量效平衡运行方案》，出台雨季增量 30 条措施，量效考核日跟踪、周排名、月约谈，绩效挂钩增量提效。

零售价格到位率98.03%，同比提升0.82个百分点。精准策划聚合营销，致力搭建"四季品牌、主题营销、区域互补、迭代升级、共同发力"营销架构，营销支出减少6200万元。精准网约车客群营销，锁定车辆超4万辆，汽油增量1.9万吨。参与云南省商务厅"彩云消费券"发放，以130万元营销支出撬动政府促销资源913万元，带动消费4780万元。精耕细作智慧营销，突出量效平衡，优化直批结构，迭代升级"惠购油"APP功能，打造可视化、全流域的市场作战图、营销路径图、成果展示图。搭建直批客户"三纵四横多点"立体营销模型，形成"千客千面、千单千价"营销格局，直销毛利超4.4亿元。精准对接服务营销，深化"三直管一目标"直销管理体制和营销机制改革，积极与头部客户签订战略合作协议，新开发客户1736家，新增销量33.2万吨。客户经理人均销量1.45万吨，同比增长5%。

【数智营销】 2021年，云南销售聚焦营销从"数据"向"数智"转型，以线上网聚客户，规范管理、做优体验、扩大规模、提升质量。上线零售会员体系，会员规模超428万人，搭建"加油彩云南"小程序，建立微信社群4985个，聚拢客户127万人，发放电子加油卡35.7万张，通过客户画像精准营销策略，实施千站千面、万客万策"客户忠诚度计划"，一键唤醒流失客户，推动客户数据价值向营销价值转变，会员转化率41%，单站活跃客户2082人，客单价提升5.3元。

【非油业务】 2021年，云南销售积极探索非油业务发展新生态、新业态、新模式，突出业务链生态体系和平台搭建，铸造非油发展新引擎。打造制售同盟非油营销平台，成立13个项目组拓展新业务，建立量本利关键指标考核机制，加快建设"人·车·生活"平台商。非油新业务收入同比增长35.7%，毛利同比增长67.6%。以年货节、加油节等"造节"驱动营销，油非互促增收9145万元。深化"1+15+N"营销创新，打造爆款商品组合包33个，销售突破8350万元。百万元店占比提升至47.9%，单店非油日均收入同比提升594元，各项指标排名销售分公司前列。整合资源扩销量，协同7家同业伙伴联合比价降成本，商品综合毛利率增加1%。优选核心单品，试行"经销+服务""产品+渠道"模式，探索乡村市场，开拓站外店8座，增收220万元。化肥收入6701万元，超额完成计划。车用尿素创效860万元，肯德基等餐饮项目增收117万元。"云品出滇"成功落地贵州、重庆等兄弟单位，"好客云品"收入同比增长3325万元，"车领秀"系列产品同比增收500万元。加快构建汽车全生命周期服务链，创新"保险+石油+互联网"营销模式，签约站外汽修网点113家，新投运汽车服务门店10座，会员超67.5万人，汽车服务增收4160万元。

【资源运行】 2021年，云南销售坚定产业链"一盘棋"思想，优化市场环境，推动"滇油滇销"，力促中国石油整体利益最大化。应对年初炼油厂检修，减少外调资源14万吨。协调政府部门及云南石化高效配置资源4万吨，国储流转出库2万吨，有效化解10月全国性柴油资源危机和年底云南石化降负荷运行影响。坚持资源成本最低化，精准实施价格趋势同向策略，降本1.07亿元。资源串换实现毛利1128万元。发挥驻滇企业协调组组长单位作用，联合云南石化共同研究产销一体化协同机制，探索构建产销协同、快速反应联动机制，滇油滇销比例提升至81.5%，同比增长3.5个百分点。联合国家管网集团西南管道公司增加管输量，管输369.42万吨，同比提升8个百分点。优化"地付优先、管输为主、铁路补充"运输模型，管输提升至70%，铁路运输同比下降44%，物流降费1300万元，仓储降费1950万元。油站配送运距同比下降7千米、吨油运费下降4.9元，节约运费1200万元。油库周转次数、万吨周转用人排名销售分公司前列。

【"云油利剑"成品油专项整治行动】 2021年，云南销售推进"云油利剑"成品油专项整治行动。以"坚决堵住伪劣油品源头、坚决遏制违法经营增量、坚决铲除非法销售存量"工作思路，在全国率先促成省政府开展车用燃料油市场专项整治，成立专项攻坚小组，设立油品入滇查缉点15个，重拳整治流动加油车、非法经营窝点等违法行为。打击假冒新能源加注站，叫停审批20座，关停停建29座，查处涉油案件335起，罚没油品1540吨，形成强大震慑。

【安全环保数质量管控】 2021年，云南销售坚持安全发展、绿色发展不动摇，确保发展大局安全和谐稳定。细化安全环保数质量管控，坚守红线意识，以优化QHSE体系运行和量化审核为主线，压实管理责任，地市分公司体系运行质量稳步提升，油库管理在中央环保督查及国家大型油气储存基地安全评估中受到好评。制定《环保隐患三年整治方案》，梳理库站环保合规问题，开展140项隐患治理，本质安全水平进一步提升。开展计量管理专项行动，油品综合盈余率2.32‰，质量计量抽检合格率100%。强化应急管理，妥善应对大理漾濞"5·21"地震等83起突发事件，申报受灾理赔资金13.28万元。

【网络建设】 2021年，云南销售坚持打造与云南石化产能相匹配的销售网络，坚持把网络建设作为"生命工程"，破解发展"瓶颈"，建设"油气氢电非"综合服务平台。经营网点空间布局突出"一核三区一带"（昆明、曲靖等滇中区域核心市场，昭通、红河、大理区域重点市场及沿边经济带），新立项目占比70%以上，昆明市场网络规模已与中国石化基本持平。中油云岭开发贡山捧当加油站，实现云南省129个县级市网络全覆盖。针对网建难度大、成本高等难题，相继与政府平台、国有企业、实力民企成立 6 家合资企业，开发网点 57 座，运营 37 座，深化市场化运作、轻资产发展模式。依托现有网络，在昆明等主要城市 6 座加油站开展光伏发电和充电试点。围绕"出滇、出境"高速公路大通道，加快构建加气长廊，加气站规划布点 50 座、可行性研究报告编制 28 座，取得投资备案批复 15 座。加强投资计划管控，完成投资 10 亿元，投资计划完成率 97%。大理阿鹏加油站等 9 个多年推进受阻项目投运。

【提质增效】 2021 年，云南销售秉持"一切成本皆可降"及"费用极限压缩"理念，全力降本增效。极限压控经营成本，抓实 15 项创效措施落地，开展"厉行节约、反对浪费"活动，实施《商流费三年压降方案》，商流费控制在 20.4 亿元内，实现比预算、同比双下降，完成股份公司销售分公司管控目标。管理优化降费增效，推行加油站日常检维修服务外包，单站维修费用控制在 2 万元内。实施集中采购，节约资金 1831 万元。"一站一策"治理"双低"站 67 座，扭亏 44 座，减亏 2770 万元。开展欠款清收工作，"两金"综合完成率 110%。盘活库站闲置资产，租赁收入 2246 万元。利用惠企政策，降费节税 5833 万元。全面加强业财融合，强化预算管理，定期跟踪量效贡献及亏损站治理，扭转量效下滑趋势。结合市场竞争态势，引导分公司制订针对性营销策略，减少低效无效营销支出。搭建参股企业业财融合系统，实现业财管理集成化。

【管理创新】 2021 年，云南销售坚持向管理要效益，创新管理模式，理顺管理机制，推进治理体系和治理能力现代化。以国企改革三年行动为抓手，在加强党的领导和党的建设、三项制度改革、投资战略规划、提质增效"升级版"、发展模式转型、业务与信息化深度融合、股权企业赋能放权等重要工作上都取得积极进展，53 项改革任务完成率 97%。以对标世界一流管理提升行动为载体，建立 34 项对标指标库，定期对标分析，找差距、定措施、补短板，30 项对标任务完成率 88%，提前完成集团公司下达 70% 年度任务目标。以管理创新与科技创新为依托，完成创新项目 46 个，取得国家专利 5 项，3 项管理创新成果在集团公司获奖，7 篇创新论文在中国石油企业协会获奖。以信息化攻坚战为重点，将零售会员体系、非油供应链、咔咔共享洗车平台建设应用等作为突破口，初步实现统建、自建信息系统互联互通、数据共享共用。以信息化手段支撑党务政务运行效能提升，自主研发的公务车辆管理信息平台、公文流转预警模块合规高效运转。损耗管控一体化平台成为统建项目，在全销售系统推广。云南销售跻身集团公司数字化转型、智能化发展第一批试点单位。

【法治企业建设】 2021 年，云南销售坚定建设法治企业，注重完善重大风险防控体系，提升专业化发展水平。提升法律风险防控能力，围绕核心业务发展，强化法律风险识别防控、合同问题专项治理、运营站点证照补办、历史遗留问题清理等工作均取得重要进展。提升股权企业自我发展能力，制定《股权（合资）管理工作程序指引手册》，规范派驻股权企业管理人员，理顺管理机制，加大放权赋能，逐步解决股权企业发展受限问题，管理效率和规范运营水平显著提升。提升财务风险防范能力，落实中央巡视组和审计署发现问题整改要求，开展虚假会计信息整治、财务大检查、"小金库"等合规检查，完成离任经济责任审计3项、维稳费用支出专项审计和物资采购价格自查审计，强化源头治理、综合治理和系统治理，建立长效机制，防范化解重大风险，夯实高质量发展基础。

【队伍建设】 2021年，云南销售推进三项制度改革，建立"生聚理用"机制，打好"选育管用"组合拳，建设高素质员工队伍，汇聚高质量发展合力。优化组织机构设置，制订"大部制"改革方案，两级机关"大部制"改革工作有序推进。调整完善二级单位分类管理，优化两级机关、基层库站岗位设置，员工总量控制在5002人以内，实现增站不增人。推进干部队伍建设，制订《领导人员选拔任用工作规范》等5项制度，推进干部任期制管理，所属单位81名中层干部签订任期岗位聘任协议书及经营业绩责任书。强化技能人才培育，在销售企业职业技能竞赛中，4名选手获2银1铜，加油站经理团体获三等奖。举办第七届职业技能竞赛，涌现出优秀"阿米巴"团队6个、优秀选手19名，技能人才队伍不断壮大。

【企业党建工作】 2021年，云南销售落实"第一议题"制度，学习党的十九届历次全会精神，统筹推进党史学习教育，开展庆祝建党100周年系列活动、"转观念、勇担当、高质量、创一流"主题教育，在"我为员工群众办实事"实践活动中，攻克重点民生项目26项，解决一线"急难愁盼"问题93个。坚持继承创新，成立党建研究分会，党建研究成果转化不断上台阶。推进基层党建"三基本"和"三基"工作有机融合，探索"党支部+阿米巴"模式，开展"党建+"创新创效活动，推动基层党组织政治优势与基层管理独特优势相结合。压紧压实全面从严治党"两个责任"，坚持"党政同责、一岗双责、齐抓共管"，将集团公司党组巡视反馈问题整改作为重要政治任务，建立长效机制，问题整改率94%。聚焦主责主业，加强党风廉政建设，一体推进"三不腐"，深化"三项监督"，强化基层党委巡察及微腐败整治，实现2018年以来基层党委巡察全覆盖。群团协同发展，以"为员工创造美好生活"为己任，发挥工团组织优势，开展"三级"医疗保障及"四季"常态关怀，划拨扶贫帮困资金209万元，在销售公司"稳规模、降费用、提纯枪、增效益"劳动竞赛中，云南销售连续第4年获评"劳动竞赛先进单位""劳动竞赛组织工作先进单位"，夺得劳动竞赛流动红旗19面。

【新冠肺炎疫情防控】 2021年，云南销售坚持把员工生命安全和身心健康放在首位，持续常态化疫情防控，积极应对云南输入性疫情、中高风险区长期存在等高压态势，员工疫苗接种率97.3%，工作场所"零疫情"、员工及家属零感染，疫情防控工作受到集团公司表扬。德宏分公司面对瑞丽2次10个月的长期封城，201名干部员工逆行坚守，彰显责任担当。

【品牌文化】 2021年，云南销售坚持站在"品牌强企、文化兴企"高度，构建充满活力、富有魅力、特色鲜明的品牌文化。深化品牌形象宣传，围绕公司改革发展重点工作，在新华网、中国石油报、集团公司门户等内外部主流媒体发稿297篇，在"网、微、抖、博"平台策划宣传专题21个，发稿近5000篇，"魅力云销"平台运营在销售分公司排名前列。举办"石油工人心向党，彩云之南赋新能"开放日活动，16家中央驻滇媒体、省内主流媒体及合作伙伴代表参加活动并广泛宣传。首部年鉴发布，"一本年鉴一部志"工作机制形成常态，信息报送排名销售企业前列。加强典型示范引领，传承发扬石油精神和大庆精神铁人精神，6个集体、8名个人获国家级、省部级表彰，大理富海加油站获评"全国青年文明号"。深度推进文化营销，张本荷劳模创新工作室、金孔雀文化营销创意工作室以品牌创建为抓手，围绕"阿米巴"经营模式推广，开展年度"U计划"，培训43场1335人次，挖掘优秀案例18个。加大"好客生活"自有品牌开发力度，借助生物多样性公约第十五次缔约方大会召开契机，开发联名牛奶等10款文创商品，创收2264万元。助力乡村振兴，推动脱贫攻坚和乡村振兴有效衔接，云南销售再次获评云南省定点扶贫考核"好"等次，1个集体和4名个人获省部级表彰。

【首座红色文化主题加油站落成】 10月27日，云南销售首座以"传承爱国主义精神，赓续奋进力量"为主题的老山加油站，在文山州麻栗坡县落成开业。云南销售结合地域特色，丰富企业文化建设，在文山地区挖掘红色文化资源，将"不怕苦、不怕死、不怕亏"的"老山精神"与中国石油"爱国、创业、求实、奉献"的企业精神有机融合，探索打造首座以爱国主义教育为主题的红色文化主题加油站。加油站毗邻麻栗坡烈士陵园和老山干部学院实训基地，加油站外围红色主题浮雕，展现老山战斗英雄抛头颅洒热血的感人画面。便利店内，集中展示反映老山战役中珍贵的影像资料和参战老兵捐赠的珍贵实物。该站落成，旨在弘扬爱国主义精神、革命英雄主义精神和"老山精神"，彰显中国石油品牌形象，让更多人了解中国石油精神，推动云南销售高质量发展。

（金红梅）

中国石油天然气股份有限公司
辽宁销售分公司

【概况】 中国石油天然气股份有限公司辽宁销售分公司（简称辽宁销售）前身为1955年2月成立的中国石油公司辽宁省公司。1998年6月成建制上划中国石油天然气集团公司。2015年12月，辽宁销售分公司与原中国石油天然气股份有限公司大连销售分公司整合，组成新辽宁销售分公司。主要从事成品油批发、零售及便利店、天然气、广告和化工产品等非油品销售业务，是辽宁地区成品油市场主渠道供应商。

2021年底，辽宁销售设9个职能部门、2个附属机构；下设2个直属单位、18个二级单位，其中地市分公司14个，有18个控股公司、10个参股公司。运营加油（气）站1373座，其中全资站1199座、控股站25座、租赁站149座；有参股站51座。运营便利店1335座，其中千万元便利店7座、百万元以上便利店448座。在用油库12座，库容46.31万立方米。用工总量1.25万人，其中合同化员工3667人。公司资产总额136.16亿元。

2021年，辽宁销售实现汽油、柴油销售总量615.49万吨，同比增长18.5%，其中汽油销售量331.5万吨，增长6.5%；柴油销售量284万吨，增长36.4%。实现汽油、柴油纯枪销售量421.42万吨，同比增长10.7%。实现非油业务收入14.17亿元，同比增长10.1%；非油毛利总额2.37亿元，同比增长20.1%。发生商流费总额26.2亿元，同比下降2.9%。实现账面税前利润2.3亿元，同比增长65.1%。实现净利润2.13亿元，同比增长70.8%。实现股权投资收益8349万元，同比增长19.1%。各项税费支出6.63亿元（表3-8）。获评2021年集团公司先进集体、质量健康安全环保节能先进单位。

表3-8 辽宁销售主要经营指标

指标	2021年	2020年
成品油销量（万吨）	615.49	519.48
汽油销量（万吨）	331.5	311.21
柴油销量（万吨）	284	208.27

续表

指　标	2021年	2020年
润滑油销量（万吨）	4.55	3.52
加油站总数（座）	1373	1368
油库数量（座）	12	13
油库库容（万立方米）	46.31	46.71
纯枪销量（万吨）	421.42	380.80
非油业务收入（亿元）	14.17	12.86
非油业务毛利（亿元）	2.37	1.96
吨油费用（元）	426	469.49
资产总额（亿元）	136.16	131.72
收入（亿元）	479.73	346.87
利润（亿元）	2.30	1.39
税费（亿元）	6.63	2.98

【成品油销售】 2021年，辽宁销售围绕"加强营销全环节、全过程管控"目标，打造"大营销"运行体系，深入业财融合，强化"事前算赢"，完善"月初定方案、月中跟进调整、月末总结提升"管控机制，提升营销质量。

炼销协同。把保份额、扩销量、增效益、实现集团产业链整体价值最大化作为销售业务的出发点和落脚点。主要领导带队与辽宁省内7家直属炼油厂建立炼销协同运行机制，接收直炼资源525.6万吨，交货计划完成率100%。联合各直属炼油厂共同向辽宁省、市政府反映和呼吁加大市场整治力度，协调政府有关部门在交界市场查堵非法资源，向公安、税务、市场监督等部门提供有价值证据和线索200余条，推动辽宁省内成品油市场秩序明显好转。

直批业务。紧盯辽宁省重大工程项目，深化"总对总"客户开发维系，开展市场大调查、客户大普查活动，普查走访存量客户1.4万个，潜在客户5000余个；有效发挥客户经理人作用，对72名客户经理实行"数字画像"管理，完善销售业绩与薪酬挂钩机制，完成汽油、柴油销量38万吨，非油、润滑油销售收入1679万元；推广直批APP线上购油业务，客户数增至1678个，实现销量24.5万吨，同比增长374%。直批销量194.1万吨，同比增加55.4万吨，增长39.9%。

零售业务。精准实施"稳汽增柴、柴油保量、汽油保效"零售策略，汽油突出"精准提量",柴油突出"份额底线",守住利润、配置计划、纯枪指标考核"三条红线"。打造"10惠"促销品牌,活动参与人数破百万,充值金额14.6亿元;开展异业合作,引入异业促销资源超1亿元,导流用户535万人次,拉动汽油销量14.2万吨、非油业务收入6120万元;策划开展"多加一升油"、睡眠客户唤醒、错峰加油抽奖3项汽油提量活动,有效提升汽油纯枪销量4.1%;在销售分公司统一部署下开展"柴油份额保卫战"和"惠农专项保卫战",实现柴油销量30.3万吨,活动区域市场份额由38%提升至60%。

润滑油业务。保持润滑油全产品线销售规模在销售企业领先位置,实现润滑油销量4.55万吨,同比增长29%,创效4808万元。开展"昆仑润滑油·好客送好礼"等主题促销活动,完成辽宁能源集团首批72座风力发电桩润滑油的国产化替换,实现昆仑品牌国产化替换"零"的突破。

【非油业务】 2021年,辽宁销售坚持以店销为中心,提升非油专业化运营能力,以强强联合为手段,拓展非油销售渠道。

店销业务。与辽宁卫视"黑土地"栏目在农村站联合打造"放心农吧"742座,销售化肥6.4万吨,实现收入1.6亿元、毛利1600万元,创历史新高;与肯德基、麦当劳合作在6座穿梭餐厅的基础上,新建肯德基汽车通过式餐厅1座、麦当劳甜品站1座,与辽宁省内龙头企业联合开发自有商品,实现龙山泉啤酒、渔夫尚选金枪鱼罐头等自有商品销售收入5742万元。

线上业务。依托与"美团""饿了么""京东到家"三大外卖平台合作,实现外卖收入2832万元;加快打造"直播经济生态圈",实现直播收入1153万元。

洗车业务。加快布局洗车网点,新增洗车门店91座,增加收入1654万元,运营洗车网点数量突破200座,在重点竞争区域覆盖率70%,高峰期间日均服务车主超9000人次。

【网络建设】 2021年,辽宁销售坚持"低成本、高回报"开发理念,打造黄金零售终端,新开发加油(气)站32座,新增零售能力18.4万吨;新投运加油(气)站18座,新增零售能力8.3万吨;续租加油站6座;新开发资产类项目占比85%。成立合资公司8个,新开发加油站10座。批复立项加油站增设加气业务7座,新增天然气零售能力1310万立方米。成功竞得地方政府公开挂牌加油(气)站土地11宗,其中3宗为底价取得。

【质量健康安全环保】 2021年,辽宁销售践行安全发展、绿色发展理念,开展安全生产专项整治三年行动和反违章专项整治行动,完成整治任务252项,自查整改违章操作行为466项。深化QHSE体系建设,QHSE体系量化审核评分

90.47分，步入A2级优秀企业行列，所属东陵油库在国家应急部大型油气储存基地安全风险评估中得分945分，位居销售分公司各油库首位。加强隐患治理和风险防控，下达整改资金9855万元，治理隐患252项。做好环境保护工作，开展VOCs排查治理，修复55个超标点位，对8座重点油库油气回收处理装置实施升级增容改造，如期完成阜新东梁油库场地污染第一阶段治理工作。严格落实常态化新冠肺炎疫情防控措施，组织员工接种疫苗13831人次，接种率97%，有效应对辽宁省内4轮局部疫情，守住疫情防控"双零"底线。

【提质增效】 2021年，辽宁销售实施8大类70项提质增效举措，打造提质增效"升级版"，同比增效6.92亿元。因企施策推进亏损治理，6家所属单位实现扭亏，3家亏损单位同比减亏8987万元。强化成本费用管控，费用总额较同比、较预算实现"双下降"，其中人工成本同比减少1362万元，运费下降321万元，"五项"费用压降302万元，财务费用节约1281万元。深挖存量资产价值，177座"双低"站实现摘帽，597座"双低"站同比增量12.2万吨，减亏1.5亿元。

【企业改革】 2021年，辽宁销售将推进公司治理体系治理能力现代化与实施改革三年行动和对标世界一流管理提升行动结合起来，完成改革任务46项，完成率96%，超额完成集团公司下达任务目标。推进三项制度改革，强化薪酬正向激励作用，制定出台《增量超利专项奖励办法》，完善分公司分级分类管理，完成两级公司"大部制"改革，精简机构54个，机构和管理人员编制压降均超过40%。全面推进所属单位领导人员任期制、契约化管理，在7家单位推行模拟法人治理体制。推进集体企业改革，12家集体企业完成改革。

【信息化建设】 2021年，辽宁销售按照"顶层设计、业务主导、全面覆盖、深度融合"思路，利用和挖掘现有系统功能，在440座加油站完成"现场安全智能化管理"部署上线，覆盖加油站5类业务、18项功能场景，为现场安全隐患的及时预警、主动处置提供有力支撑。完善大数据分析平台功能，推动75项功能及加油站价值管理应用模型等3个子模块上线应用。

【企业党建工作】 2021年，辽宁销售以政治建设为统领，全面抓好党的各项建设，为高质量发展提供坚强保障。

政治建设。两级党委开展"第一议题"学习140次，党员干部践行"两个维护"更加坚定自觉。强化党委对各领域工作把关定向作用，完善党委会、执行董事办公会等议事程序，通过党委会决策"三重一大"事项69项，将非油分公司党组织设置由党支部升格为党委，变更地铁合资党总支和宝来合资党支部为公司党委直接管理，党的领导融入公司治理的工作机制更加完善。

思想建设。两级党委理论中心组开展学习334次。抓好党的十九届六中全会精神宣贯落实,各级党组织开展学习宣贯282次、专题宣讲169次,营造"热学、热议、热讲、热宣、热贯"的浓厚氛围。推进党史学习教育,制订三级"学、讲、办"行动计划并推进落实,各级党组织书记上专题党课261次,两级党委开展"我为员工群众办实事"活动,为基层办实事解难题1097项。

组织建设。树牢大抓基层的鲜明导向,把重心放到基层、功夫下到基层、资源用到基层,打造"机关+基层"融合型党支部115个,编制《党建制度选编》《基层党支部工作指南》,制定《关于推进基层党建"三基本"建设与"三基"工作有机融合实施意见(试行)》,形成党支部"联建共建"、党支部安全交叉互检、加油站检查排名靠后党员开展自我批评等典型做法,基层党建工作和基础工作得到全面加强。

队伍建设。坚持把"人才强企"落到实处,突出选人用人工作的政治方向,加大优秀年轻干部培养使用力度,新提拔中层干部9名,其中40周岁以下占比44%,平级交流调整干部30人次,5名干部得到进一步使用,干部队伍结构持续优化,80人左右的优秀中青年干部队伍初具雏形。加强专业技能人才培养,开办各类培训33班次,参训人员7784人次,鉴定技师、高级技师213人,评定中级、高级职称107人,专业技能人才力量得到充实。改善人力资源配置,坚持"控总量、调结构、盘存量",优化用工672人,全员劳动效率提升5.2万元。

党风廉政建设及反腐败工作。坚持突出重点、把握节点、聚焦难点,深化政治监督,加强"一把手"和领导班子监督,开展"一把手"和班子成员谈话提醒19次,对一个单位领导班子进行集体约谈,向5家直属和控股单位通过派驻纪检组的方式强化业务监管与政治监督双重保障,全面扫清政治监督的盲区和死角。严格执纪问责,做到有信必核、有案必查、违纪必究,受理信访举报76件、处置问题线索52件、立案审查13件、给予党政纪处分18人,运用"四种形态"处理88人次。优化整合监督资源,完善纪律、巡察、审计、派驻和部门监督贯通融合的"大监督"体系,开展"大监督"7251项次,推动完善管理制度9项。抓好巡视问题整改,完成整改任务27项,整改率84%,大连大厦资产处置、盖州润滑油库超投资等长期悬而未决的历史遗留问题取得实质性进展,高速合资、沈铁合作等巡视整改重点问题,实现当年问题当年解决。

宣传思想文化工作。策划"党建三大活动"、党的十九届六中全会精神宣贯、抗疫保供、提质增效、新战略新思路新变化等主题宣传,横向瞄准地方主流媒体、石油媒体，纵向贯穿省市两级新媒体矩阵，在行业和地方主流媒体发表稿件500余篇，新媒体端推送稿件900余篇。策划开展"石油工人心向党，聚力加油新时代"媒体开放日活动，参与辽宁省交管局"礼让行人，为你加油"交通安全主题宣传活动，石油画家任方程创作并向北京冬奥组委赠送《龙舞冬奥》主题画卷，被中央电视台等多家新闻媒体宣传报道，展示企业良好形象。

群团工作。2021年，工会组织履行维护职工权益、竭诚服务职工的基本职责，帮扶困难职工群众1355人次，拨付帮扶资金248万元。发挥共青团引领凝聚青年、组织动员青年、联系服务青年作用，开展"学雷锋树新风，学铁人立新功"青年志愿服务、"青春向党，奋斗强国"主题团日、"学党史、强信念、跟党走"等主题鲜明的青年活动。做好离退休人员关爱服务，跟进退休人员社会化管理后续工作，及时做好补贴发放、走访慰问、困难帮扶、报刊订阅等工作。全员获得感、幸福感和安全感持续提升。

（史修竹　陈占凤）

中国石油天然气股份有限公司吉林销售分公司

【概况】 中国石油天然气股份有限公司吉林销售分公司（简称吉林销售）前身为吉林省石油总公司，始建于1949年，1998年6月上划集团公司。2021年，机关按照"大部制"改革要求设置为9个部室和2个直属机构，下辖9个地市（州）分公司、2个直属二级公司、5个合资合作公司、49个经营片区。资产总额76.8亿元；运营加油站1010座；运营油库12座，库容37.34万立方米；用工总量（含业务外包）8228人；网点份额40%；市场份额70%。2021年吉林销售主要经营指标见表3-9。

【油气销售业务】 2021年，吉林销售贯彻落实集团公司市场营销工作会议精神，完善"日跟踪、周分析、月对标、季总结"的工作机制，紧盯市场变化，积极争夺存量需求，9个分公司成品油销售总量均实现同比增长。柴油销售169.25万吨，同比增长18%；汽油销售179.2万吨，同比增长8%；天然气销售完成 2137.7 万立方米，同比增长 49.53%，实现毛利 1758 万元，同比增长 48%；坚持"一站一策""一品一策"做好汽油营销策划，汽油在价格到位率保持 99.02% 的基础上，同比增销 9.9 万吨，贡献毛利 9.09 亿元；选择"三横五纵"8 条国省道上 33 座站点开展柴油市场保卫战，日销量最高提升 8 倍以上；通过农机卡锁定客户，占领 80% 的农村市场份额。贴近市场，"一户一策""一客一议"，实现直批销售 108.21 万吨，同比增加 24.72 万吨；强化算账意识和售前算赢，科学把握量价效关系，综合价格到位率 94.01%，比预算增加 0.57%；开展线上全流程诊断，出台优化措施 202 项，诊断完成率在板块排名靠前；完成"95504"和"956100"号码切换工作，在销售板块神秘顾客访问检查中成绩排名第 4，客户回访满意率 97.5%；开展成品油市场专项治理，作为唯一企业代表被纳入吉林省政府成品油流通市场治理专案组，协助政府有关部门严厉打击低质低价扰乱市场行为，推动加油站涉税数据监控平台并网运行，有效净化成品油市场竞争环境，吉林省内社会加油站挂牌价平均每升上推 0.3 元，助力纯枪单站日销量同比提升 0.42 吨，治理效能逐步显现。

表 3-9　吉林销售主要经营指标

指　　标	2021 年	2020 年
成品油销量（万吨）	348.7	309.61
汽油销量（万吨）	179.2	165.87
柴油销量（万吨）	169.25	143.17
润滑油销量（万吨）	0.25	0.57
加油站总数（座）	1010	1000
油库数量（座）	12	12
油库库容（万立方米）	37.34	39.64
纯枪销量（万吨）	240.24	225.54
非油业务收入（亿元）	9.85	9.23
非油业务利润（亿元）	0.86	0.59
吨油费用（元）	427	494
资产总额（亿元）	76.8	75.01
收入（亿元）	254.33	192.99
利润（亿元）	0.62	0.58
税费（亿元）	1.53	0.49

【非油业务】 2021年，吉林销售紧盯"店销收入"和"毛利总额"两大关键指标，统筹油非业务资源，分级分类制定店销提升方案，加强门店督导、单店管理和店面优化，培育30万元便利店105座，50万元便利店134座，百万元便利店100座；店销收入4.51亿元，同比增长23.5%，店销毛利9559万元，毛利率21%。做强农资提质量，销售化肥24万吨，收入5.24亿元，毛利3589万元，其中复合肥销量占比提升到26.8%；加大自有商品开发力度，与森工集团合作开发8款自有商品进入销售分公司集采目录，实现销售81.2万元，同比增长38%；推进昆仑好客自有商品销售，销售额同比增长176%，其中好客火山泉销售33.97万箱，实现收入1494万元，居销售分公司前列；深化"双圈"联网，推出农资生态圈项目，开辟试验田800余亩（1亩=666.67平方米），带动化肥、种子、农用机油的同时，实现成品油销售70吨；在5家单位试点经营经济作物高端肥料，9家地市分公司全部完成种子销售手续办理，实现种子销售6000袋；开展主题促销活动12次，带动非油业务收入1.24亿元、实现毛利5100万元，油非转换率同比提升1.1%；中秋节销售月饼234.3万元，为同期的5倍；国庆节促销收入255.6万元，毛利128万元，分别同比增长120%、313%；参与"百城直播一折起，好客惊喜一百天"销售竞赛，推介商品40种，成交7980单，实现收入46.63万元，创效能力进一步提升。

【安全环保】 2021年，吉林销售牢固树立"安全是一，其他都是零"理念，层层签订《安全环保责任书》1100余份，开展安全经验分享20余期；定期量化动态审核，培养骨干审核员97名，QHSE体系审核得分提升至91.09分，基础管理水平进入A2级别。投入隐患治理资金6500余万元，整改隐患711个，整改完成率92%。建立安全、加管、投资、调运、信息5条专业线的协同管控及省公司、分公司、经营处3个层面的"5+3"全方位立体监管体系，对322人次进行记分处理、246人次严肃问责，经济处罚8.4万元；严把承包商准入关口，实施97个项目，强化视频监控与现场巡检监管，检查项目112座次，发现各类问题485项，下达整改通知书39份；严格落实国家及集团公司新冠肺炎疫情防控各项要求，坚持第一时间召开疫情防控领导小组例会37期，出台具体管控措施40余项，修订疫情防控手册3次，在册员工疫苗接种率100%，实现全员零感染的目标。

【库站管理】 2021年，吉林销售明确"加油站是甲方、其他都是乙方"的战略定位，坚持客户至上，常态化开展"客户在我心、服务见我行"竞赛，在销售分公司客户服务类指标排名明显提升。深化"双低"站治理，出台32项具体措施加强全流程诊断与优化，单站日销量明显提升；推进加油站经理"竞聘+竞标"机制，推广单站核算、升油含量工资制度、双"阿米巴"经营等举措，商人意识显著增强。迎接应急管理部对凯旋、白城、泉沟3座油库的安全风险评估检查，得到国家部委领导和集团公司的高度肯定，并在销售分公司油库安全暨基础管理提升会上做典型经验交流；省市两级公司攻坚克难，推动解决泉沟油库多年悬而未决的历史手续问题，库站管理水平显著提升。

【投资建设】 2021年，吉林销售坚持"高效开发"原则，以集团公司发展规划纲要为蓝本，主动与政府规划紧密衔接，新开发加油（气）站10座，其中新建加油站6座、油气合建站3座、长租加油站1座；落实投资约3亿元，投资计划完成率85%，新投运加油站10座，新增零售能力3.18万吨；推进现有合资项目的实施，广垠公司超越、腾飞两座加油站投产运营，伊通河公司长德新建项目进入施工阶段；加大双品牌合作力度，春城石油5座加油站年销量近2万吨，达成与吉星3座油气合建站及中润17座加油站的合作；与地方国企强强联合，提前锁定净月高新区8个规划待建的优质网点，网络布局更加优化。

【企业管理】 2021年，吉林销售加强企业治理能力和治理体系现代化建设。推进依法合规治企，国企改革三年行动完成率80%，提前4个月完成年度任务目标；推进体系融合，新修订制度20项，废止9项；深化法治建设，加强合同、印鉴及纠纷案件管理，合规管理持续加强；推进"反内盗"综合整治"百日攻坚"专项行动，构建起省公司、分公司、经营处、加油站"四位一体"联防工作体系，完善加油卡风险管控等6个长效机制，疑似卡数量同比下降18.2%；优化物流管理，以200千米以内为最优客户配送距离，一事一议，吨油运费同比下降2.58元，实现"量增费降"；优化运维支撑，深化70余项数据模块开发应用，实现吉林省系统数据快速共享、综合分析、动态监控，为数据经营提供第一手基础资料；完成中油长发公司4座加气站零管系统加气业务上线；以"好客吉享"商城为依托，初步构建"线上+线下"双"阿米巴"互联网营销平台和会员营销体系；围绕主责主业，持续优化升油含量工资制度和单站考核，有效发挥考核激励作用；两级机关强化作风建设，践行"马上就办、担当尽责"，深入包保库站强化业务指导，解决基层实际困难，干群关系更加融洽。

【提质增效】 2021年，吉林销售强化提质增效"升级版"建设，树立"一切成本皆可降"理念，推动成本最小化、效益最大化。五项管理费用、水电暖费、财务费用分别比预算节约351万元、349万元、570万元；减免土地使用税金额580万元、节省残疾人保障金404万元；加强物资集中采购管理，招标与非招标项目实际采购金额分别比预算节约10%、6.6%；实现库存创效4806万元。实现成品油销售总量348.7万吨，同比增长12.8%；油品纯枪销量240.24万吨，同比增长6.6%，汽油纯枪销量保持销售分公司先进水平；非油销售收入完成9.85亿元，同比增长6.7%，非油毛利1.41亿元，同比增长30%；润滑油销售同比增长46%，毛利实现228万元，同比增长13%；商流费总额14.9亿元，同比节约0.41亿元；实现净利润6177万元；获评销售板块2021年度劳动竞赛零售类、非油业务类、降本增效类3个单项先进单位。

【企业党建工作】 2021年，吉林销售坚持党建工作和经营管理的有机融合，贯彻落实党的十九届六中全会精神，组织开展党史学习教育，各级班子完成党史学习教育专题宣讲50余次、讲授专题党课580余次，组织召开党史学习教育专题民主生活会，整体情况得到集团公司党史学习教育第一指导组肯定；坚持"第一议题"制度学习，组织各级党委理论中心组（扩大）学习201次，政治"三力"有效提升；组织庆祝建党百年系列活动，抓实集团公司党组巡视反馈问题整改，推进"转观念、勇担当、高质量、创一流"主题教育活动，激发全员高质量发展观念和责任担当意识；组织召开第三次党代会，完成两级党委纪委换届工作；抓好基层党建"三基本"建设，修订完善党建工作制度及流程8项，召开基层党委书记抓党建述职评议会议，党员班组覆盖率100%；推进党风廉政建设和反腐败工作，各层级签订党风廉政建设责任书3004份，三级以上党员干部覆盖率100%；分两轮完成对所属9家地市分公司党委巡察全覆盖，保持惩治腐败的高压态势；夯实人才强企工程建设，交流调整处级干部12人，各层面选拔培养科级干部13人，选聘副总会计师8人，一批优秀干部、年轻干部不断成长；关心关爱困难职工，帮扶困难群体557人次，发放慰问金232万元；严格执行维稳信访责任制，深入细致做好重点时期维稳信访工作，企业发展和谐稳定，党委"把方向、管大局、促落实"的保障引领作用有效发挥。

（王今强）

中国石油天然气股份有限公司黑龙江销售分公司

【概况】 中国石油天然气股份有限公司黑龙江销售分公司（简称黑龙江销售）

前身是1954年10月成立的黑龙江省石油总公司，隶属于黑龙江省政府管理，1998年划归中国石油天然气集团公司管理。2021年底，设10个职能部门，下辖15个分公司（13个地市分公司、2个专业分公司），6个股权投资公司。各地市公司设79个片区，运营加油站1123座，在用油库15座，库容量43.6万立方米。

2021年，黑龙江销售成品油销量415.7万吨，实现利润3.1亿元（表3—10）。

表3—10 黑龙江销售主要经营指标

指标	2021年	2020年
成品油销量（万吨）	415.7	366.43
加油站总数（座）	1123	1144
油库数量（座）	15	16
油库库容（万立方米）	43.6	45.18
纯枪销量（万吨）	280.6	265.71
非油业务收入（亿元）	8.82	7.0
非油业务利润（亿元）	1.37	0.6
资产总额（亿元）	88.1	80.42
收入（亿元）	300.42	225.37
利润（亿元）	3.1	2.01
税费（亿元）	4.74	3.34

【成品油业务】 2021年，黑龙江销售坚持"量效兼顾，效益最大化"原则，实现销售总量415.7万吨，同比增加49.2万吨，增长13%；纯枪销售280.6万吨，同比增加14.9万吨，增长6%；市场份额占73.7%，同比提升1%；统筹竞合关系与市场整治，与同行协调稳价158次。做大做强规模效益，将"盯油价、盯需求、盯客户、盯对手"作为营销组织基本攻略，开展柴油市场份额保卫战和提量创效攻坚战，提升市场占有和量效把控能力。把握市场话语权，发挥油商协会作用，因势利导处理好竞合关系，协调各级政府强化成品油市场专项整治，利用哈尔滨石化回炼处理罚没油品的闭环保障，配合政府部门查处相关问题197件，侦办案件23起，查扣非法车辆178台、油品1900余吨，取缔违规

加油点46处。发挥资源优势扩销上量,建立内部市场化价格机制,传导市场成本,加大炼销协同攻坚力度,在165座加油站安装电伴热装置及加油机防寒罩,利用低凝点0号柴油资源开展反季销售抢占市场份额。加强合作共赢,推进平台化异业合作商业生态系统建设,战略合作单位增至17家。引入平安财险、中国移动、银联、银行等异业促销资金1.12亿元,带动交易额7.75亿元,带动汽油增量9万吨。

【非油业务】 2021年,黑龙江销售以提升门店综合实力、向高毛利商品要效益为目标,实现非油业务收入8.82亿元,同比增加1.82亿元,增长26%,非油业务利润1.37亿元,同比增加0.17亿元,增长13%。做精做优店销业务,推广"10惠"促销品牌,精心打造各类主题促销活动,在85座加油站设立特色名优商品专区,加大自有商品以及香烟、饮料、家庭食品、车用辅助产品和车用润滑油等重点品类销售力度,油非转换率12.1%,同比提升3.3个百分点。创建"大庆精神主题实践活动",推进基层党建"三基本建设"与"三基"工作有机融合,每月设立"实践日""弘扬日""分享日",通过主题营销助力非油增收1876万元。掌握网络经济流量密码,快速适应线上销售业务发展,组织开展线上开口营销技能竞赛,举办直播带货40场,实现销售收入400万元。实现油肥互促一体化销售,制定油肥联动销售政策,通过客户、资源、渠道共享,打造化肥样板站505座,组织推介会187场,销售化肥16.2万吨、同比增长36%,实现毛利2392万元、同比增长26%,化肥销售业绩实现三连增。

【加油卡业务】 2021年,黑龙江销售强化零售创效,以卡为媒,加大客户开发维护力度,销售个人记名卡34.5万张,同比增长6.4%;线上充值额33.5亿元,同比增长189%;卡销比51.4%,同比提升2.95个百分点。"六进办卡"延伸服务能力,走访街道社区4900个、政府企业6373户,办卡50.6万张。"以站包村"抢抓春耕秋收,建立农用柴油电子档案26.3万户,其中春耕建档20.9万户,秋收建档5.4万户,在8月秋收前撬动需求实现农用柴油销售同比增加4.7万吨。挖掘规模上企业销售增长点,精准对接全部106个省百大工程,摸排用油需求2.1万吨,实现销售1.1万吨;量身打造直批客户销售政策,购油客户2614户,同比增加331户。借助冬奥机遇助力龙江冰雪经济,以冬奥加油卡独有的纪念意义及主题促销政策为卖点,与中国邮政签署协议,销售冬奥加油卡3万张,单卡充值最低2022元,增加沉淀资金6066万元。

【气、电、氢业务】 2021年,黑龙江销售贯彻绿色低碳发展要求,深度谋划"碳达峰、碳中和"背景下成品油销售行业发展形势,将新能源作为转型发展的重要战略支撑,推动一体化油气氢电非综合业务快速发展。天然气业务稳步推进，加大与天然气销售分公司、昆仑燃气的沟通合作力度，在销售系统率先以租赁形式完成大庆8座CNG子站经营权划转，销售天然气8404吨，为2020年销量的9倍。光伏发电实现突破，在哈尔滨汽车城加油站试点投运43千瓦分布式光伏发电项目，实现加油站自发自用节能减排、油库余电并网增值创效。氢能建设探索实施，与哈尔滨电气股份有限公司、宝泰隆新材料股份有限公司、七台河市城市建设投资发展有限公司签订氢能利用示范项目四方战略合作框架协议，为氢能项目建设奠定良好基础。

【投资管理与网络建设】 2021年，黑龙江销售坚持"精准投资、效益投资"原则和"低成本、轻资产"开发思路，以提升市场占有率和投资回报率为目标，网络开发建设全面推进。完成开发（含立项）55座，投运36座，新建站数量较"十三五"期间年均新增数量提高114%，投运站新增市场零售能力9万吨。加大合资合作项目推进力度，两级公司与黑龙江省交投集团、佳木斯富锦、双鸭山宝清国资企业等合资项目相继落地，注册成立合资公司6家，总数达10家，合作目标站点81座，其中，与哈尔滨城投合资合作项目被列入国务院国资委"振兴东北央地百对企业协作行动名单"，成为"一对一"协作企业。对接各级政府做好"十四五"规划编制，摘牌加油站用地9宗，其中更是以起拍价取得8宗加油站用地，完成年度开发考核目标的106%。

【专业管理】 2021年，黑龙江销售将提质增效作为长期战略任务，将深化改革作为推进高质量发展的关键之举，推进企业治理体系和治理能力现代化建设。打好改革三年攻坚战，建立改革工作例会和通报督导机制，完成率96.8%，超额完成集团公司年度考核指标。落实中央企业公司制改制相关要求，完成光明公司、京龙公司改制工作，超额完成法人压减2户。推进人才强企，启动干部队伍建设工程和"双百千"人才强企工程，全面实施领导干部任期制和契约化管理，启动加油站经理职业发展"双通道"建设。创新经营管理模式，出台《调整片区管理体制的指导意见》，明确片区功能定位。召开加油站"阿米巴"经营管理模式推广会议，出台《加油站"阿米巴"经营实施方案》，推广加油站"阿米巴"经营管理模式。树立"业绩决定薪酬"导向，出台《主要业绩指标薪酬含量挂钩办法》，统一黑龙江省加油站的升油工资标准和非油业务提成工资，分配向基层倾斜，加油员等一线员工收入保持同比增长。树牢"一切成本皆可降"理念，节约五项管理费用643万元，压降小额车固定运费69万元。强化不在岗人员清理，优化用工813人，减少人工成本支出6643万元。吨油商流费由2020年468.06元/吨降至2021年的414.09元/吨，同比下降11.53%。

（鞠　婧）

中国石油天然气股份有限公司天津销售分公司

【概况】 中国石油天然气股份有限公司天津销售分公司（简称天津销售）1999年10月正式注册成立，隶属于原华北销售公司，2009年11月上划股份公司管理。2021年底，本部设9个职能部门，3个专业分公司，6个地市公司，18个控股公司，4个参股公司。有员工1664名。具有大专以上学历的员工937名，占比56.31%，硕士21人、博士3人；具有副高级及以上职称的63名，中级职称63名，高级技师1名，技师26名。下属基层党委10个、党总支1个、党支部76个，有党员759人。总资产23.54亿元，运行油库2座（全资库），库容13.6万立方米；运营加油站191座，其中全资站125座、股权站26座、租赁站40座。

2021年，销售油品72.87万吨，其中纯枪销量48.39万吨；实现利润-2.44亿元；非油业务收入3.41亿元，非油业务毛利5205万元（表3-11）。

表3-11 天津销售主要经营指标

指标	2021年	2020年
成品油销量（万吨）	72.87	64.15
汽油销量（万吨）	36.78	31.26
柴油销量（万吨）	36.08	32.89
润滑油销量（万吨）	0.05	0.08
加油站总数（座）	191	195
油库数量（座）	2	3
油库库容（万立方米）	13.60	19.96
纯枪销量（万吨）	48.39	48.29
非油业务收入（亿元）	3.41	2.61
非油业务利润（亿元）	-0.009	-0.02
吨油费用（元）	723.61	804.47
资产总额（亿元）	23.54	27.57

续表

指标	2021年	2020年
收入（亿元）	54.29	39.63
利润（亿元）	−2.44	0.28
税费（亿元）	0.96	0.69

【油品销售业务】2021年，天津销售以客户为中心，深化全量会员体系建设和全流程优化诊断，通过精细策划营销活动、细化单站功能定位、深化异业合作、有效竞合等方式，整体挖潜上量增效，全年纯枪销量48.39万吨。记名活跃卡24.8万张，在线消费比例40.68%，卡销比54.77%。实施华北区域柴油客户开发联动政策，研究制订柴油新开发客户奖励方案，一户一议、一客一价，最大限度地稳定柴油市场份额。统筹直批提质，坚持算大账、看长远，进销存一体化运作、批零一体化销售，敢于竞争、科学竞争，实现总体效益最大化。精准把握市场几个大的拐点，二季度、三季度油价上涨，推价促销上量，追赶销售进度；四季度资源偏紧，批发价格到位运行，实现批发扭亏为盈，量效双收。提升客户经理开发水平，推广直销APP，当好客户"油管家"，新开发机构用户151家，实现直批创效1237万元。

【非油业务】2021年，天津销售贯彻落实"做精做优店内，做大做强店外"工作思路，加大激励考核力度，打赢非油业务快速发展进攻仗，实现非油业务收入3.41亿元，非油业务毛利5205万元，实现双双换字头的目标，非油业务单站日均收入、油非转换率等单项指标位于销售板块前列。完善公司、分公司、便利店三级品类分析机制，突出"油卡非润"一体化营销和主题促销，挖掘创造客户需求，实现重点促销品类增收6653万元，新增百万元店16座，店内毛利率提升到16%。持续提升香烟销售质量，严控低毛利大单销售，香烟毛利率提升0.3个百分点。加大店外业务开拓力度，以项目为牵引，店外项目部通过高层沟通、资源共享、多层次共建等方式，开发大客户179家，同比增长74%，店外收入实现9718万元，增长69%，毛利率11.4%，其中3个项目部实现全口径盈利。

【加油站管理】2021年，天津销售打响低销站治理战，通过快速引流揽客、抢夺市场份额；循序推价筛客、逐步稳量提效；优质服务锁客、寻求量价平衡、油非共同提升等措施，汽油销量36.78万吨。坚持服务创造价值的理念，建立制度化、规范化、程序化的服务监督体系，神秘顾客平均得分92.09分，同比提高9.37分，现场服务质量显著提升。开展水电暖专项攻坚行动，逐站核查、逐站核定用电方案，一站一策节能降耗，核查加油站175座，停用高能耗、性能劣化用电设备118台，更新高效低耗用电设备179台，水电暖费同比下降11.97%。

【油库管理】 2021年，天津销售调整优化库存结构，推进华源油库退租，破解"大马拉小车"难题，形成"南大港、北武清"的仓储物流格局。开展油库安全风险评估工作，解决油库安全隐患难题83项，通过政府部门验收。加强承运商管理工作，通过车辆稽查、视频抽查、GPS回放检查的方式，检查配送车辆300余车次，发现并整改各类隐患问题74项，处理违规车辆10台，罚款1.1万元，购进损耗同比下降60.97%。

【投资建设】 2021年，天津销售聚焦主业、靠实项目，以投资少、周期短、见效快的现有站点增设加气业务为主攻方向，大力推动现有国省道站增设加气业务，新立项11座，完工7座。紧盯在建项目和迁建项目落加快推进项目设计、建设、验收、投运、手续办理等各环节进程，新建试营业加油站5座，新增可行性研究年销量1.75万吨。推进工程建设标准化、精细化管理，优化加油站报修、采购、施工组织，加强组织衔接和现场监督，单站工期同比压缩10%，减少停业天数22天。

【资源运行】 2021年，天津销售坚持坚决履行保障炼油厂后路畅通的职责使命，加强购销衔接，优化资源调配，超额完成股份公司销售分公司配置计划，保障产业链后路畅通。加强资源运作创效，超前分析研判市场，从调拨价格、库存高低、进货节奏、促销政策、品质、乙醇采购6大要素入手，实现资源运作创效1.74亿元。优化成品油合理库存运作模型，把控资源购进结构和运行节奏，加大客存油品出库力度，保持合理库存水平。优化二次配送，加大大港地付油库配送入站量，节约运费121万元。

【三项制度改革】 2021年，天津销售按照"小机关、大销售"原则，利用信息化、数字化、智能化手段稳妥推进管理体制调整和业务重组整合，"9+2"体制格局基本定型。天津销售本部设9个部门，本部员工由最高155人压减到86人。所属分公司实行"四部制"，仓储、昆仑好客两个专业公司实行"三部制"，分公司机关人员通过竞聘上岗，控制在15—20人以内，库站外人员占比由两年前的27.5%降到16.5%。推动改革三年行动计划，改革任务办结率88.57%，提前实现2021年完成70%的目标。

【精益化管理】 2021年，天津销售实施低成本战略，采取水电暖费用攻坚、压减控员等措施，商流费同口径减少222万元。其中水电暖费、广告促销费、银行上门收款服务费分别同比下降11.97%、78.21%、33.12%。重点对损耗进行分环节、全流程管控，购进损耗同比下降60.97%。全面推广电子发票，占比98%，节约发票印刷费用。组织全员开展合规培训、保密知识答题、内部控制评价和重大风险评估，合规管理基础不断加强。搭建非油业务线上销售、即时薪酬和单线式服务信息化平台，推进各系统有效融合应用，获评集团公司信息化工作先进单位。

（胡良宇）

中国石油天然气股份有限公司河北销售分公司

【概况】 中国石油天然气股份有限公司河北销售分公司（简称河北销售）2000年5月成立，"十一五"期间经历多次改革重组，2009年12月上划股份公司直接管辖。主要负责中国石油在河北省行政区域的成品油批发、零售、便利店、润滑油、化工产品和汽车服务等非油品销售业务以及市场网络开发工作。

2021年，进行机构优化改革，机关优化为9个职能部室、13个地市分公司、2个专业分公司、18个股权企业；有员工4778人。运营加油站880座，"昆仑好客"便利店881座，运营油库14座，总库容35.83万立方米。党委下设15个基层党委、1个党总支、2个直属党支部和122个基层党支部，有党员1640人，占总人数34%。

2021年，面对新冠肺炎疫情反复肆虐、洪涝灾害频发、高速油站退租等不利局面，河北销售党委带领广大干部员工，改革创新，提质增效，实施"营销革命"，打造铁血之旅，着力稳增长、促改革、补短板、防风险、提效益，优化机构同时完善客户服务体系和产品供应链体系，构建"人·车·生活"3.0版生态圈，在市场搏杀、竞合策略、量效平衡上把握主动权，切实推动企业高质量发展。

2021年，河北销售成品油销量227.59万吨，汽油销量103.93万吨，柴油销量123.66万吨，纯枪销量117.29万吨；油品抽检合格率保持100%。非油业务收入10.73亿元、毛利1.61亿元、利润0.22亿元；总收入161.55亿元，上缴税费2.03亿元（表3—12）。

表 3–12 河北销售主要经营指标

指　标	2021 年	2020 年
成品油销量（万吨）	227.59	240.57
汽油销量（万吨）	103.93	106.47
柴油销量（万吨）	123.66	134.11
运营加油站总数（座）	880	878
在用油库数量（座）	14	14
在用油库库容（万立方米）	35.83	35.83
纯枪销量（万吨）	117.29	157.95
非油业务收入（亿元）	10.73	9.60
非油业务利润（亿元）	0.22	0.11
吨油费用（元）	570.31	611.52
资产总额（亿元）	68.07	75.79
收入（亿元）	161.55	142.69
利润（亿元）	-8.19	-1.76
税费（亿元）	2.03	1.12

【市场营销】 2021 年，河北销售把控调运节奏，精准掌握调价节点，调入各类资源 218.6 万吨，实现资源优化创效 3689 万元。精细库存管理，年末账面较年初下降 40%；客存 4.4 万吨，较年初下降 24%，9 个月以上客存全部清零，市场避险能力稳步增强。优化直批量效，实现实物直批销量 61.3 万吨，同比增加 19.7 万吨、增长 47.3%；推进直批 APP 促销应用，实现线上销量 11.5 万吨，线上销量、购油客户比例分别提升 13.9 个百分点、18.8 个百分点；突出价格精准管控，实物直批价格到位率 87.5%，同比提升 3.7 个百分点，实现毛利 6475 万元，同比增加 1960 万元。精准管控直批价格，实物直批价格到位率 86.8%，同比提升 2.93 个百分点，实现毛利 6377 万元，同比增加 2011 万元。

【加油站管理】 2021 年，河北销售实现成品油销售总量 227.59 万吨，其中纯枪销量 117.29 万吨，价格到位率 94.1%，同比提升 1.95 个百分点；直批销量 109.94 万吨，预算完成率 133.6%，同比增加 27.43 万吨。优化零售终端，组建"客户服务中心"及客户服务团队建设，完善"一对一"专属服务、潜在重点客户"摘牌"等六项运营机制，扩大开发范围、延伸开发触角，开展精准营销活动150余项。分级开发维护及首席服务代表机制，坚持"一站一策""一客一策""一企一策"，走访客户3.3万次，政府采购招投标中标率提升22%；新开发单位客户4850家，办理单位卡6.77万张，新增个人客户10万人，卡消费2.73亿元，实现非油业务收入8728万元。利用平台合作深挖第三方营销资源，与银联、银行、通信等行业开展联合促销，节约营销成本支出6000万元以上。实现与中交兴路、汇通天下（G7）等平台运营客户开展业务合作，新开发会员车辆3万余台，带动柴油增量5万吨以上。与中粮集团、河北烟草、河北移动、联通等40家央企、知名企业签署战略合作协议，央企客户数量增长30%以上。亏损站治理575座加油站点，实现同比减亏1.17亿元，其中64座加油站实现扭亏。206座"阿米巴"站销量同比河北销售平均水平增长25%，可比利润同比增加12.7%，人均工资提高6.8%。

【非油业务】 2021年，河北销售非油业务、收入实现"双提升"，非油店销收入10.73亿元，同比增加1.13亿元，增加11.8%；毛利1.61亿元，增长36%。发生商流费12.98亿元，较年度预算结余1.32亿元，同比结余1.73亿元，下降11.8%，实现"双下降"。"六型"店（"六型"指高级店Ⅰ型、高级店Ⅱ型、高级店Ⅲ型、标准店Ⅰ型、标准店Ⅱ型、基本店）打造与优化店面有机结合，突出好客优品、会员、促销堆头、米面粮油、客户体验等特色专区销售，完成百万元店打造225座，其中500万元店17座、200万元店66座，销售收入同比增长20%。开发"昆仑好客""昆怡""昆途"等系列、23款地方特色自有商品，实现销售6500余万元；酒类营销实现质与量的突破，销售收入7000万元，同比增长7.15倍。实施汽车服务业务专项规划，投运洗车网点165座；实现汽车租赁业务收入700万元；与百胜（中国）深度合作，投运肯德基餐厅2座，单店日均销售过万元。联合发行"好客有礼"提货册、京津冀好客畅行卡、蟹卡礼包，实现礼包卡册销售12.2万份，销售收入7453万元；开展直播活动42场次，单场直播成交金额位居集团公司销售板块榜首。优化供应链与物流，推进南部仓委托集中统一管理，缩短配送周期，提升配送效率，半数以上自有商品实现直配到站。

【油库管理】 2021年，河北销售有油库19座库容43.7万立方米，在用油库14座库容35.8万立方米。周转油品188.27万吨，其中汽油91.99万吨、柴油96.28万吨；油库出库79.58万吨，其中汽油34.99万吨、柴油44.59万吨；地付配送108.76万吨，其中汽油57.07万吨、柴油51.69万吨。油品接卸完成率100%、出库计划完成率100%，保障河北销售批发、配送业务执行。

【投资建设】 2021年，河北销售强化企地合作，邯郸、保定、石家庄便民综合服务站项目获政府认可；中标雄安新能源项目建设用地，清洁能源助力新区发展迈出坚实步伐；新投运加油站5座、续租5座，新增立项加气站10座、投运4座。坚持"优设计、少投入、小改造、算清账"，提升站内形象，增强站点引流能力，完成站点形象提升72座；建成中国石油首座新形象新标准综合能源站崇礼北加油加氢站，完成崇礼冬奥冰雪第一站崇礼（21）站升级改造，加油机器人亮相崇礼赛区。与张家口交投合作推进氢能站点建设，太子城加氢站成为集团公司首座加氢站，完成冬奥测试赛保供任务，备战冬奥保供，崇礼21站、崇礼北站光伏发电项目实现自给。

【安全数质量】 2021年，河北销售QHSE体系不断完善，提升监管能力。搭建"五位一体"监督体系，深入设备设施"双达标"，督查库站8270座次，完成314座库站隐患治理；严格大型油气存储基地风险评估，杨官林、高庄油库完成应急管理部、集团公司深度评估检查；扎实一体化、差异化、精准化体系审核，销售板块量化审核从B1良好级升至A2优秀级；建立非常规作业报备预约机制，完成89个施工现场、218项非常规作业重点监管。按期完成21座站点排污许可证办理；开展挥发性有机物治理，组建VOCs检测中心，完成79座站（库）次、1.7万个动静密封点检测修复，确保库站依法合规经营。化验油品1135批次，抽检合格率100%，依法查处廊坊28站计量作弊事件；搭建损耗一体化管控平台，一次、二次、零售、保管损耗率分别同比下降0.06‰、0.05‰、0.3‰、0.19‰，获股份公司销售分公司年度"运输损耗类劳动竞赛先进单位"称号。完成集团公司下达年度节能指标。严格重视冬奥空气质量保障，接受国家空气质量污染防治夏季督导帮扶和河北省油气回收系统督导检查，89座受控站点无问题。开展加油站质量安全环保达标创建，提升员工综合素质能力和应急处置能力，组织842人开展安全环保专业线赋能大培训、作业许可审批人考评，夯实安全环保发展基础。开展"3·15"主题宣传和"质量月"活动，邀请地方质检部门领导和媒体记者参加，通过安全咨询，专家授课，促进专业素质提升，展现中国石油良好品牌形象、央企责任当担。实现建党100周年、中秋节国庆节"两节"及全国"两会"等特殊敏感时段的安全运行。

【基础管理】 2021年，河北销售夯实基础管理。完成281项规章制度及3大体系融合工作，建立风险控制文件200项，修订流程图378份。狠抓风险事前防控，完成40余项对外项目风险评估，获集团公司"'十三五'内控与风险管理工作先进单位"称号。推进国企改革三年行动及对标世界一流管理提升，55项改革任务完成49项，超额完成集团公司70%改革任务；对标分析完成率

100%，对标提升行动任务推进进度 85%，整体进度提前 3 个月完成集团公司要求的年底前达到 80% 的工作目标。承建的"昆仑学院"上线运行，组织各类培训班 91 期，线上线下培训 1.62 万人次，"赋能计划"推动队伍素质提升。

【企业党建工作】 2021 年，河北销售助力雄安新区建设、服务保障冬奥盛会、履行综合能源保供责任、参与乡村振兴战略，彰显政治优势。党建"一岗双责"责任清单全面建立，高质量党建有力引领高质量发展，在集团党建考核等级评比保持 A 级。创新"五互联五共建"（"五互联"指与重点企业、政府部门、驻冀油企、销售行业、上下组织互联；"五共建"指聚焦党务共建、经营共建、文化共建、创新共建、品牌共建），开展"党建联建、献礼百年"专题竞赛，"扛着红旗拓市场、戴着党徽谈项目"联建单位超过 1000 家，实践经验获第一届全国石油石化企业基层党建创新案例一等奖；搭建雄安新区党建互联共建平台，获首届国企党建论坛"三基"建设最佳案例奖。强化政治监督，签订党风廉政建设责任书 386 份、廉洁执行加油卡业务承诺书 4311 份。发挥党风廉政宣教平台，启动两轮巡察，发现整改问题 118 个，完善相关制度 16 项，完成党的十九大以来新一轮巡察全覆盖。石家庄 136 站党支部获集团基层建设"百面红旗"称号，在销售板块职业技能竞赛中获 1 金 2 银。党委被集团公司授予宣传思想文化工作先进集体；党建课题研究成果获全国石油石化行业基层党建创新成果一等奖；打造员工创新工作室，微电影工作室作品《开往春天的大巴车》获 2021 年全国职工微电影节唯一特别奖。《角色》获 2021 年集团公司第六届"新媒体创作大赛"一等奖。获 2021 年中国电视艺术家协会"第九届亚洲微电影艺术节"金海棠奖。

（韩　锐）

中国石油天然气股份有限公司山西销售分公司

【概况】 中国石油天然气股份有限公司山西销售分公司（简称山西销售）2000 年 9 月组建成立，负责中国石油在山西省的成品油批发、零售、储运和网络开发建设及便利店、化工产品等非油销售业务。2021年底，设9个部室、2个直属机构，有11家分公司、1家全资子公司、4家控股公司、4家参股公司，在册员工2728人，运营加油站444座，运营油库7座。

2021年，山西销售着力求生存、谋发展、夯基础、堵漏洞，打造风清气正的政治生态，想干事、能干事、干成事的干事环境，人尽其才、才尽其用的用人舞台，团结紧张严肃活泼的工作氛围，干部作风正在改变，新风正气正在形成。实现销售总量120.5万吨，完成零售量72.15万吨，纯枪销量完成率在股份公司销售分公司华北5家企业排名第二。非油业务收入实现3.57亿元（表3-13），非油业务毛利5559万元，均超股份销售分公司任务指标。网络开发坚持外拓发展空间、融洽企地关系，油气合建实现突破，加醇、加氢项目开始起步。保持严抓严管态势，实现安全环保零事故、新冠肺炎疫情防控"双零"目标。

表3-13　山西销售主要经营指标

指　　标	2021年	2020年
成品油销量（万吨）	120.5	126.03
汽油销量（万吨）	55.04	49.12
柴油销量（万吨）	65.46	76.91
润滑油销量（万吨）	0.15	0.29
加油站总数（座）	444	458
油库数量（座）	7	9
油库库容（万立方米）	24.2	26
纯枪销量（万吨）	71.72	77.28
非油业务收入（亿元）	3.57	3.24
非油业务利润（亿元）	0.33	0.32
吨油费用（元）	638	552
资产总额（亿元）	47.06	48.63
收入（亿元）	84.86	73.17
利润（亿元）	-4.59	-2.52
税费（亿元）	0.54	1.00

【油品销售业务】 2021年，山西销售聚焦效益质量提升，运营水平改善。以市场为导向，以客户为中心，以效益为目标，推进批零、油非、进销一体化，建立纯枪汽油常态化激励和柴油零毛利预算考核机制，开展"超级会员日"等专项促销。完成直批量47.85万吨，毛利3928万元。逐步改善直批质量。紧盯目标客户，开发重点工程项目客户13个、百强企业客户35个、规模以上企业客户169个。强化柴油终端客户开发，小微客户占比超过75%。坚持"线上+线下"，活跃客户占比70%以上，直批APP销量占比提升至50%。抢抓9月、10月柴油资源紧张时机，推动客户上线购油，线上销量占比70%以上。

【非油业务】 2021年，山西销售非油业务快速发展。加速拓展化肥业务，打造专营店50座、示范田30块，实现销售收入4011万元、同比增长80%。紧盯洗车点建设，投运35座，助力纯枪销售提量增效。常态化开展直播营销，拉新客户近2万人，销售突破220万元。创新营销模式，开展TCL智能家电、杜康酒等专项活动，实现收入1825万元、毛利485万元。打通互销渠道，销往外省1380万元，其中自有商品销售1044万元。获股份公司销售分公司上半年劳动竞赛"非油先进单位"称号，化肥销售获昆仑好客公司"最佳突破奖"。

【加油站管理】 2021年，山西销售创新"双低"站治理模式。坚持"阿米巴"经营理念，在90座"双低"站实行目标责任制，销售增量5121吨，毛利增加502万元，人均月工资增加700元。强化加油站量化考核，抽查154座站，对发现问题全部整改。开展管理提升月活动，通过视频巡查规范现场管理和员工行为，每日通过运营监控中心系统对异常数据进行监控、跟踪、核查，形成常态化监督检查机制，发挥两级运营中心监督作用。加大"95504"客服服务监督考核力度，对工单回单超时、投诉客户回访不满意、知识库信息不准确情况进行考核处罚，改进服务措施，提升客户服务工作。完成102座站点的全流程诊断，投入1600万元进行治理，提升加油站整体管理和服务水平。

【投资与工程建设】 2021年，山西销售聚焦全面转型发展，生存空间持续拓展。加快LNG业务布局，完成17座加油站增设LNG立项；推动中油国新能源公司油气合建及加气站开发，完成加气站租赁立项2座，油气合建立项1座，加气站投运1座。坚持油品、非油异业跨界合作，与银行、文旅等行业深度融合，利用促销资源1500万元。完成忻州油库航空煤油设施改造，为后期销售奠定基础。稳固高速市场份额，续租太长高速3对服务区6座加油站，新租1座加气站；与交通实业合作取得实质性进展，有利于扩大高速公路销售网络。

【储运与油库】 2021年，山西销售多措并举、科学摆布、提前备货，保障节假日、特殊时期油品不断供。现场到东北销售、西北销售调运资源，实现配置计划的全额兑现；与炼化企业沟通，争取发运兑付资源；与中国石化协调，推进互供计划的实物兑现。紧盯大额费用管控。公路、铁路、零售同比降耗208吨，增效857万元；物流配送同比降低266万元，铁路运杂费降低172万元；库存资金占用月均减少1.35亿元，降低财务费用430万元。

【企业管理】 2021年，山西销售打造提质增效"升级版"。坚持零基预算，细化8项34条控本降费措施，实行"地市公司+专业线"双重管控，千方百计堵漏洞、挤水分、控成本，在处理遗留费用和人工成本、折旧摊销增长5710万元的情况下，费用控制在7.72亿元。强化业财融合，建立全方位、立体式对标体系，开展以量、价、利、费为主线的经营分析，纯枪价格到位率同比提高1.71个百分点，净利润完成率在股份公司销售分公司华北5家企业排名第一。持续推进改革三年行动方案，任务完成率93.7%，在集团公司月度例会上做经验交流。管理提升取得阶段性进展，制订山西销售治理体系和治理能力现代化的实施方案，提升治理效能；确定集团公司管理提升任务31项、工作成果40个，任务完成进度95%、成果完成率90%。推进管理体系融合与制度建设，全面梳理制度架构，提升制度质量，优化精简制度34项。发挥监督作用，对两级机关及29座库站开展内控测试，优化控制措施。

【质量计量安全环保】 2021年，山西销售优化QHSE体系运行。HSE体系定级从B1档提升至A2档，首次进入优秀级；保持严抓严管态势，实现安全环保零事故、新冠肺炎疫情防控"双零"目标。开展全覆盖、全要素量化内审，发现问题1119项，整改落实率100%。投入3434万元、治理127项隐患项目，开展6座油库安全风险深度评估并推进问题治理，提升库站本质安全水平。制定十二条升级管控措施及安保防恐规定，保障建党百年大庆等特殊敏感时期安全运行。完善应急预案，强化实战演练，成功应对大风大雪及暴雨灾害。疫苗接种率95.74%，实现应接尽接。开展质量提升百日专项行动，实现进销存预警系统上线运行，确保质量合格率100%。

【信息化建设】 2021年，山西销售信息化建设不断提速。紧盯考核指标，建立日监测、周通报、月兑现，部门协同、上下联动的跟踪督导机制；标本兼治，完善20余条业务指标，推动系统合规应用，信息化考核排名由以前的倒数跃居全国前列，二季度以来股份公司销售分公司劳动竞赛排名小组第一。建成省市两级运营中心，通过一站式服务流程，为机关与库站间搭建快速高效的沟通渠道；强化系统报警、监控等功能运用，实现业务风险常态化管控。上线全域会员平台、直批APP金融模块、加油电子卡、支付宝小程序、微信小程序等信息系统，提升精细营销水平。

【人事管理】 2021年，山西销售稳步推进三项制度改革。完成省公司机关"大部制"改革，机构压减比例15%；开展人力资源价值评价和定岗定编，富余人员实现显性化；压减冗员，完成396人减员任务。优化薪酬分配机制，收入向一线、向贡献大的岗位倾斜，在工资总额同比下降3.5%的情况下，库站人员收入持续增加。坚持党管干部党管人才。推进人才强企工程，全面推行领导人员任期制和契约化管理，制定新入职员工"三阶段"（入职培训阶段、轮岗见习阶段、素质提升阶段）培养体系和发展规划，打通新入职人才的成长通道；拉平机关和基层同职级待遇，打通机关与基层干部的交流通道；调整中层干部6批次69人次，聘任专家4人、提拔9人、进一步使用2人、交流27人，干部队伍进一步年轻化、知识化。落实"五统一"（统一考核、统一认证、统一教材、统一师资、统一平台）培训体系，深化"中油e学""昆仑学院"平台应用，完成8280人次培训。

【企业党建工作】 2021年，山西销售抓实政治理论武装。推进党史学习教育和"转观念、勇担当、高质量、创一流"主题教育活动，开展建党百年庆祝活动。落实"第一议题""三重一大"等制度，党内政治生活进一步规范。一体推进"三不"（不能腐、不敢腐、不想腐）机制建设，筑牢党员干部思想道德防线。组织对原阳泉公司党支部开展政治巡察，对朔州、晋中2家分公司党委进行"回头看"，实现对所属单位政治巡察全覆盖。开展内部审计6项，发现问题51项；完成工程结算审核130项，工程造价核减951万元。配合完成集团公司党组巡视、离任审计，对24项立行立改问题进行整改。建立领导班子定期下基层制度，调查研究和"我为员工群众办实事"实现常态化运行。基层党建持续加强，推进党建"三基"与"三基本"相融合，开展党支部达标晋级，探索"党建+经营"模式，推进"双百"考核，加强"铁人先锋"应用，保持在集团公司先进行列。企业形象不断提升，柳溪街加油站获评全国工人先锋号，李逢娇获评集团公司最美青工，侯马油库党支部获评集团公司百面红旗支部。在集团公司2021年油品储运调和工职业技能竞赛中获团体一等奖、个人银牌2个，在加油站经理职业技能竞赛中1人获个人铜牌。山西销售获忻州市脱贫攻坚先进集体，驻村扶贫人员王俊获集团公司脱贫攻坚先进个人，中国石油敢担当、负责任的企业形象得到展现。

（王丽萍）

中国石油天然气股份有限公司内蒙古销售分公司

【概况】 中国石油天然气股份有限公司内蒙古销售分公司（简称内蒙古销售）的前身1951年成立，1998年上划集团公司，主要负责内蒙古地区成品油、天然气销售业务和非油销售业务，是内蒙古自治区主要的成品油供应服务商。2021年底，内蒙古销售下设9个职能部门，2个直属机构，1个附属机构，下辖12个盟市分公司、3个控股公司、2个参股公司，运营加油站1348座，便利店1321座，运营油库18座，库容100.9万立方米，资产总额101.8亿元。

2021年，销售成品油491.53万吨，纯枪销量352.6万吨；非油业务店销收入13.06亿元，非油业务毛利1.72亿元，分别同比增长29.1%和32.9%；净利润3.01亿元，上缴税费4.02亿元，取得提质增效成果2.68亿元，完成稳增长任务，取得量、效、额同比"三增长"重大突破，经营效益创9年来效益指标最好成绩，实现"十四五"良好开局（表3-14）。内蒙古销售获评集团公司2020年度质量安全环保节能先进企业，法治建设考评由B级上升为A级，连续5年获评自治区纳税信用等级A级企业。开展常态化新冠肺炎疫情防控，员工及家属零感染。经营运作平稳有序，安全环保质计量、党风廉政事故事件为零。

【油气销售业务】 2021年，内蒙古销售落实集团公司市场营销会议和销售公司零售工作会议精神，按照"党建引领、稳中跃升、干字当头、强优治弱、改革创新、依法治企、有为有位"28字方针，汽油坚持"挂牌稳价、促销灵活、坚守效益底线"，柴油坚持"盯紧客户、价格灵活、坚守份额红线"的基本思路，扩销增效。编撰形成50万字《内蒙古油气市场调研资料汇编》，为精准开发维系客户提供支撑。出台汽油纯枪提量指导意见，深化油非互促，线上客户数同比增长8.5%，线上充值额增长130%。推行"五进发卡"，新开发个人客户33.5万人，冬奥卡发售6万张。选取33座加油站点开展"市场份额保卫战"活动，带动柴油纯枪份额提升6.6个百分点，打破纯枪柴油销售长期以来被动迎战的局面。直批以价格上坚持贴近市场、客户、资源的"三贴近"原则，落实批零统筹，易批则批，易零则零，发挥直销APP作用，客户数1940户。促成内蒙古自治区六厅局强力推进打击"三黑"专项行动，排查违法行为247项，形成

表3-14　内蒙古销售主要经营指标

指标	2021年	2020年
成品油销量（万吨）	491.53	473
汽油销量（万吨）	236.44	228
柴油销量（万吨）	255.08	244
润滑油销量（万吨）	2.87	2.62
加油站总数（座）	1348	1362
油库数量（座）	18	21
油库库容（万立方米）	100.9	105
纯枪销量（万吨）	352.6	337
非油业务收入（亿元）	13.06	10.12
非油业务利润（亿元）	1.72	1.29
吨油费用（元）	355	347
资产总额（亿元）	101.8	104.8
收入（亿元）	365	279
利润（亿元）	3.01	0.62
税费（亿元）	4.02	2.25

有力震慑。狠抓客存清理，客存同比下降80%，超期客存实现清零。加强客户关系管理，为顾客提供高质量、差异化的服务。与中国银联、中国工商银行等16家金融机构和1家通讯企业开展跨界合作，引入促销资源，带动油品销售近3万吨。销售天然气5.7万吨，参与编制《销售公司加气站操作手册》。

【加油站管理】　2021年，内蒙古销售投入加油站"五个提升"（形象提升、服务提升、管理提升、素质提升、效益提升）专项资金700万元，实施形象提升工程。通过三方合作模式建立洗车站点136个，打造"司机之家"示范站4座和"中油驿站"39座，"司机之家"通过国家验收，打造3座冬奥主题形象站和59座冬奥主题企业文化宣传站，拓展服务功能。推广新业务，上线"中油好客e站"支付宝小程序和"蒙油游"微信小程序，丰富消费方式。完善卡风险防控，按日监控站级人为原因导致结算超时问题，日结算时间超20分钟笔数同比下降63%。"阿米巴"纳入大数据平台运行，实现加油站日核算自动化。出台"双低"站治理推进方案，"双低"站净摘帽133座，吨油利润指标环比提升20%，完成集团公司下达的任务目标。

【非油业务】 2021年，内蒙古销售非油业务增收贡献全国第一，增利贡献全国第四。做强店面提质量，打造18座标准示范店和55座"全国名优特产专柜"，以点带面全面提升。延伸销售触角，拓展跨界合作，进企业、进商超、进校园，收入突破千万元。开展便利店诊断优化提升，吨油非油收入、品效、平效分别高于全国销售企业平均水平，油非转换率同比增长1.9个百分点。强化油非互促，开展各类"造节"活动，IC卡线上充值拉动非油商品交易金额1.1亿元。精心培育"昆享""昆壮"自有品牌，推进产业扶贫，助力乡村振兴，"昆享"系列自有商品实现销售收入5437万元，毛利1570万元，分别同比增长35%和79%；"昆壮"实现销售收入638万元，毛利76万元。

【资源运行】 2021年，内蒙古销售密切产销衔接，协调东北、西北公司和炼化企业，统筹优化资源流向和物流运行，有效保障上游后路畅通和区内资源稳定。通辽地区面临70年以来最强暴风雪袭击，内蒙古销售统筹协调各方，开展极端天气下的自救防护以及成品油保供工作，为当地经济社会发展和交通安全提供坚强保障。优化储运设施，关停5座高风险低效益油库，节约费用533万元。

【投资建设】 2021年，内蒙古销售编制完成"十四五"规划，制定各业务发展目标和发展方向，以规划为引领，完善网络布局。巩固提升传统项目，投资计划完成率98%，综合投资计划完成率94%，达到股份公司考核要求。新建成LNG加气站17座，249座加油站防渗不完整性改造全部完成。编发7类投资建设类合同标准文本，加强培训督导，送技术下基层，提升工程建设水平。科学谋划转型发展，制定科技与信息化工作规划方案，主动对接地方加氢站建设，探索轻资产光伏业务发展。

【安全环保】 2021年，内蒙古销售严格落实中央、集团公司和地方政府新冠肺炎疫情防控要求，落实疫情常态化管控，面对满洲里、阿拉善疫情，设立5个专项工作组，精心部署、周密安排，增强全员防控和应急处置能力，全年守住零疫情、零感染的底线。安全责任有效落实，高质量组织QHSE体系审核，逐级签订质量安全环保责任书，开展各类应急演练1425次。开展VOCs排查整治，做好冬奥会空气质量保障工作，106座加油站通过整改取得排污许可证。开展质量月"五个一"活动，培训4555人次，通过质量体系监督认证审核。

【合规管理】 2021年,内蒙古销售全面推进依法治企,优化依法决策制度建设,规范重大经营风险事件报告,推行重大涉法事项法律论证制度。组织推进制度全面梳理,做好现有制度的"废改留",制定21个、修订20个、废止33个。开展股权、非油、隐患资金、竣工决算等专项审计,形成直接经济成果2199万元。推动解决股权企业违规再投资、库站证照缺失和大量账外资产等长期难以解决的历史遗留问题,清理法律诉讼历史积案51起。开展"四个杜绝"、加油卡微腐败、反违章治理等专项行动,基层合规意识明显提升。

【改革创新】 2021年,内蒙古销售超额完成国企改革三年行动任务。实施人才强企工程,三项制度改革制度体系基本形成,内蒙古公司本部完成机构调整,两级机关大部制改革机构压减率11%。业务外包、考核分配、任期制管理等多项改革向深水区推进。本部机关实行奖金部门化,打破机关长期以来平均分配的格局。实施二次分配制度改革,大幅提高升油含量奖金标准,守正激励导向。制定科技创新推广实施方案,开展科技创新项目课题制管理,启动科技创新项目立项征集,征集信息技术与其他应用33项。

【提质增效】 2021年,内蒙古销售树立"过紧日子""事前算赢""一切成本皆可降"等理念,深化精益管理,取得提质增效成果2.68亿元。领导班子成员挂牌督战亏损企业治理,包头、巴彦淖尔两家分公司扭亏,乌兰察布分公司完成减亏进度目标。贯彻"阿米巴"经营理念,坚持全员日算账,"事前算赢"理念融入加油站经营管理日常。瞄准区内外标杆销售企业,按月开展对标提升活动。

【企业党建工作】 2021年,内蒙古销售建立完善"第一议题"制度,学习贯彻习近平总书记重要指示批示精神,增强履行责任使命的政治担当。开展党史学习教育活动,高标准完成规定动作,创新开展党史学习教育知识竞赛等自选动作,开展"我为员工群众办实事"实践活动,解决"急难愁盼"问题271项。推进基层党建"三基本"建设与"三基"工作有机融合,加强基层组织建设。加强思想政治工作,把握意识形态主动权,在全国两会和建党百年特别重点阶段,维稳信访工作受到集团公司嘉勉。接受集团公司巡视,扛起巡视整改主体责任,建立健全工作机制,成立工作专班,坚持"当下改"和"长久立"相结合,做好巡视"后半篇文章",得到集团公司认可。聚焦监督执纪问责,强化正风肃纪反腐,推进构建大监督格局,推进建设"三不腐"机制,为高质量发展提供坚强保证。

(巴音巴特)

中国石油天然气股份有限公司陕西销售分公司

【概况】 中国石油天然气股份有限公司陕西销售分公司（简称陕西销售）前身为陕西省石油总公司，1953年成立，1998年6月上划集团公司，主要从事成品油批发和零售业务以及便利店、润滑油、天然气、汽车服务等非油销售业务。2021年底，下辖11个分公司，机关设9个职能部门、2个机关附属机构、1个机关直属单位。用工总量7684人，其中合同化员工4111人、市场化用工1938人、劳务外包用工1635人。党委下设12个基层党委，178个党（总）支部，党员总数2758人。

2021年，陕西销售成品油销量331.2万吨。运营加油站1035座、油库4座，总库容21.2万立方米，资产总额76.08亿元（表3-15）。

表3-15 陕西销售主要经营指标

指　标	2021年	2020年
成品油销量（万吨）	331.2	297.87
汽油销量（万吨）	189.07	176.03
柴油销量（万吨）	142.13	121.84
天然气销量（万立方米）	5818.5	5252
润滑油销售（万吨）	0.95	1.44
加油站总数（座）	1035	1032
油库数量（座）	4	4
油库库容（万立方米）	21.2	21.21
纯枪销量（万吨）	239.69	255.92
非油业务收入（亿元）	8.1	7.83
非油业务毛利（亿元）	1.54	1.53
吨油费用（元）	532.83	611.26
资产总额（亿元）	76.08	76.46
收入（亿元）	245.19	190.14
税费（亿元）	3.94	0.66

【油品销售】 2021年，陕西销售坚持"总毛利最大化"原则，成立市场分析小组，建立市场价格快速反应、营销支出分析预警机制，纯枪价格到位率96.5%。统筹资源运作，抓住调价节点，实现库存创效1.42亿元。突出加油卡、线上业务营销，个人记名卡发卡同比增长50%，电子卡发卡23万张，线上充值增长81%。纯枪销售相对市场份额同比提升1个百分点，10余年来首次止跌回升。用好上级柴油打桶销售、市场保卫战政策，精准主动竞争，加大线上业务拓展，抢夺终端客户，直批销售91万吨，同比增长119%，创效6707万元。建立"6S"标准示范站，建成4座"司机之家"站，建设高新女子站、佛坪熊猫站等18座特色加油站。加快完善客户开发维护服务体系，推进"客服经理"市场化激励机制，实行"客户专员""标签化""一对一"服务，新开发单位客户9230家。与银行、通信、物流等10余家大型企业在积分互换、生态营销、客户体验等多领域开展客户共享合作，实现服务资源整合、促销资源分享，引入异业资源补贴1.6亿元。落实市场整顿"书记负责"制，协调省市两级政府出台政策文件15份，违法线索信息征集平台关注人数32万人、同比增长164%，协助政府部门查封问题油站14座、取缔黑油窝点71处、查获劣质油品555吨、控制涉案人员59名，市场环境得到有效净化，连续9年获评陕西省顾客满意度行业第一。

【非油业务】 2021年，陕西销售加强油非互动，优化商品管理和店面运营，930座便利店完成陈列图制作，161座百万元店开展诊断提升，50万元以上便利店比例提升7%，实现非油业务店销收入7.95亿元、非油业务毛利1.54亿元。建立商品迭代更新机制，临期商品"特惠专区"有效促进流转，引进新品425个，商品库存同比下降1.9%。规范自有商品开发流程，好客秦味酸梅汤、苏打水、德式啤酒形成系列，新版自有品牌西凤酒藏品、名品、佳品上市销售，渭南石子馍、榆林羊肉等地方特色产品先后开发，自有品牌及地方特色商品销售2898万元。试销黄马甲净菜等生鲜果蔬，引入袁记肉夹馍快餐食品，洗车、换油、快修等汽车服务业务加快发展，1.6万个广告位整体招租创收350万元。探索非油线上业务，合作成立陕西"数字乡村生态联盟"，组建2个直播带货团队，举办10场"乡村振兴"天猫直播比赛，在"好客加油"平台建立员工劳保商城，非油业务线上创收1813万元、同比增长1678万元。西安分公司组织"每周一播"，开展直播带货51场，线上销售765万元。

【提质扭亏】 2021年，陕西销售锚定"扭亏脱困"刚性目标，制订扭亏行动和提质增效升级版方案，从8个方面细化85条措施，配套30项激励政策，创效2.31亿元，其中开源创效1.04亿元、部门创效2769万元、控费增效0.99亿元。

树牢"一切成本皆可降"理念，推动全方位极限降费控本，商流费17.65亿元、比预算压减3%、同比压降3%，"五项"费用同比下降6%，加油站水电费同比减少25%。297座负效站治理实现收益同比增加1.05亿元，抢抓票据池业务助推财务费用同比减少55%，争取到企业所得税税率下调10%政策。全面推广单站核算系统，全员算账意识空前提升，"阿米巴"经营模式在31座加油站探索实施。增值税发票实现一键开具，资金对账、股权企业财务共享系统陆续投用，为财务集中高效共享奠定基础。

【投资建设】 2021年，陕西销售抓住赞助第十四届全运会之机，加强与陕西省商务厅、国资委沟通协调，落实"十四五"网络规划，解决历史遗留问题32项。优化投资决策流程，建立一次评审、两级决策机制，争取到投资8.48亿元，多追加5.45亿元。加油站开发立项89个、投运41个（其中特许经营站9个）。中油绿动等9家合资公司完成工商注册，中油北斗西北总部落户西安，与安康、咸阳、铜川市政府开展战略合作，与延长石油达成合作意向，合资公司开发站点45座。特许经营许可资质经股份公司授权成功备案，特许经营实现收益475万元。以"油＋气"挖掘资产价值，精准布局LNG市场，立项13座、投运3座。与多家新能源名企强强联合，以合作经营模式迅速抢占充换电市场，全年立项10座、投运4座，蔚来汽车与中国石油合营的首座换电站落户咸阳。

【管理提升】 2021年，陕西销售开展全员安全环保履职能力评价，制定安全生产责任清单，逐级签订QHSE责任书。落实安全生产三年行动计划，开展反违章专项整治，VOCs检测中心投运，昆仑检测具备经营条件，4个省级应急物资储备中心建成投用，排污许可证问题实现"清零"，通过中央生态环保督察、国家应急管理部油库督导检查。开展计量专项提升行动，油品损耗治理成效明显。启动管理体系融合，梳理确定制度制修订计划257项，建立"六部＋专家"联合评审制度机制，完善"1+N"股权管理制度体系，印发规章制度99项。完成机关部门、6家分公司、2家控股企业内控测试，废止销毁印章4400余枚，发布合同标准示范文本94项，法律论证审核机制进一步加强。开展经济责任和专项审计55个，完成工程审计项目719个，审减资金1059万元。组织156人连续奋战27天，完成近10年2042个投资项目清查，积极向集团公司汇报，协调解决2.05亿元投资缺口历史遗留问题，工程转资率从年初58%升至80%。派出6个检查组开展全覆盖式基础管理大检查，发现问题2542项，完成整改2324项，抓基层打基础举措掷地有声。

【深化改革】 2021年，陕西销售加强改革顶层设计，制定深化改革三年行动方案，明确8个方面120项具体任务，完成80%改革任务。推进机关大部制改革，加快去行政化步伐，加大控员减员力度，两级机构精简43%，全口径用工总量减少1307人、压减15%，二线、三线人数净减219人，全员劳动生产率同比提升49%。出台人才强企实施方案，"近期使用轮岗锻炼、蹲苗培养"三个名单和"担当型、拟破格使用"两个名册动态更新，135人入选陕西销售专家库，两级中层队伍结构持续优化。全员签订绩效协议，抓实360度考核评价，员工薪酬与考核结果深度挂钩，机关同部门一般管理人员收入差达30%。财务核算、会计档案全面集中共享，工程建设推行集中管理，单一用工站188座，公务出行实行"值班车辆+公共交通+个人车辆"保障模式，公车由205辆减至67辆，71名驾驶员全部平稳转岗至基层。7家全民所有制企业按期注销，85项历史遗留问题得以解决。编制数字化发展规划，推动大数据应用，"好客加油"平台、表外资金核算管理等信息系统上线试运行，千余座站点开通"云闪付"，站级系统全面完成升级，常态化培训机制初步建立，为"数字陕销、智慧零售、跨界共享、生态营销"奠定信息化基础。

【队伍建设】 2021年，陕西销售推进领导人员任期制和契约化改革，"80后"二级正副职占中层干部的四分之一，首次对外公开招聘3名年轻骨干，建立6大领域专家库吸纳各类专家135名。抓好典型挖掘培养，培育出全国、陕西省五一劳动奖章获得者和集团公司"百面红旗"等一批先进个人集体。完善全员创新工作机制，开发"五新五小"创新管理信息模块，咸阳分公司王飞创新工作室获评省能化系统劳模和工匠人才创新工作室，吸附式加油枪集气罩项目获全国能化系统职工技术创新成果三等奖。

【企业党建工作】 2021年，陕西销售制定《落实"第一议题"制度管理实施细则》，开展党史学习教育，采取一个工作方案、一图读懂党史学习教育、10张工作任务推进表为抓手，形成课题研究成果11项、理论文章100余篇，"我为员工群众办实事"测评满意度90.36%、形成实践案例成果42项。出台《关于加强基层党组织建设推进治理体系和治理能力现代化的实施意见》《关于加强股权企业党组织建设的指导意见》。开展"基层党建创新拓展提质年"专项活动，连续7年实现基层党支部书记、委员党建培训全覆盖；4个基层党建案例获全国石油石化企业基层党建创新优秀案例奖项，自主开发的党工团表外资金管理信息系统获陕西省能化工会创新创优奖；党建考核连续3年获集团公司A级评价。连续5年开展"作风建设年"活动，制定《作风建设实施意见》，建立机关服务基层长效机制。强化巡察监督，出台《员工追责问责管理规定》《"微腐败"治理管理办法》，在销售板块首次探索开展股权管理巡察监督，完成集团公司党组巡视工作。

【扶贫攻坚】 2021年，陕西销售持续做好"两联一包"的县区、村镇相关工作，派驻16名工作人员配合做好乡村振兴工作，支出捐赠资金38.24万元。履行股东责任，对扶贫公司4个产业项目参与讨论、实时跟进，扶贫公司收入1480.35万元，可供分配利润1058.15万元。持续做好延川县产业扶贫工作，继续实施免费发种、田间管理、保底收购、便利店销售的产业帮扶合作机制。在原有2200亩播种土地的基础上扩大到10000亩，种植户数增加到680户，播种面积涉及眼头塬、芦则洼、幕家腰3个行政村。新增覆膜种植，其中1000亩土地作为富硒农产品培育项目，将2000亩土地作为有机农产品的土壤培育项目，邀请西北农林科技大学农学院教授进行指导，通过西北农林科技大学认证中心取得有机农产品认证。帮助购置微耕机、覆膜机、拖拉机，弥补农村劳动力不足实际，帮助完成种植任务。加大对消费帮扶产品的采购和帮销力度，向集团公司推荐申报60种陕西地区消费帮扶产品，扩大陕西地区扶贫产品销售面。按照集团公司消费帮扶工作要求，分解消费帮扶任务1100万元（采购任务100万元，帮销任务1000万元）。细化帮扶任务，采取月度通报的形式对消费帮扶工作进行督办。销售全国消费帮扶产品1435.46万元，销售陕西省消费帮扶产品721.39万元，销售延安消费帮扶产品371.4万元，超额完成集团公司消费帮扶任务。商洛分公司张定军、延安分公司分别获集团公司脱贫攻坚先进个人和先进集体称号。

【抗击疫情】 2021年12月，西安突发严重本土新冠肺炎疫情，截至2021年12月31日，陕西销售隔离人员394人，未接到疑似病例、新冠肺炎疫情确诊病例报告。西安市自12月23日零时起全市实行封闭式管理，陕西销售因涉疫关停加油（气）站21座，1009座加油（气）站坚持营业。12月，陕西省纯枪销售16.66万吨，同比下降13%，环比下降18.2%。其中西安地区纯枪销售4.05万吨，同比下降27.4%，环比下降29.2%。面对严峻疫情和经营形势，陕西销售坚持一手抓疫情防控阻击，一手抓油非保供和经营管理。疫情防控方面，加强人员流动管控，升级防疫举措，加大视频扫站，加密核酸检测、力推疫苗接种，员工接种新冠病毒疫苗第一针、第二针7762人，接种率96.7%；第三针接种4316人，接种率52.33%。油非保供和经营管理方面，积极协调政府出具民生保障企业证明，办理物资配送车辆通行证件104个，在西安58座站开通防疫车辆绿色通道；面对西安地区纯枪销量断崖式下滑83.2%的困境，拓展小区非油业务送货服务，实现米面油销售21.1万元、黄马甲净菜销售3.2万元；向西安市应急管理局、商务局、市场监督管理局、长安区等政府部门支援4.3万个N95

口罩等防疫物资。向长庆油田、长庆石化等驻陕西单位支援面包、奶类等物资4124箱。响应陕西省委、政府号召,组织47名党员干部成立"宝石花"防疫志愿服务队下沉社区参与防疫工作。

(董 慧)

中国石油天然气股份有限公司甘肃销售分公司

【概况】 中国石油天然气股份有限公司甘肃销售分公司(简称甘肃销售)前身为1953年成立的甘肃省石油总公司,1998年划入中国石油天然气集团公司,1999年8月集团公司实施内部重组改制时划入股份公司,2018年企业类别明确为一类一级。经营范围涵盖成品油及天然气批发零售、非油业务经营、汽车服务、汽车充电、加油(气)站及相关设备设施建设改造等。2021年底,设9个职能处室、3个附属机构,所属地市分公司14家、直属公司4家;控股公司5家;参股公司5家;员工总数5777人,离退休人员4743人。运营油库13座,总库容45.25万立方米;运营加油(气)站883座;加油站便利店760座,汽车服务店86座;加油站网络份额65%、市场份额92.45%。

2021年,成品油销量449.3万吨,天然气销量29.1万吨,油品纯枪销量361.1万吨,自营直批销量67.7万吨,非油业务店销收入10.52亿元、毛利1.46亿元,分别同比增长10.5%和4%;经济增加值6.04亿元,净利润8.4亿元、排名销售系统前三(表3-16)。

表3-16 甘肃销售主要经营指标

指标	2021年	2020年
资产规模(亿元)	74.81	69.93
资产负债率(%)	39.22	37.83
收入(亿元)	335.16	278.66
商品流通费(亿元)	16.69	16.70

续表

指　标	2021年	2020年
利润（亿元）	8.53	9.15
净利润（亿元）	8.4	9.00
吨油创效（元/吨）	178.24	190.40
EVA（亿元）	6.04	5.48
油气销量（万吨）	478.62	480.53
油气零售量（万吨）	389.13	392.6
油品纯枪销量（万吨）	361.07	371.9
天然气销量（万吨）	29.11	20.69
市场份额（%）	92.45	92.45
零售率（%）	86.4	85.30
价格到位率（%）	98.19	98.48
非油业务店销收入（亿元）	10.52	9.49
非油业务毛利（亿元）	1.46	1.44
汽车服务收入（万元）	846.5	404.8
品效［元/(个·日)］	448.5	474.8
平效［元/(米^2·日)］	67.8	62.9
油非转换率（%）	19.2	15.4
库存价值（亿元）	1.71	1.55
库存周转天数（日）	65	70
运营加油（气）站（座）	883	818
单站日销量（吨）	12.53	13.54
单站创效（万元）	98.19	98.48
人均销量（吨）	810.12	773.37
人均零售量（吨）	658.65	631.8
人均创利（万元）	15.49	14.72
单站用工（人）	4.48	5.3

【油气销售】 2021年，甘肃销售强化市场导向，完善营销体系。牵头开展西北五省（自治区）市场保卫战，实现增量12.75万吨；实施友商站点常态化监控

对标，竞争站点促销增量 14.3 万吨，自营纯枪销量增幅高于友商 5.3 个百分点；精益组织"百日攻坚、增量创效"营销竞赛活动，实现增量 8.44 万吨。开展"主题＋专题＋专项"营销活动，组织主题活动 9 期 43 项，25 座直降站点转为油非联动，3 项叠加优惠控减归零；送油下乡 3894 吨，乡村站纯枪销量同比增长 12%，零售综合能力排名销售板块第二；灵活应用销售板块营销政策，获销售补贴 6.86 亿元。制订专项营销方案 32 期，51 个市场网格总量同比增长，带动零售增量 7.2 万吨。实施 LNG 进销存价每日动态监测，建立西部 7 省（自治区）对标分析机制，平均毛利保持在 273 元/吨以上，实现毛利 6120 万元；制订实施低、中、高库存运行方案，减少跌价损失 137 万元；协调液厂调控损耗标准，降低运输损耗 425 吨。优化稽查点 50 座，稽查油罐车 10.5 万辆，拆除油罐 171 个，关闭无证网点 112 个，配合公安机关刑事立案 25 起、行政处罚 19 起，查获非配油品 0.7 万吨。

【客户管理】 2021 年，甘肃销售秉承客户至上，销售根基更加稳固。配置规上企业 1746 家、重大项目 1031 个，销售油品 36.3 万吨；构建动态项目管理与客户进货预警机制，新开发客户 517 家。开展主题营销 12 期，精准触达客户 132 万次；建立专属企业微信公众号，开展社群营销，推送营销信息 340 条；发售 IC 卡 80 万张，冬奥卡 3.8 万张，卡销比 53.3%，实名活跃卡客户 130 万，沉淀资金 13.6 亿元。线上客户 265 万，同比增长 10%，移动支付、线上充值占比稳居销售企业前列；直批 APP 新增认证客户 1269 家，线上订单 3.3 万笔，线上销售占比 94.2%，同比提高 71 个百分点。客户经理人逐一对接客户 1842 家，存量客户成交率 94.5%，排名销售板块第一；压实四级维护责任，增量客户 428 家，进货 4.52 万吨；与交通银行、甘肃省军区等 6 家单位签订框架协议，扩销 5000 余吨；引入跨界营销资源 1597 万元，个人卡充值同比增长 19%。

【服务提升】 2021 年，甘肃销售优化一线服务，核心优势提升。开展"优质服务 1+1"和客户投诉大讨论等主题活动，服务承诺全面兑现；推进《加油站管理规范操作手册》《销售公司管理手册——加油（气）站业务分册》和《中国石油加气站操作手册》学习宣贯，举办专题培训 6 期，组织答题活动 23 次，制作微视频 43 个，"服务是最好的营销"理念深入人心。资源一次进站率同比增长 0.97%，万吨周转用人同比下降 0.58%，油品配送单车运行效率同比增加 0.7 次，流动加油车单车周转次数同比增加 0.1 次。新投运加气站 14 座，建成投运"司机之家"2 座；加油站平均运营天数同比提升 0.1 天，拥堵指数同比降低 0.13，停电影响首次"清零"；全流程诊断率 100%，排名销售板块第一。建立客户投诉处理"投诉没有定性不放过、员工没有受到教育不放过、客户没有达成谅解不放过"的长效机制，销售板块有效投诉6起、同比减少8起，千万次服务投诉低于全国平均值15次，排名区内销售企业第一；神秘顾客访问得分88.8分、同比提高1.5分，双满分站点占比同比增长1.4%。

【非油业务】 2021年，甘肃销售开展非油精益零售，非油业务量效双增。百万元店同比增加52座，实现销售6.04亿元、增长6.2%；50万元店增加27座，实现销售1.41亿元，增长10.2%；单店日均销售3638元，增长5.2%。引入新品2014个，清理滞销商品1345个，商品优化率36%；开发自有商品56个，实现销售收入1267万元；百万元规模单品增加29个，百万元以上单品实现销售8亿元，增长25.2%。新开发50万元以上大客户23家，实现销售收入2681万元；建成店中店项目26个、汽车服务门店41座，实现销售收入1170万元；线上销售收入1248万元，获首届"助力乡村振兴，共享美好生活"直播竞赛三等奖和最佳人气奖。库存周转天数降至65天，同比减少5天；油非转换率19.2%，增长5.3个百分点，销售板块排名同比提升8位；平效67.8元，增长9.1%。

【投资建设】 2021年，甘肃销售坚持"开发控本兼容并蓄"思路，网络建设稳步推进。加强地企协调力度，甘肃省"十四五"加油（气）站规划项目总数较"十三五"减少366座，下降55.8%。制定《甘肃销售小型加油站建设方案》，为天然气、新能源及农村市场发展提供指导依据。从"严格执行招标采购制度、调减建设规模、复核双岗造价、优化工程量"等多方面入手，节约、控减资金7266万元，平均单站投资下降至1295万元，较提质增效目标低14.8%。发现整改质量问题36项，整改现场安全问题1200余项，处罚承包商14.5万元、监理单位4.5万元，1人被列入承包商"黑名单"。

【安全环保数质量】 2021年，甘肃销售强化责任督导监督，安全环保工作平稳受控。梳理违规行为清单，治理安全隐患380项，358座加油站完成"低老坏"问题整改；体系审核发现整改各类问题3374项；开展油库安全风险评估，整改问题124项，整改率100%。整改10座水源地加油站环保隐患，安装油气回收在线监测系统117套；所属华兴公司通过CMA认证，取得VOCs检测资质并建立检测中心。接受内外部抽检3443次，合格率100%；油品综合损溢率同比提升6.45个千分点，地罐交接误差率同比下降0.1个千分点，车载液位仪车辆在途损耗-0.03‰。2021年，甘肃销售构建快速反应联防联控工作机制，配发口罩86万只，两针新冠肺炎疫苗接种率95%以上，中高风险区核酸检测10轮以上，工作场所实现零疫情、零感染。

【治理体系建设】 2021年，甘肃销售创新基础管理，治理体系和治理能力现代化建设稳步推进。改革三年行动及对标提升行动任务完成率分别90.2%和94.7%,甘肃销售被评为集团公司"对标管理提升标杆企业";细化三项制度改革,人力资源配置效率提升,薪酬分配体系更趋完善,日均10吨纯枪量用人、人均纯枪量、全员人均利润等核心指标排名销售板块前列;废止现行规章制度33项、重新制修订47项;事后合同实现"归零",招标和合同签订实现联动管理,证照系统考核得分同比上升1.3分。

【管理创新】 2021年,甘肃销售落实科技立企、科技强企战略,立项创新项目115个,获国家授权专利4项、软件著作权1项,"能源商超E点通"获国务院国资委表彰,成为唯一获集团公司"十三五"期间"科技创新先进单位"称号的销售企业。

【提质增效】 2021年,甘肃销售落实"提质增效升级版"各项举措,综合管理水平提升。搭建销售价格分析、人工智能机器人(RPA)和个人所得税综合比对等辅助信息平台;商流费较年度预算节约8123万元、同比降低85万元;纯枪吨油营销成本较板块预算低15元,保持销售分公司最低水平;综合价格到位率98.2%,销售分公司排名第二;负效站治理率78%,实现创效1373万元。

【队伍建设】 2021年,甘肃销售实施人才强企计划,队伍建设得到加强。选拔使用二级正副职干部10人,调整交流24人,干部队伍年龄、知识及专业结构优化;修订下发分级分类管理办法和企业发展能力考核办法,铺开任期制和契约化管理改革,领导干部干事创业积极性有效激发;制定《人才强企十大工程专项行动方案》《市场营销专家队伍管理暂行办法》等制度9项,人才强企顶层设计更趋完善;狠抓管理能力及职业技能提升,经营管理高级、中级职称人员分别同比增加10人和39人,一线员工持证率70.4%,关键岗位持证率89.6%,高级技师增长人数创历史最好水平。

【企业党建工作】 2021年,甘肃销售建立完善"第一议题"制度和中心组学习制度,实现理论和实践、思想和行动、党建和业务互融互进。开展党史学习教育,组织集中学习研讨14次,讲授专题党课13次,到基层开展专题调研7次,解决基层问题105条。建立健全党史学习教育档案库、成果库,"我为员工群众办实事"实践活动解决、反馈问题252项。启动基层党建"三基本"建设和"三基"融合工作,组织健全率和党员受教育率实现"两个100%";5个基层党支部与外单位先进党支部完成结对。

2021年,甘肃销售围绕党中央及集团公司党组重要决策部署,下发纪检审计巡察监督建议书28份;建立廉洁风险数据库,识别廉洁风险154个,完善防控措施398项;对8家二级党委开展日常监督两次,推动完善制度2项;分享警示教育案例4次,督促所属公司纪委开展警示教育80余场次;修订完善《甘肃销售党委巡察管理办法》,完成8家所属单位党委巡察工作;整治"四风",发送节日提醒信息1600余条,细化为基层减负措施46条,督促相关部门完善制度3项。

(张岩峰)

中国石油天然气股份有限公司青海销售分公司

【概况】 中国石油天然气股份有限公司青海销售分公司(简称青海销售)的前身成立于1954年,1998年上划集团公司,承担青海省汽油、柴油、润滑油等成品油稳定供应的责任。2021年底,机关设置9个职能处室,下设12个二级单位、15家合资公司,在册员工2149人;资产总额29.93亿元,运营加油站315座,直属油库4座、总库容21万立方米。青海销售连续多年名列"青海省百强企业"前10强,连续多年成为青海省上缴税收大户,获全国"五一劳动奖状""抗震救灾英雄集体""中央企业先进基层党组织"等称号。

2021年,青海销售坚定"巩固、创新、提质、共享"八字方针,深化重塑"网建、营销、党建"三个新格局,重点推进"改革提质",着力提升市场营销能力、经营创效能力、市场控制能力、风险管控能力、党建引领能力。销售汽油、柴油182.7万吨,同比增长1.1%;零售126.98万吨,同比增长0.57%;销售天然气0.49万吨,同比增长122.73%;非油业务收入2.82亿元,同比下降19%;非油业务毛利5528万元,同比增长18.09%;营业收入130.63亿元,利润总额1.11亿元,上缴税费1.33亿元。获青海省商业50强企业,位列第八位(表3-17)。

【油气销售】 2021年,青海销售优化促销管理,强化异业合作,实施客户三级联动开发,打响市场保卫战,深化"油卡非润"一体化营销,完成汽油、柴油销售量182.7万吨,同比增长1.1%。其中:汽油销售80.4万吨,同比增长7%;柴油销售102.3万吨,同比下降3%。开展"市场大调查、客户大普查",实施

"一客一策""一品一策"开发,新增直批客户321家。优化直销APP程序,线上认证客户1417家,线上销售油品13.4万吨,同比增长2.9%。加大零售客户维护力度,实行省公司、分公司、片区"三级联动"开发,组织五一劳动节、中秋节、国庆节等节假日主题促销,纯枪销售126.98万吨,同比增长0.57%。开展"人民卫士卡""辛勤园丁卡""昆仑加油卡"促销,发卡21.8万张,沉淀资金4.67亿元,记名活卡量23.3万张,卡销比49%。持续与电信、移动、银联等行业跨界合作,引入外部营销资源5845万元,同比增加2719万元,增长87%。

表3–17 青海销售主要经营指标

指标	2021年	2020年
成品油销量(万吨)	182.70	180.66
汽油销量(万吨)	80.40	75.31
柴油销量(万吨)	102.30	105.35
润滑油销量(万吨)	0.11	0.14
天然气销量(万吨)	0.49	0.22
加油站总数(座)	315	313
油库数量(座)	4	4
油库库容(万立方米)	21	21
纯枪销量(万吨)	126.98	126.26
非油业务收入(亿元)	2.82	3.47
非油业务利润(亿元)	0.37	0.24
吨油费用(元)	389	397
资产总额(亿元)	29.93	31.08
收入(亿元)	130.63	106.84
利润(亿元)	1.11	1.02
税费(亿元)	1.33	1.11

【非油业务】 2021年,青海销售以顾客需求定核心商品、以核心商品定布局陈列,提升非油销售质量,非油业务收入2.82亿元,同比下降19%;非油毛利5528万元,同比增长18.09%。提升店销能力,丰富品类结构,沉淀核心商品,

家庭食品、香烟、包装饮料、日用百货等22大类商品销售收入超1.55亿元，新增非油1000万元店、500万元店、200万元店各1座。加强自有商品推销，通过中油好客e站公众号、天猫旗舰店、微信，形成"三位一体"线上销售渠道，"青稞面馆""我是调酒师"等自有商品销售收入2255万元、毛利695万元。灵活促销模式，新开发"499""599""迎宾"等7款青稞酒组合促销礼包，实现销售收入813万元。开展"百城万站 扶贫助农"活动，通过直播带货、展销会、分销竞赛、"油买菜"等方式，销售当地农产品实现收入107万元。快速推进洗车项目建设，18个免费洗车项目全部建成投运。

【加油站管理】 2021年，青海销售加强加油站标准化管理，重点从服务质量标准化、操作规程标准化、现场管理标准化3个方面提升管理水平。创新"双低"站治理模式，将52座站移交给合资公司、新兴能源公司经营，亏损加油站同比减少14座，业务外包费用同比下降9%。推行"阿米巴"经营模式，划小核算单元，建立加油站"量本利"分析模型，优化油站定员定编，人均纯枪销量411吨，同比增加45吨，增长12.3%。吨油纯枪营销成本570元，同比下降1%。开展加油卡业务规范自查工作，储值发卡网点从143座优化为92座。编制下发《青海销售公司加油卡反舞弊实施方案》，规范电子卡、电子券发放规则，开展"微腐败"治理，查处问题54起，收缴违纪违规款项23.56万元，经济处罚11.83万元。打造强大现场，实施神秘顾客检查机制，重点就前庭、便利店"开口营销"，常态化"微笑服务"，亲情化"标准问候"等进行暗访，检测加油站180站次，服务区30站次，发现、整改问题640项。

【油库管理】 2021年，青海销售刚性执行配置计划，接收直炼资源189万吨（其中汽油82万吨、柴油107万吨），计划完成率108%。4座油库周转油品166.6万吨、同比增加8.45万吨，周转次数11.05次、同比增加0.56次，人均周转量1.23万吨、同比增加0.31万吨。结合油价"15涨6跌4搁浅"，统筹优化油库运作，资源运作创效7272万元。实行多仓多品装运油品，运输费252.68万元，同比下降56.63%；吨油运输费1.38元，同比下降50.14%。完成曹家堡油库消防隐患改造工程和格尔木油库库外管线改造立项工作。修订完善《油库操作规程》，健全监管体系，堵塞管理漏洞。提升消防管理水平，开展消防演练8次。

【投资建设】 2021年，青海销售通过合资合作、收购租赁、自主开发，开发加油加气站20座，投运26座。其中，自主开发5座，合资合作20座，租赁1座。推进LNG站点规划建设，取得政府规划批复32座，完成立项25座，建成投运16座。解决历史遗留项目，与青海省交控集团成立合资公司，4对8座高速公路加油站共同开发建设。加强工程项目管理，优化工程设计，提前办理手续，加强现场监督，落实进度计划，实施工程项目 42 个，完成 41 个。加强投资计划管理，落实投资计划 21217.92 万元，实际完成投资 19295 万元，投资计划完成率 90.71%。开展工程项目结算审计，完成工程项目审计 38 项，审减额 1153.76 万元，审减率 9.8%。

【提质增效】 2021 年，青海销售持续开展提质增效专项行动，制定《青海销售提质增效实施方案》，细化 40 项措施，分解任务目标，实现利润 1.11 亿元，费用控制在 7.2 亿元以内。加大油品销售力度，纯枪销量收入 93.1 亿元，增加 17.34 亿元，同比增长 23%；直批销售收入 34.59 亿元，增加 6.98 亿元，同比增长 25%。压减大额费用支出，租赁费减少 1262 万元，同比下降 26.13%；机关"五项"费用减少 82 万元，同比下降 12.8%；业务外包费减少 914 万元，同比下降 9%。减少价格直降，提升毛利空间，汽油、柴油销售毛利总额 9.02 亿元，同比增加 5004 万元，增长 5.87%；吨油毛利 494 元，同比增加 22 元，增长 4.66%。推进资产轻量化管理，资产总额 29.93 亿元，同比减少 1.15 亿元；资产负债率 32.6%，同比下降 4.57%；总资产收益率 3.7%，投资回报率 10.93%，EVA 经济增加值 538 万元。

【安全环保】 2021 年，青海销售推进安全生产专项整治三年行动，开展危险化学品、油品计量管理专项整治，下大决心补短板、堵漏洞、强弱项，梳理一般类隐患 124 项，整改完成率 100%。做好新冠肺炎疫情常态化防控，实施疫情日报制度，动态掌握疫情信息，有序推进员工疫苗接种，员工及家属零确诊、零感染。强化"红线意识""底线思维"，落实安全环保责任，签订安全环保责任书 2218 份。推进库站重点目标达标建设，完成排污许可简化管理站 163 座、油库 4 座，登记类管理 131 座。加强油品数质量管理，完成 1484 批次油品质量检测工作，合格率 100%；精细油品计量管理，送检计量器具 2093 批次，检定油库流量计 81 块。开展 QHSE 审核 2 次，发现问题 993 项，整改 993 项，整改完成率 100%。重点敏感时段实行升级管理，庆祝建党 100 周年期间生产经营安全平稳运行。

【企业改革】 2021 年，青海销售稳步推进企业改革三年行动，按照《青海销售公司改革三年行动实施方案》，重点推进的 40 项改革任务完成 37 项。开展"大部制"改革，机关职能部门由 12 个精简为 9 个，地市公司职能部门由 6 个调减为 4 个，两级机关和片区压减管理人员 280 人；优化基层一线岗位设置，库站外人员占比由 48% 下降到 27%，"万吨纯枪机关人员"由 5.7 人下降到 3.2 人。有序实施人员分流安置，133 人内部退养，52 人分流到股权企业，120 人充实到基层库站一线。新兴能源公司完成改制，青海天迈投资公司参与重组增资扩股，新兴能源公司由大集体改制为股份有限公司。

【企业党建工作】 2021年，青海销售公司党委强化党的建设，落实"第一议题"制度，两级党委理论学习中心组学习研讨252次，开展读书班205期，邀请专家辅导81次。推进党史学习教育，与"转观念、勇担当、高质量、创一流"主题教育融合推进，讲授专题党课182次，参观红色教育基地86次，解决员工"急难愁盼"问题168项。召开青海销售第三次党代会，选举产生党委书记、纪委书记和"两委"班子成员，对今后5年党建工作进行安排部署。加强干部队伍建设，选拔任用中层领导人员13人，进一步使用6人，交流调整38人次。推进党建政治素质提升、党建力量凝聚、党组织标准化、党建责任考核和党风廉政建设"五大工程"，找准党建工作与生产经营有效结合点，将基层党建"三基本"与企业"三基"工作有机融合，以生产经营成果检验党建工作成效，推动基层党组织建设全面进步全面过硬。开展党支部达标晋级，按照青海省国资委要求，开展"促百分百达标，迎党百年华诞"活动，被抽查的11个党支部平均得分95.14分，位居驻青海央企前列。做好新闻宣传工作，拍摄的反映扶贫攻坚主题的《春花下乡记》在央视农业农村频道播出。

（高国鹏）

中国石油天然气股份有限公司宁夏销售分公司

【概况】 中国石油天然气股份有限公司宁夏销售分公司（简称宁夏销售）前身是宁夏回族自治区石油总公司，1953年成立，1998年上划集团公司，主要承担集团公司在宁夏地区的成品油销售、天然气销售、非油业务拓展、市场开发等业务。2021年底，设9个机关职能部门，2个直属单位，下辖6个地市销售分公司。员工总数2525人；油库4座，总库容13.8万立方米；运营加油站340座；资产总额32.64亿元。

2021年，宁夏销售统筹推进新冠肺炎疫情防控、强化市场竞争、破解发展难题，聚焦高质量可持续发展主题，落实提质增效"升级版"工作要求，把党史学习教育和持续深化改革贯穿始终，明确"稳油、增气、强非、发展新能源"工作思路。实现油品销量156.03万吨、同比下降5.8；天然气销量19.83万吨、增长390%；非油业务收入6.08亿元、增长9.5%；实现利润0.45亿元、增长33%；相对市场份额78.3%、增长2.1%（表3-18）。

表3-18 宁夏销售主要经营指标

指　　标	2021年	2020年
成品油销量（万吨）	156.03	165.67
汽油销量（万吨）	63.26	61.69
柴油销量（万吨）	92.77	103.98
天然气销量（万吨）	19.83	4.04
润滑油销量（万吨）	1.25	0.12
加油站总数（座）	340	352
油库数量（座）	4	5
油库库容（万立方米）	13.8	19
纯枪销量（万吨）	115.27	124.7
非油业务收入（亿元）	6.08	5.79
非油业务利润（亿元）	0.61	0.56
吨油费用（元）	461	437
资产总额（亿元）	32.64	34.05
收入（亿元）	123.24	101.4
利润（亿元）	0.45	0.34
税费（亿元）	1.52	1.09

【油气销售业务】 2021年，宁夏销售研判国内形势、行业趋势和市场走势，以"事前算赢"季度促销方案和专题促销方案为抓手，打好柴油市场份额保卫战、市场治理遭遇战和天然气发展进攻战。汽油销量同比增长2.5%，纯枪价格到位率98.6%、增长0.75%。柴油销售实行增量价格补贴和绩效奖励政策，10座活动站点增量13万吨，有效遏制份额和销量加速下滑态势。抓实客户经理人队伍建设，专职客户经理41名，新增直批客户268个，直批销量40.76万吨。深挖加油卡营销功能，卡销比51%以上。加大异业资源引入力度，第三方商务合作与开发业务发生消费130万笔、同比增长75%，转嫁促销成本1907万元、增长

38%。天然气销售增量提效，LNG业务全链条组织、实施资源统采统配，降低CNG资源购进成本，实现毛利5581万元、同比增长189%。

【非油业务】 2021年，宁夏销售围绕提质增效核心任务，坚持市场经营导向，提升非油业务市场应变能力和竞争能力。店销收入突破6亿元，百万元便利店实现143座，同比增加18座。商品品效、客单价、油非转换率、单店日均收入等效益指标位居销售分公司前列，获股份公司销售分公司劳动竞赛非油业务类先进单位3次，获昆仑好客公司奖励257万元。打造四季主题促销活动，线上直播和线下促销一体推进，促销收入同比增长118.9%，线上收入突破500万元。开展诊断优化店面213座，专项督导3000余次，督促解决门店经营问题80余项。深入市场调研，排查润滑油客户420余家，达成合作意向和发展优质客户53家，实现昆仑润滑油在国能宁煤烯烃厂替换进口润滑油，增收540余万元。抓住春耕、秋收两个销售旺季，深入乡村田间开展化肥推广，销售宁化牌水溶肥58.52吨、复合肥5653吨。围绕乡村振兴，实现自有商品销售216万元、扶贫商品1800余万元，带动商品收入同比增加5315.4万元。

【企地共建】 2021年，宁夏销售坚持"忍治劝联、查打结合"的策略，协调推动宁夏回族自治区及各市县政府出台专项治理方案7个，对242座社会加油站开展专项检查，协助追缴税款2715万元。配合执法部门捣毁黑窝点25处，查封油罐24具，查扣非法流动加油车57辆，查获油品325吨；配合银川市公安局开展"银油利剑2021"专项行动，破获宁夏首例生产销售非标准油产品案，抓获犯罪嫌疑人7人，查封油罐7具，扣押油罐车4辆，查获调和勾兑原料油、已调和非标准油150余吨，查明已对外销售不合格柴油5090吨，涉案金额5000余万元。

【深化改革】 2021年，宁夏销售推动国企改革三年行动计划，完成2021年改革任务的198%，完成总体任务的97%。推进人才强企工程，制订"六大人才专项工程"专项方案，配套形成25条推进措施。实施领导人员任期制和契约化管理、地市公司发展能力评价及分类管理、干部考核评价管理，在领导人员"收入能增能减"的基础上，实现"职务能上能下"。营销决策机制变革，下放地市公司经营决策权力，下移销售公司激励政策，提升地市公司"前线作战"能力。推进大部制改革，压减机关部门1个、附属单位2个、三级机构10个。严控用工总量，人均油气当量提高16.72%。推动机关岗位管理改革，505名两级机关人员套改聘任为管理层级，43名管理人员实现层级晋升。组织两级机关管理岗位取得中级、副高级专业技术职务任职资格的24名工作人员予以聘任专业技术职务，完成27人中级职称和7人高级职称的推荐参评工作。对标先进单位，选派 16 名干部到兄弟企业挂职锻炼，补齐管理短板。

【提质增效】 2021 年，宁夏销售聚焦"一切都是为了多打粮食"部署提质增效"升级版"专项行动，制定"营销提质创效、控本降费增效和管理升级提效"3 个环节 25 条举措，增效 1121 万元，同比增长 33%。组织开展"转观念、勇担当、高质量、创一流"主题教育活动，引导全员克服"潜力已经挖尽"的畏难情绪，增强扭亏脱困的信心决心，在折旧摊销、员工成本等关键指标实现硬下降，费用总额同比降低 1987 万元。加强油品流通各环节管控，损耗同比减少 745 吨，实现数量管理创效。发挥预算目标引领和价值导向作用，经济增加值同比增加 5944 万元，资产负债率同比下降 1%。争取政策支持，落实税收减免红利，实现减税增效 571 万元。盘活闲置资产，实现资产创效 135 万元。调整优化投资结构，新投运加油（气）站 12 座，贡献油气当量 9 万吨，建成待投运站 11 座，投资回报率同比提升 6.6%。低成本部署充电和光伏发电项目，运营充电站数量 48 座，实现服务费收入 13 万元。

【风险防控】 2021 年，宁夏销售适应领导体制变化，完善并严格执行"三重一大"决策制度，规范党委会、执行董事办公会议事范围和程序，建立总经理办公会制度，决策风险得到有效防范。结合"大部制"改革，完善制度体系和流程优化，新修定制度 41 项、废止 20 项、完成后评价 46 项。强力推进巡视、审计发现问题的整改工作，做好巡视整改"后半篇"文章，深化巡视审计成果的应用，合规管理水平显著提升。狠抓 QHSE 体系建设，建立 3 个现场"四不两直"监督检查和 24 小时"视频扫站"工作机制，坚决纠治"三违"行为。组建专班加大"三套"（套现、套惠、套票）行为稽查力度，严查严处违规行为，解除劳动合同 12 人，追责问责 18 人。严格数质量管理，地方政府对油品、非油质量抽检全部合格，服务质量、客户感受持续提升，"不销一滴调和油、只销宁炼国标油"理念深入人心。

【企业党建工作】 2021 年，宁夏销售把党史学习教育作为重大政治任务，各级党组织集中学习 328 次、专家辅导 12 次、交流研讨 742 人次，组织干部员工到红色教育基地开展现场观摩教育 31 次，开展专题宣讲和党课 147 人次，落实"第一议题"制度 17 次，直接受众 3200 余人次。通过学习领会习近平总书记重要讲话精神和重要指示批示精神，掀起学习领会党的十九届六中全会精神、习近平总书记"七一"重要讲话精神和"四史"热潮，用党的百年奋斗重大成就和历史经验教育党员干部群众，把办实事、开新局作为重要标尺，以"学史力行——扭亏脱困、加快发展"为主题，教育引导干部员工强化甘于奉献精神、善于担当作风、精准发力意识。通过举办党史学习专题读书班，组织 78 名二级领导干部围绕经营销售、深化改革和提质增效等制约公司高质量可持续发展的难点痛点堵点问题开展交流研讨，形成高质量调研报告6篇。开展党史学习教育专题组织生活会、专题民主生活会，党委班子成员从"带头深刻感悟'两个确立'的决定性意义"等5个方面联系实际对照检查，检视问题78个、征求意见建议27条；46个基层党支部在党史学习教育专题组织生活会中查摆检视问题236个。组织开展"我为群众办实事"实践活动，推动解决22项"急难愁盼"问题。

2021年，宁夏销售修订完善落实全面从严治党主体责任清单，建立领导班子成员落实全面从严治党"一岗双责"工作机制，制定加强党的政治建设重点措施，承担起管党治党主体责任。抓实党组织书记抓基层党建述职评议和党建责任制考核，推进基层党建"三基本"建设与"三基"工作有机融合，鼓励基层党组织创新构建"党支部（党小组）+经营管理"运行模式，打造一批基础作战单元。

【工团工作】 2021年，宁夏销售把握工会组织的政治性，组织开展劳动竞赛活动20项，获销售分公司流动红旗6面，116个劳动竞赛先进集体受到宁夏销售表彰。马骋、马静、李小花3人晋升加油站操作工高级技师，实现高级技师零的突破。深入8个乡村振兴项目开展工作调研，增派驻村帮扶干部9人，投入帮扶资金42万元，协助当地政府打通从"脱贫"到"发展"的幸福路。走访慰问帮扶困难职工688人，投入帮扶资金106.26万元。开展"金秋助学""夏送清凉"投入工会经费19万元。组织干部员工110余人参与地方新冠肺炎疫情防控工作，受到地方政府高度评价和社区群众一致好评。研究部署共青团和青年工作，各级党组织中建立青年工作委员会，以基层党建带团建为统揽，打造青年基层战斗堡垒。

（魏思雯）

中石油新疆销售有限公司

【概况】 中石油新疆销售有限公司（简称新疆销售）前身是1954年成立的新疆石油总公司，经历上划、重组、改制3个重要历史阶段，1998年上划中国石油天然气集团公司，1999年重组至中国石油天然气股份公司，2015初改制为全资子公司，2017年12月变更为国有控股合资公司。改制整合后，业务范围覆盖成品油销售、润滑油等石油副产品销售、食品销售、餐饮服务、日用百货及家电销售、办公用品销售、化肥等农用物资销售、汽车服务等多个领域。2021年底，有职能部门9个、直属机构2个、二级单位16个；有各类用工9700人。

2021年，新疆销售成品油销量674.84万吨，其中纯枪销量424.75万吨；车用燃气提前20天完成目标任务；非油店销毛利率18.9%、同比提高2.4个百分点。员工成本和五项管理费用分别同比压降4537万元和1088万元，利润总额、净利润跃居销售分公司第一。开发加油（气）站106座、投运101座，实现投运百座、运营千座的既定目标（表3-19）。

表3-19 新疆销售主要经营指标

指　　标	2021年	2020年
成品油销量（万吨）	674.84	601.92
汽油销量（万吨）	273.27	206.71
柴油销量（万吨）	401.57	395.21
润滑油及昆仑车用辅助产品销量（万吨）	3.93	2.98
纯枪销量（万吨）	424.75	374.11
非油业务收入（亿元）	11.3	12.39
非油业务利润（亿元）	0.40	0.54
资产总额（亿元）	145.94	142.58
收入（亿元）	487.01	351.45
利润（亿元）	11.89	8.50
税费（亿元）	7.92	6.49

注：主要经营指标数据统计口径为资产评估后。

【油品销售】 2021年，新疆销售重视油品销售。主导优势巩固提升。重视并推进市场整顿工作，协助新疆维吾尔自治区成立市场整顿办公室，支持政府开展整顿活动200余次，查扣非标准油品7825吨，市场环境稳中向好。柴油纯枪提量创效活动和市场保卫战成效显著，18座参战站点增量11.4万吨，带动总量相对市场份额提升0.6个百分点，达到62.7%。哈密分公司总量份额止跌回升，增幅超过4个百分点。精细营销落实见效。坚持"油卡非润一体化、总毛利最大化"经营原则，销售总量再创历史新高，综合价格到位率同比提高1个百分点，营销支出减少3.1%。喀什分公司灵活施策、精细营销，销售总量突破70万吨；阿克苏、伊犁、和田等9家分公司量价齐增。落实稳汽提柴策略，以卡券为媒开展一体化营销，汽油纯枪销量213.9万吨，迈上200万吨新台阶并首次超过柴油。南疆三地州汽油纯枪销量增幅领跑全疆，和田分公司达到22.4%。加快推广线上业务，直批销量250.1万，其中社会直批销量74.8万吨。博州、吐鲁番、哈密分公司增幅较大。客户规模双线增长。发展战略合作伙伴5家；新开发大客户45个，终端客户比例提高至49%。升级"逢十必惠"活动，发售加油卡152万张，其中电子卡23万张，单日发卡纪录刷新；冬奥卡9.7万张，销量全国第一；活跃卡占比27%、沉淀资金保持在20亿元以上。在中油好客e站和直批APP平台开展充值赠券、早市"秒杀"和首单优惠等活动，注册用户突破100万人，移动支付占比8.7%。阿克苏、昌吉、石河子分公司移动支付占比较高。

【非油燃气销售】 2021年，新疆销售拓展非油燃气销售业务。店销质量有提升。开展"昆仑好客购物节""年度任务追赶计划"等营销活动，店销收入8.9亿元，油非转换率17.4%，百万元以上便利店345个。塔城、昌吉、巴州等6家分公司店销收入实现增长。加大厚利业务和品类销售力度，店销毛利率同比提高0.3个百分点。和田、喀什、塔城等7家分公司毛利实现增长。集采统采商品3.8亿元，主动配送覆盖15家单位、1300多种商品，库存周转天数减少4.3天。店外项目有发展。投运洗车项目99个，实现收入173万元；尾气净化液加注项目132个，销量658.3吨。成为"石油e采"平台新疆区域独家供应商，向驻疆企业供应物资5012万元。在"天猫商城"开展直播竞赛72场次，销售额1000万元。采购定点帮扶县特色产品5556万元、同比增长376.3%。燃气业务有突破。新投运加气站36座，其中，LNG站22座、增量3.9万吨，运营站点73座，博州、石河子分公司新增燃气业务。理顺购销存管理机制，实现资源统购统销，CNG资源通过"双气源"供应（资源由两家系统内部单位同时供应），强化保障能力；LNG资源供应商线上竞价，采购成本同比下降1.8%。销售总量保持快速增长势头，低销站减少20座，市场份额4.4%、同比提高1.3个百分点，区域掌控能力增强。

【投资建设】 2021年，新疆销售加强投资建设发挥规划引领作用。编制"十四五"发展规划，配套制定油库布局和LNG、高速公路网络发展等5个专项规划。紧盯"一心两线"（城市中心，高速路和国省道），灵活开发方式，立项油气站106个，拍得土地30宗，其中，自主开发80个、合资合作26个。巴州分公司立项22座，和田、阿勒泰、哈密等4家分公司完成开发任务。增加网点数量。开发与建设全线发力，新建站投运与存量站管理同频共振，对工程进度、手续办理等关键环节挂牌督办,建设项目87座、投运101座,实现"投运百座、运营千座"目标,彰显"新疆销售速度"。高速路公司投运数量17座,博州、哈密、巴州等8家分公司完成投运任务。开展合资合作,与中铁建和新疆交投成立合资公司,G7京新高速10座站投入运营,取得S20、S11沿线6座站的经营权,与中铁城投合作经营G0612若民高速16座站及服务区。与国电投、宁普时代签订光储充换电项目(分布式光伏发电、储能和充放电多功能项目)合作协议,1个项目准备施工。加大投资力度、建立设计方案竞争机制。增加投资4.3亿元,下达投资计划9.86亿元,计划完成率97%。组建设计评审专家库,提高设计的针对性和实用性。所有建设项目实行全过程在线监控,穿插进行"四不两直"(不发通知、不打招呼、不听汇报、不用陪同接待、直奔基层、直插现场)和"五检"(承包商自检、站经理日检、监理驻检、二级单位巡检、新疆公司抽检)工作,保证安全质量事故为零。对796个投资项目进行后评价,全过程管理要求得到有效落实。

【资源运行】 2021年,新疆销售强化一次物流组织,紧盯管道批次、铁路运行,保障油库合理库存,支持增量增效。调整营销政策和资源投放,实现量效最大化。协调西北公司动态平衡直炼配置和串换计划,留足疆内资源。定期拜访炼化企业和铁路部门,协调增产适销对路产品,提高铁路发运能力。周密制定奎屯油库管线和中控室改造运行方案,有效应对十年一遇的突发性柴油需求激增,有力保障疆内工农业生产用油,较好履行政治责任和社会责任,得到新疆维吾尔自治区各级政府肯定。扩大中国石化和田、鄯善库串换量,南疆地区平均运距减少19千米,节约运费346万元。密切关注油价走势,抢抓成品油价格14涨5降的有利时机,做到涨价涨库、跌价降库,实现库存增值2.03亿元,资源运作创效能力明显提升。

【加油站便利店营销模式创新】 2021年,新疆销售创新加油站便利店营销模式,用好店内、店外、线上销售渠道,增店、增客、增收,对完成销售收入任务的分公司给予10万元奖励。优化业务结构,把握量效平衡,加大高毛利业务和品类的考核占比、挂钩力度,严控微利大单,杜绝负毛利销售,对完成全年毛利任务的分公司给予10万元奖励。建立库存储备机制,推广"油站智能下单、地市综合平衡、总体优化引导"的主动配送机制,库存总额控制在1.4亿元以内,库存周转天数控制在40天以内,提升业务运营能力。编制特色商品天书,引进网红、热销商品,形成"千店百面"格局,单店SKU数达到500个以上、年度商品更新率不低于25%。突出抓好香烟、包装饮料、酒类等重点品类销售工作,小商品零售收入6.42亿元以上。每月开展堆头陈列竞赛,加强日常督导检查,油非转换率20%以上。优化店面，打造样板店、旗舰店56座，百万元以上便利店400座，强化门店综合实力。加强商品性能和卖点培训，深化采供双方营销合作，车用润滑车用辅助产品实现收入2.48亿元。用好"石油e采"平台，加强驻疆企业供应服务，提高非生产性物资销量。加大昆仑好客自有品牌商品互供力度，升级"优斯麦尔"产品，打造2座专营店，设置20个专区专柜，昆仑好客自有品牌商品收入5000万元以上，其中，"优斯麦尔"产品收入1000万元以上。合规运营农资业务，销售规模4亿元以上。统筹发展新兴业务，规范开展洗车业务，实现收入1000万元以上。打造新疆干果鲜果直播平台，带动直播收入1500万元上。抢抓节庆促销机遇，在合作伙伴、企事业单位和新疆销售内部举办展销会等活动，实现收入1000万元以上。在城区旗舰店、旅游景点周边、高速公路服务区便利店，通过柜台租赁和自主经营两种模式，推广生鲜快餐业务，培育样板店14座。

【改革创新】 2021年，新疆销售深化治理体系建设，完善党委工作规则和授权管理机制，在9家二级单位推行模拟法人体制，党委会、股东会、董事会、监事会的关系和职责权限界面更加清晰，党的领导有机融入公司治理。稳步推进大部制改革和油库、两个片区属地化管理，撤销机关科级建制，完成机关部门和二级单位"三部一室"机构整合，二级、三级机构分别压减13%和27%。全口径管控用工和人工费用，全面实施升油工资制度，全面推行任期制和契约化管理、与95名领导人员签订协议，全面启动聘用加油站职业经理人工作。贯彻落实集团公司科技创新大会精神，开发应用加油站运营管理分析平台等经营管理系统，建设升级版协同办公系统，开展科技创新、微创新研究和应用，有效支撑数字化精准营销。

（罗丽戈）

中国石油天然气股份有限公司重庆销售分公司

【概况】 中国石油天然气股份有限公司重庆销售分公司（简称重庆销售）前身

是1950年成立的中国石油公司西南区公司，历经多次重组改制，1998年成立重庆石油（集团）有限公司，1999年重组为中国石油天然气股份公司下属的省（直辖市）级销售企业。主要从事成品油批发零售业务和非油品销售及服务，是重庆市最大的国有石油企业，负责全市成品油供应渠道责任。2021年底，设9个职能部门，2个附属机构，2个直属机构，下辖7个地市分公司、8个直属股权企业（4个控股公司、4个参股公司）。员工总数4545人；营运油库9座，总库容51.66万立方米，库容量占全市总量的36%；营运加油（气）站629座，占全市营运站总数的34.7%；资产总额78.46亿元，净资产50.56亿元，资产负债率35.55%。

2021年，成品油总销量407.67万吨，其中纯枪销量265.32万吨。实现非油业务店销收入9.13亿元，非油业务毛利1.54亿元。利润3.72亿元，创近5年最好水平，综合效益排名销售分公司前列。一般A级安全环保和数质量事故连续12年为零（表3-20）。

表3-20 重庆销售主要经营指标

指　　标	2021年	2020年
成品油销量（万吨）	407.67	382.46
汽油销量（万吨）	223.41	206.94
柴油销量（万吨）	184.26	175.52
加油站总数（座）	629	617
油库数量（座）	9	9
油库库容（万立方米）	51.66	51.66
纯枪销量（万吨）	265.32	260.11
非油业务收入（亿元）	9.13	7.98
非油业务利润（亿元）	0.63	0.65
吨油费用（元）	336	359
资产总额（亿元）	78.46	81.21
收入（亿元）	299.21	236.46
利润（亿元）	3.72	2.36
税费（亿元）	3.49	2.58

【成品油业务】 2021年，重庆销售成品油扩销提效成效明显，销售总量再上400万吨台阶，同比增加26万吨，增长6.7%；直批、纯枪销售实现量效双增，销量分别增长16.4%和2.0%，直批相对市场同比提高4.2个百分点，汽油直批份额首次逆转主要对手。客户开发取得新进展，与2461家重点集团客户签订供油协议，新增规上企业客户378户，市级重点工程开工项目订单率60%；发行群组客户教师卡、白衣天使卡6.8万张，发行电子个人卡4.7万张，派发电子券4.6亿元，新增线上会员突破150万。经营运行平稳有效，直炼资源配置计划完成率100%，在资源紧平衡期没有脱销挂枪；加强一体化营销策划和油非联动，为客户量身打造优惠规则200多套；批零一体化运作协同增量创效，25座柴油保卫战站点和49座"定盘星"站点纯枪销量平均增长分别为311%、47%，实现成品油账面毛利同比增长15.3%，创5年来最好水平。营销创新转型按下"快进键"，11座家庭式驻站承包和委托管理站实现减员降费、增量增利；跨界营销引入外部营销资源2295万元；与昆仑银行合作推行"油易贷"金融产品，46家客户贷款购油4350吨；达成重庆首单成品油电子平台交易，交易油品7300吨。市场环境有效净化，促成市政府开展成品油市场整顿专项行动，协助查处非法加油站点61个；牵头成立市成品油流通行业协会，吸收会员40家，引导企业规范经营、增强协作。

【非油业务】 2021年，重庆销售非油业务增收提效成效明显，百万元门店同比增加40座、首次突破300座，店销收入、毛利同比分别增长14.4%、33.9%，创历史新高。非油运营质量提升，引入新品849个、增收1.26亿元，商品品效同比增长12%；20档主题促销活动实现增收1.48亿元、创效3271万元，昆仑好客首届购物节实现创效3026万元，开发渝派好客粮油、乌江榨菜、重庆小面调料、自热米饭系列重庆特色自有商品，实现销售634万元。非油业务业态布局持续完善，打造品类专卖店52座，建成站外店3座；建成昆仑好客化肥专营店17个，销售化肥3万吨、同比增长142%；建设农村综合服务站300余座；建立"昆仑惠农"农业品牌，打通农产品"进店"流程；运营汽车服务店162座；开展直播66场次，实现销售286万元。

【新能源业务】 2021年，重庆销售推进油气终端网络建设，新开发油气氢电终端项目37个、投运31个，新开发加油站10座、品牌授输出站9座、LNG项目8座，建成投运油气站19座。新能源网络布局实现示范性突破，与10家新能源业务伙伴达成战略合作，建成重庆首个油氢综合能源站，获全国首张"车用综合能源站经营许可证"，自主研制的中国石油综合能源站（2025）模型在2021中国国际智能产业博览会首发，重庆销售成为重庆市首批加氢站建设示范单位；新开发充换电、加氢项目10个，成网成线布局综合能源站点106座。

【数字赋能】 2021年，重庆销售着力推动数字赋能，推进APP、公众号、企业微信、小程序"四位一体"数字营销工具建设，发展APP会员45万人，中油好客e站关注客户数超过340万人，企业微信客户数120万人，移动支付占比居区内企业首位；建成重庆最大一体化洗车服务网络，对161座洗车站点实现系统化管理，"人·车·生活圈"初具规模。

【提质增效】 2021年，重庆销售严控营销支出，全面取消纯枪直降和三种以上叠加优惠，纯枪营销支出同比减少1.7亿元，吨油纯枪营销成本管控位居销售分公司领先水平；打造异业联盟，与银联等16家单位合作，整合外部促销资源2295万元。优化运行降费，率先引入"智油配"智能油品配送系统，公路配送计划上车率90%以上，油库发油全部实行流量计系数、空气浮力、装车定额损耗"三项修正"，吨油运费同比下降14元，加油站汽油、柴油综合损耗下降0.28‰，费用总额实现"双下降"；优化一次资源入库、二次物流运输，吨油运费同比下降15元，节约运费4300万元。推广"阿米巴"经营，以自己算、自己挣、自己省、自己管的"四自经"实践经验为典型，加快推广应用，297座加油站纯枪销量、非油店销、吨油利润、员工收入显著提升。提质增效"升级版"打造成效明显。

【改革创新】 2021年，重庆销售着力推动体制机制变革，调整优化改革三年行动实施方案，统筹抓好57项改革任务，完成改革任务53项。实施组织变革，大部制改革取得突破性进展，两级机构全部调整到位，内设机构数量和管理人员编制压减超三分之一。优化调整区县组织机构，设立32个区县分公司，企地融合更加深入，本土优势明显增强。探索建立柔性组织，组建新能源发展等9个工作小组，实现组织管理更加敏捷高效。

【企业党建工作】 2021年，重庆销售制定并落实公司党委"第一议题"制度，持续掀起学习贯彻党的十九大、十九届历次全会精神和习近平总书记重要讲话、重要指示批示精神热潮，扎实开展党史学习教育，庆祝中国共产党成立100周年。坚持深化基层党建工作，召开第二次党代会，连续3年开展党建责任制量化考核，连续4年开展党组织书记现场述职评议考核，推进党支部达标晋级，消除党员空白班组，推动基层党建"三基本"建设和"三基"工作有机融合。推进人才强企工程，推进市场营销专家队伍建设试点工作，启动首批市场营销专家选聘；加大专业技术人才培养，中高级职称、高级技师人数分别同比增长14%、125%。巩固良好政治生态，坚持和深化全面从严治党，对4家基层党委开展巡察"回头看"，组织开展系列专项整治和监督检查，建立三级油库廉洁风险防控责任体系，一体推动不敢腐、不能腐、不想腐。抓好宣传思想文化工作，加强文化建设和典型选树，获省部级及以上荣誉7个，建成重庆销售第4个石油精神教育基地，唐家沱油库"大班房""二班房"获评中国石油首批工业文化遗产，收录进集团公司新版《企业文化手册》。积极为职工办实事，制订30项民生实事计划，26项重点项目全部完成，4项持续推进；各级党组织制定民生实事项目282项，为员工群众办实事解难事328件，员工群众的获得感、幸福感增强。

（严春莉）

中国石油天然气股份有限公司四川销售分公司

【概况】 中国石油天然气股份有限公司四川销售分公司（简称四川销售）1952年9月成立，前身是四川省石油总公司，1998年成建制上划集团公司。主要从事成品油批发和零售业务，以及便利店、润滑油、天然气、广告和化工产品等非油销售业务，是四川成品油供应的主渠道。2021年底，设机关处室10个、专业公司3家、二级公司22家、全口径股权企业94家；加油（气）站总数1984座，其中运营1900座；在用油库21座、安全油库库容74.56万立方米。2021年四川销售主要经营指标见表3-21。

【油气销售业务】 2021年，四川销售超前研判，精准把握市场规律和走势，抢抓新冠肺炎疫情缓解需求恢复机遇，高质量稳住千万吨。全年油气销售总量1099.83万吨，其中汽油、柴油总量1082.1万吨、同比增长10.5%。加快数字化转型、智能化发展，"中油优途"平台会员1019万人，"中油直批"APP实现直批业务全线上营销，优途直播收入突破1500万元，初步培养一支110人直播团队。强化能源安全供应，油库吞吐量连续3年突破2000万吨。筑牢共生共荣的互联网营销理念，发挥品牌优势，引入2.6亿异业促销资源，以消费返利、积分兑换、价值变现等方式回馈客户，增强客户服务能力，助推汽油纯枪价格到位率99.5%。

表 3–21　四川销售主要经营指标

指　标	2021 年	2020 年
成品油销量（万吨）	1082.3	1000.3
汽油销量（万吨）	576.1	512
柴油销量（万吨）	506.0	488.3
润滑油销量（万吨）	0.10	1.54
加油（气）站总数（座）	1984	1888
在用油库（座）	21	22
油库库容（万立方米）	74.56	80.83
纯枪销量（万吨）	632.6	610.0
非油业务收入（亿元）	17.3	18.36
非油业务利润（亿元）	1.61	1.39
吨油费用（元）	308.35	335.68
资产总额（亿元）	192.52	195.60
收入（亿元）	782.67	607.08
利润（亿元）	8.63	10.50
税费（亿元）	7.93	8.04

【投资建设】　2021 年，四川销售把市场占有作为企业生命线，聚焦战略市场、高效网点，坚定实施"双百"工程，新开发加油（气）站 106 座、新增零售能力 42 万吨，油气网点总数 2270 座、份额占比 43%。新建加油（气）站 130 座、新投运加油（气）站 105 座、年新增油气当量 7.9 万吨，运营加油（气）站总数 1984 座。新能源项目建设迈出实质性步伐，四川销售首座加氢站——古城加油加氢站按期建成；光伏发电、充换电 5 个项目试点推进，氢、电业务实现零突破。

【质量计量安全环保】　2021 年，四川销售坚持把员工群众生命安全和身心健康放在首位，抓实抓细常态化新冠肺炎疫情防控措施，及时组织潜在风险区域全员核酸检测，为员工配发防疫汤剂，守住"双零"底线；深化与华西医院战略合作，改善员工体检、医疗条件，协助员工"急重病"诊疗救助 116 人次。坚定践行安全发展、绿色发展理念，通过中央环保督察和集团公司环保督查。聚焦重点领域、关键环节，抓实抓牢常规和非常规两项作业，平稳度过全国两会、建党百年等特殊时段,成功应对汛期灾害、泸县地震,有效保障员工群众生命安全和库站稳定,四川销售连续7年获"集团公司安全生产先进企业"称号。

【改革创新】 2021年,四川销售加快体制改革,推进机关管理和服务职能双加强,整合运维、维稳等服务保障功能,设立综合服务中心;优化二级公司"三部一室"机构职能调整,依法合规推动现代化企业建设,两级机关减少机构30%。制定"五企"建设发展格局,将建设健康企业、法治企业、智慧企业、幸福企业和百年企业作为落实习近平总书记一系列重大治国理政思想重点来抓。制订人才强企方案,开展干部队伍建设专题调研、二级公司班子届中履职考核和团委换届选举,一批优秀人才脱颖而出。

【地企合作】 2021年,四川销售坚持把营造良好营商环境作为发展大计来抓,深化与绵阳、甘孜、遂宁、成都东部新区等地方党委沟通洽谈,统筹推进网点建设、"石油+旅游"、新能源发展等工作;与达州市委市政府签订战略合作协议,共同打造具有引领性的地方综合性能源合资企业;与四川省公安厅交警总队签订战略合作协议,在规范道路运输、打击"三黑一票"等领域深化合作,开创石油企业与交警部门在省级层面达成战略合作之先河;与四川省质量监督管理局直属事业单位省特检院签订合作协议,提高新能源项目验收及证照办理效率。狠抓战略联盟,与蜀道、能投、港投等大企业就加油站建设、新能源等领域达成合作意向;与五粮液、泸州老窖等大集团共建"川酒出川"通道;与西南水泥在渠道拓展、专属保供、数字化服务等方面达成合作共识;与四川省烟草专卖局交流,获打造数字门店、增加烟草配额支持;与西南油气田、川庆钻探等企业在油品销售、非油团购等领域深度合作,实现非油业务收入1.1亿元,打造上下游企业合作典范。

【企业党建工作】 2021年,四川销售突出政治理论学习,坚持"第一议题"制度,学思践悟习近平总书记在中央民族工作、纪念辛亥革命110周年等会议上的重要讲话精神,领会习近平总书记视察胜利油田时做出"能源的饭碗必须端在自己手里"的思想。强化党史学习教育,精心组织建党100周年庆祝活动,学习党的十九届五中、六中全会精神。制定加强股权企业党建工作、三方用工党员管理等制度,编撰《基层党建实用手册》,推进"区域党建联盟",发挥各级党组织战斗堡垒作用和党员先锋模范作用。突出共建共享,解决三州、高寒地区23座加油站员工取暖、用水问题,完成76座加油站厕所整改,向社会全面免费开放加油站卫生间、休息室等服务设施,办好惠民实事。职工文化活动繁荣发展,获首届全国职工微电影节暨第四届"能源中国"微电影节优秀组织奖、四川省第七届职工微影视大赛优秀组织奖等荣誉。

中国石油天然气股份有限公司贵州销售分公司

【概况】 中国石油天然气股份有限公司贵州销售分公司（简称贵州销售）2001年4月成立，负责中国石油在贵州省的成品油销售、市场开发等工作。2021年底，有9个部门、2个直属单位、9个分公司，员工2239人；油库3座，总库容15.4万立方米；加油站342座（控股7座、参股19座、租赁13座、特许8座），加油站服务网点遍及全省高速公路、国道、省道和中心城市、重点集镇。

2021年，销售油品210万吨，其中自营销售180万吨；非油业务收入4.02亿元，非油业务毛利8200万元；实现利润0.7亿元，超额完成提质增效利润指标；开发加油站9座，投运16座；一般A级及以上安全环保事故为零；各项工作取得新成绩，实现"十四五"良好开局，"双一流"企业建设平稳起步（表3-22）。

表3-22 贵州销售主要经营指标

指　标	2021年	2020年
成品油销量（万吨）	210	216.32
汽油销量（万吨）	117	115.86
柴油销量（万吨）	93	100.46
润滑油销量（万吨）	0.10	0.17
加油站总数（座）	342	334
油库数量（座）	3	3
油库库容（万立方米）	15.4	15.4
纯枪销量（万吨）	103.6	125.03
非油业务收入（亿元）	4.02	3.45
非油业务利润（亿元）	0.82	0.47
吨油费用（元）	337	307
资产总额（亿元）	51.48	50.57
收入（亿元）	146.47	125.1
利润（亿元）	0.7	0.38
税费（亿元）	0.72	1.17

【油品销售】 2021年，贵州销售以高质量发展为主题，坚持稳中求进工作总基调，突出零售核心，创新非油业务，打好市场进攻战，主营业务实现量效双增。强化零售核心，着力提升纯枪质量。以客户需求为导向，坚持"油卡非润"一体化，统筹客群差异、季节性消费规律，细化差异化营销，汽油销量同比增长3.1%，油非转化率从14%提高到22%。借助银行、电信等企业优势，引入异业资源3000万元。统筹线上线下并重，加强集团单位客户开发，新增、召回零售客户3700家；完善加油站服务功能，新投用洗车功能站45座、尿素功能加注机18台；加大甲醇销售，带动甲醇站汽油纯枪日均增长8%、非油日均收入增长10%，甲醇销量增加4.2万吨。拓展直批业务，紧盯油价变化趋势和竞争对手策略，建立"三分钟"答复市场快速响应机制，"一地一策""一客一策"应对低价资源冲击，自营直批同比增长37.3%，直批相对市场份额达42.3%，较同期提高5.8个百分点，直批量效均创历史最好水平。配合政府开展成品油市场专项整治，打击取缔"黑窝点"69个，查处违法犯罪嫌疑人24人，柴油零售日增100余吨，营造良好市场环境。

【非油业务】 2021年，贵州销售开拓进取，全力发展非油业务。以推广昆仑好客运营体系为抓手，加大"低毛利、低动销、低周转、高库存"商品淘汰，平均毛利率在35%以上，同比增长10个百分点。加大自有商品开发运营力度，习缘酒销售收入突破1亿元，同比增长40%。创新商业模式，与TCL、华为等企业开展非油跨界合作，扩展电器、汽车服务、餐饮、化肥等市场。依托企业资源优势，拓宽76座合资合作站、社会加油站非油销售渠道。探索数字化转型，运用非油商城、中油好客e站等内购平台和天猫等网上商城，打造线上营销渠道，促进加油卡客户、中国石油员工和公域渠道3个市场流量变现，推动智能化销售、数字化转型，非油销售大幅增长。

【加油站管理】 2021年，贵州销售深化精细管理，夯实加油站基础管理。狠抓零售损耗专项治理，汽油零售损耗率2.43‰，柴油零售损耗率-0.96‰。严格管控加油站停业行为，加油站营业天数同比增长3.8%。优化合并重复、无效表卡册12个，减轻基层员工负担。拓展加油站功能，在53座加油站增设洗车设施，带动汽油纯枪销量日均增长8%。开展全流程诊断与优化，"小改大"加油站11座，油品、非油品销量增长明显。开展基础管理大检查，加强日常视频稽查，狠抓"956100"客户投诉管理、神秘顾客访问、检查稽查应用和考核，基础管理水平稳步提升。完善加油卡管理制度，细化代管卡措施，清理发卡网点及UK权限，撤销不规范有风险发卡网点63个，清理权限31个，将风险降到最低。围绕"加油站网点日常操作9项重要节点、市州公司日常监管8项重要节点",建立加油卡业务自查违规问题治理周报制度,做到"周查、周报、周清"。加强加油卡使用线上、线下监测检查,实时监督异常消费情况,严查套惠、套票行为,有效遏制加油卡"微腐败"行为。

【资源运行】 2021年,贵州销售成立省市两级市场营销核心小组,紧盯油价和市场变化,细化总结区域性和季节性需求特点,优化资源配置结构,资源调入与油价走势同向运行18次,配置资源兑现率100%。健全库存经营创效机制,加强库存预警管理,统筹市场供需、价格研判、资源组织和涨降库节奏,保证库存维持在合理区间,自有油库周转166万吨,运作资源创效明显。优化资源串换,紧盯政策导向,合理把控资源串换规模,互供油品吨油运费下降17元,运距减少24千米,优化物流降费1500余万元。

【投资建设】 2021年,贵州销售统筹协调投资策略和业务发展,营销网络布局持续完善。坚持"事前算赢",建立省市"两级评审、三级管理"投资评审决策机制,理性参与竞拍,控制开发成本,紧跟经营战略、营销需求和城市群发展,以自主新建为主,合资合作为辅,由单纯抢滩布点向优化网络布局和结构转变,资产型加油站占87.9%,一类、二类加油站占52.1%,处于区外公司较高水平。加强竞合协作,推进合资项目落地,借助合作方资源优势,新投运合资加油站5座。推进与黄果树能源合资合作,新成立合资公司1家。与遵义三力石化合资合作步伐加快。探索低成本网络发展模式,研判市场,本着"不为我有、但为我用",深度调研,审慎决策油库项目,推进合作发展。

【深化改革创新】 2021年,贵州销售全面推进改革三年行动计划,推动53项重点任务落地,完成率86.79%,提前完成上级下达进度目标。全面推行任期制和契约化管理,通过层层授权管理,与9个地市公司班子成员签订"军令状",领导干部激励约束机制进一步完善,新型经营责任机制覆盖各级领导人员,经营责任和压力有效传递,企业各治理主体责任协调运转。优化组织机构设置,推进"大部制"改革,省公司机关和分公司机关机构设置全部到位,配套机制建立完善,初步实现在大部制框架下的有效运行。创新业务运营模式,试点推进业务外包,减少直接用工140人,员工控制率99%,全员劳动效率持续保持高位。

【疫情防控与安全环保】 2021年,贵州销售统筹推进新冠肺炎疫情防控和安全环保,发展保障基础不断夯实。狠抓常态化疫情防控,严格落实集团公司和各级党委、政府疫情防控措施,做到责任不缺位、程序不越位、措施不错位,加强联防联控、疫苗接种、人物同防、出行管控、物资保障,守住零疫情、零感染底线，保障员工生命安全、身体健康。狠抓常态化安全环保工作。学习贯彻新《中华人民共和国安全生产法》，按照"提高基层库站风险防控和应急处置两种能力，落实两级机关教育培训、合规管理和监督检查三项安全环保职责，防范施工安全、外部输入性、库站油品接卸及新业务领域四类风险，实现一般A级及以上生产安全环保和数质量责任事故为零目标"的要求，完善HSE管理制度，加大安全环保考核问责力度，开展油气突出问题专项治理，推进油气储存安全风险评估，加强库站收发、接卸等关键环节过程管控，QHSE体系运行水平达到销售分公司优秀级A2档。

【提质增效】 2021年，贵州销售打造提质增效"升级版"，完成提质增效目标任务。树立"过紧日子"思想和"一切成本皆可降"理念，贯彻落实"四精"要求，开展"转观念、勇担当、高质量、创一流"主题教育活动，明确"两利四率"、发展质量、成本费用、销售、安全环保5个方面具体目标，挂图推进提质增效37项举措落地。立足市场实际，用足用好上级政策，抢抓窗口机遇期，加强股权分红管理，优化资源物流运作，开展损耗专项治理，管控纯枪营销支出，优化工程设计施工，改进上门收款方式，引入"阿米巴"经营模式等，正向运作资源创效3900万元，非油核心品类增效850万元，股权投资收益1000余万元，纯枪吨油营销支出同比下降400万元。提质增效2.3亿元，取得较好的经济效益。

【合规管理】 2021年，贵州销售统筹加强合规经营和基础管理，增强风险防控能力加强合同和法律事务管理，将合规管理纳入业绩考核，把法律论证嵌入管理流程，开展印章、证照、招投标、商标授权等专项治理，加大法律审查、现场监督、视频监控力度，开展案件"会诊"、案例分析，加快纠纷案件办理，挽回经济损失1434万元，避免经济损失1066万元，维护合法权益。加强基础管理，开展基础管理大检查和加油卡违规问题专项治理，撤并发卡网点63个，查处加油卡舞弊行为77人，优化合并库站账表卡册，强化"956100"客户投诉管理、神秘顾客访问、检查稽查考核应用，促进基础管理加强，基层负担减轻，基层"微腐败"得到遏制。加强损耗治理，健全损耗分析评价指标体系，狠抓油品损耗专项治理，应用自动化、信息化手段，围绕油品在途、配送、库存、收发等关键环节，强化分环节管理、全过程管控，损耗降费1800余万元，其中公路运输损耗下降40%，损耗治理取得阶段性成效。

【干部管理】 2021年，贵州销售充分运用考核杠杆，加强干部考核。根据干部全年业绩完成度，思想表现，工作状态及群众满意度评价等情况，完成66名中层以上干部的2020年度考核综合评价工作。制定《中国石油贵州销售公司中层领导人员选拔任用工作规范》，选拔使用一批综合表现突出的分公司部门主任和公司机关部门主管担任公司二级副职领导岗位，按照后备领导干部推荐程序，向上级推荐3名年轻干部，1名年轻干部提拔至一级副职岗位。狠抓优秀年轻干部摸底和推荐，完成35名优秀年轻干部推荐。制定《中国石油贵州销售公司所属分公司领导人员任期制管理实施细则》，明确任期与契约管理的组织机构、任期考核、结果应用、干部退出、管理监督等具体内容，与39名地市分公司班子成员层层签订为期3年的任期协议书和年度经营目标责任书。

【绩效管理】 2021年，贵州销售健全差异化的绩效考核体系，突出量效平衡，推动人工成本、工资总额与利润总额保持同向联动，发挥薪酬激励导向作用。结合战略定位和经营环境，调整销量、非油和效益考核权重，坚持以利润为核心，实施差异化考核，激励地市公司扩销增效，提高市场份额。推进全员绩效考核，科学评价不同岗位员工的贡献，合理拉开收入分配差距，做到收入能增能减和奖惩分明，调动广大员工积极性。完善中层干部经营发展重点控制指标考核结果应用实施细则、中层干部业绩考核办法，优化中层干部及关键岗位激励机制。完善加油站考核分配指导意见和加油站经理年薪制管理办法，推行加油站经理年薪制，完善加油站量效挂钩机制，将经营成果与加油站经理个人薪酬紧密挂钩。依托加油站单站模拟核算系统，以市场为导向，优化加油站分配机制，将加油站由成本单元调整为利润单元，引导加油站员工算成本账、效益账，实现量效并举。

【企业党建工作】 2021年，贵州销售坚持"第一议题"制度，学习习近平总书记重要指示批示和重要讲话精神。开展党史学习教育，两级中心组集中学习研讨80次，开展调研100余人次，讲党课60多场次，办实事300余件，推动党史学习教育走深走实。广泛开展庆祝建党100周年系列活动，表彰优秀共产党员、优秀党务工作者、先进基层党组织。完成党委、纪委按期换届，选举产生新一届党委、纪委班子。强化主体责任落实，完善党委工作规则和主体责任清单，严格落实"三重一大"决策制度，促进党的领导作用发挥更加组织化、制度化、具体化。强化基层党建"三基本"建设与"三基"工作有机融合，建立6项融合长效机制和两项考核评价机制，确保基层党组织政治优势组织优势与企业发展优势的有效融合。开展达标晋级、创先争优等党建主题活动，推行党建目标考核责任制和书记述职测评制度，把提质增效作为党建与生产经营融合的具体实践，提升党组织引领力，获股份公司劳动竞赛10面流动红旗，获集团公司销售企业技能竞赛5项大奖，观山湖区加油站联合党支部被集团公司党组授予"百面红旗党支部"。以集团党组巡视反馈问题整改为抓手，做深做实巡视整改监督，整改完成率91%，完善规章制度18项。对黔西南、六盘水等5个分公司开展内部巡察，发现并推动解决问题143项；紧盯重要节点，抓实节前教育提醒，做实节中监督检查和节后督导整改，严防"四风"问题反弹；常态化抓好新冠肺炎疫情防控、提质增效监督，开展权力设租寻租、领导人员及其亲属利用中国石油平台经商办企业等专项整治，干部员工的廉洁自律意识和拒腐防变能力增强。开展"六必讲、六必谈、六必访"的"三六"工作法，员工队伍保持稳定。落实意识形态工作责任制，加强舆情管控，无重大舆情危机事件发生。实施青字号品牌工程，促进青年员工成长成才。开展典型选树、劳动竞赛和小型多样的文体活动，发挥工会桥梁纽带作用。

【主题教育活动】 2021年，贵州销售组织开展"转观念、勇担当、高质量、创一流"主题教育活动，明确以"解决五大问题"为突破口，以"学习宣讲、座谈研讨、责任落实、劳动竞赛和成果转化"5项行动为抓手，相继开展"提质增效当先锋、党员先行做表率"宣传提升行动和"石油工人心向党、建功奋进新征程"岗位讲述活动，评选20名"服务明星"、30名"岗位能手"，点燃员工投身岗位实践的激情。各级党组织采取集中学、周例会、库站班组会等，组织各类宣讲97次，覆盖员工2400余人。围绕损耗专项治理、纯枪非油"四个硬增长"等5大问题，开展专题研讨47次，组织基层调研200余次，形成提质增效专项成果37项。领导班子成员牵头分7个组对10个分公司挂点联系指导，把提质增效任务指标分解细化到站到人、到月到日。征集涵盖各业务领域的意见建议212余条，形成整改提升措施42项，总结提炼创新创效成果28项，主题教育活动走深走实，为巩固和扩大行动战果、完成经营目标任务打下坚实基础。

【社会责任】 2021年，贵州销售按照集团公司和贵州省委、省政府关于乡村振兴的相关要求，推动脱贫攻坚任务和乡村振兴工作有效衔接，履行社会责任，彰显央企责任担当。推进产业帮扶，投入1000万元援建习水花椒种植配套烘房226套烘烤设备和225个生产机组加工项目，投入800万元支持田坝村梧桐山高端民宿乡村文旅产业路、农业稻田升级、杨梅基地配套建设。加强消费帮扶，指派帮扶工作队，深入帮扶点进行调研，走访30多个村寨，行程近300千米，500余户村民，采购大米、菜油、面条、蜂蜜、麻羊等30个农副产品，投入采购资金105万元，帮助习水11家集体经济农民专业合作社或龙头企业的产品销售，现实5个乡镇400多家农户平均增收近1000元、带动群众就业54人。落实开展集团公司"旭航助学"活动，帮助363名学子完成学业，发放助学金91.5万元。高考期间，工会、团委联合开展"旭航助学"，在黔东南州天柱县和六盘水市成立高考应急车队，招募驾驶员10人，组建高考服务站，招募志愿者30余人，协助当地交警进行人员交通疏导、指引，并向考生家长及过往行人发出"护航高考"倡议书，在考点外高考服务站设立爱心伞棚，帮助高考学子800余人，服务当地群众2000余人次。按照贵州省委组织部、贵州省国资委的具体要求，与息烽县猫洞村开展结对帮扶，推进"红色美丽乡村"建设工作。党委专门安排党委委员、纪委书记挂帅、党委宣传部、工会联合参与，组成结对帮扶攻坚小组，明确工作职责，时间节点和任务目标，4次深入猫洞村，对当地"红色美丽乡村"的建设进行调研，帮助猫洞村做好市场分析，选准主导产业，谋划发展思路。12月，划拨10万元专项帮扶款，协助建立红色产业手工艺制品厂，助力发展猫洞村民族工艺文创产品，帮助当地村民就业及技能培训，提高群众收入，有效拉动当地经济发展。

（杨珊珊）

中国石油天然气股份有限公司西藏销售分公司

【概况】 中国石油天然气股份有限公司西藏销售分公司（简称西藏销售）1962年1月27日成立，前身为西藏自治区石油公司，1998年11月上划至中国石油天然气股份有限公司。主要从事西藏地区成品油及石油液化气、润滑油的批发、零售、运输、储存及非油业务经营等业务。

2021年，西藏销售下辖9个部室、8个二级公司和10个合资公司。在册人员总数1233，其中藏族及其他少数民族员工占比67%。运营加油站183座，其中61座海拔在4000米以上。2021年西藏销售主要经营指标见表3–23。

【油气销售业务】 2021年，西藏销售强化批零一体化运行、油非气润一体化管理。优化资源运作。有效应对725油库停业改造，协调租赁中国石化、980油库，铁路进藏资源同比增加10.92万吨，节约运费3565万元。开通滇藏线优化昌都地区配送，吨油运费同比减少31.2元。纯枪销售量效齐升。建立加油站"红黄蓝"体系，纯枪销售同比增幅、纯枪汽油增幅、人均纯枪量、吨油营销支出、价格到位率5项指标排名销售分公司第一。选取10座旅游沿线加油站增设游客服务中心；完善现场管理周通报制度和视频巡检曝光制度；客户服务质量排名提升至销售分公司第14名。发卡量12.5万张，活跃客户平均消费量、沉淀资金增长排名销售分公司前列。直批销售量效并重。开发川藏铁路、江达水电、边防公路等重点项目，取得80%供油权。争取集团公司政策，低凝点柴油按照0号柴油调拨价结算，每吨节约成本1200元。加强客存油管理，长期客存全部清零。开展市场整治。协助查处非法存储及销售窝点9处、商标侵权11起、伪造公章2起、质量不合格油站2座、缴获非法油品44.5吨。推动军民融合。签署《中印边境全境军民融合式油料供应协议》。

表3—23　西藏销售主要经营指标

指标	2021年	2020年
成品油销量（万吨）	125.68	129.93
汽油销量（万吨）	51.1	44.67
柴油销量（万吨）	66.3	75.62
加油站总数（座）	183	173
油库数量（座）	8	8
油库库容（万立方米）	17.03	17.03
纯枪销量（万吨）	82.81	81.37
非油业务收入（亿元）	2.2	2.15
非油业务利润（亿元）	0.77	0.71
吨油费用（元）	708	747
资产总额（亿元）	74.25	85
收入（亿元）	98.2	83.9
利润（亿元）	0.77	2.23
税费（亿元）	1.47	1.26

【非油业务】　2021年，西藏销售强化非油主业定位，实现非油业务收入2.2亿元，按可比口径分别同比增长33.4%。强化便利店打造。新增100万元以上店18个，200万元以上店5个。实施便利店优化提升工程，打造样板站8座，优

化站点28座。加大地市公司自采授权，7家地市公司引进水果、面包、特色商品等供应商16家。提升单品盈利能力，引进各省特色商品103个，品效提升139元/日。突出习缘酒、啤酒业务拓展，酒类首次年收入超1000万元。提升配送时效，全区缺货率降低27个百分点。开展线上营销。获评股份公司销售分公司直播比赛先进单位，搭建线上商城，初步形成内购一体化的分销系统。强化专业培训。选派20名骨干到广西、贵州、云南等公司学习交流，交流油站非油收入平均同比增长超过50%。油非转换率同比提高5个百分点，超全国平均1个百分点。培育格桑泉自有品牌。领导班子定向联系各省公司，格桑泉销售突破5万吨、同比增长45.8%，实现销售收入8636万元、增长36.7%。

【加油站管理】 2021年，西藏销售强化加油站现场管理。完善现场管理周通报制度和视频巡检曝光制度，每日视频巡查站点20个以上，对能及时整改的问题通过对讲系统要求加油站立即整改，对不能及时整改的问题截图留证，督促加油站限时整改。加强客服服务质量管理，针对客服服务质量靠后的情况主动分析原因，查找问题。强化油站核心竞争力建设。建立加油站"红黄蓝"体系，实行分颜色挂图作战，开展重点竞争，避免无效竞争。开展一次进站加油模式，利用移动支付APP、移动POS收银功能、加油机卡机联动功能、现场挎包收银等方式，减少顾客进店次数，实现客户一次进店。开展油站全流程诊断，重点针对人机不匹配、高峰低谷人员排班不合理、进出口狭窄、划线标识不清晰、夜间灯光不足等情况进行重新梳理和微改造，减少油站高峰期车辆拥堵和车辆排队现象的发生，提升现场加油效率，增强单站作战能力。

【油库管理】 2021年，西藏销售加强油库管理，筑牢安全环保防线。以风险管控为核心，细化工作措施，强化监督检查，严格考核问责，做实、做细安全环保工作，筑牢质量健康安全环保红线底线。强化安全教育培训，提高安全管理水平。组织开展新《安全生产法》、QHSE体系、事故事件案例分析、职业健康、操作规程、消防安全、应急管理等培训50余次，完成39名计量员取证、11名化验员化验证复审工作及300余名油罐车驾驶员取证工作。强化隐患整改力度，确保安全风险受控。国务院安全委员会办公室消防安全考核、各地应急管理局重大危险源交叉检查、油气库安全风险评估、销售分公司体系审核、西藏销售体系审核、安全检查等各类检查150余次，发现问题911项，已整改821项，整改完成率90.12%。夯实油品数质量管理。检定质量流量计16台、体积流量计17台，为数质量管控奠定坚实基础。全区油库综合损耗423吨，综合损耗率0.18‰，同比下降49.6%。

【投资建设】 2021年，西藏销售理顺投资管理体制机制，拓展零售黄金终端。

网点储备获新突破。与西藏自治区政府签署《国资央企助力西藏高质量发展项目合作协议》，"十四五"期间计划启动或实施项目43项，规划投资约7.5亿元。开发模式更加多元化。与幸投集团成立合资公司，借助其政府授权经营背景、土地资源、协调能力等优势加大新建项目开发力度。新能源项目稳步推进。试点功德林、贡嘎机场、珠峰北、和平机场站4个光伏项目。拉萨中和站试点充电桩项目，拉萨机场高速站成功试点加油机器人暨智能识别提枪技术。投资计划管理更加规范。完成投资3.04亿元，整体投资完成率提升5个百分点。清理历史遗留问题，完成项目决算转资161个，转资4.37亿元。

【资源运行】 2021年，西藏销售迎难而上，经营管理有措施，交出敢于担当的资源保供答卷。全区油库实现吞吐量241.22万吨，完成全年任务220万吨的109.6%。强化资源对接，保障油品供应。针对725油库停业改造的影响，提前谋划，制订油品资源保供方案，采取铁路为主、公路补充的方式保障油品供应，完成租赁中国石化、980油库部分油罐满足保供需求。强化业务监督，提升管控能力。严格对账机制，每月及时与业务营运中心、财务处核对上月资源采购数、入库数、在途数、财务开票数；与拉萨西站、财务处核对月底返空费余额，做好签认，确保账账相符。定期开展业务稽查及实地盘点工作，掌握油库业务运行中存在的问题并加以解决，实地盘点掌握油库的账实情况。对全区8座油库业务稽查18次，发现问题96项，已整改96项，整改率100%，对8座油库进行实地盘点，实现实盘全覆盖。深化系统应用，强化运维队伍管理。协调运维人员解决油库工控系统故障79项，其中协调解决监控问题20项、自动化系统5项、网络服务器15项、自筹统建25个、网络专线故障14个。完成铁路库付油系统改造，避免原有重复刷单的风险，降低系统故障发生率，保障油库自动化设施正常运行。

【企业党建工作】 2021年，西藏销售坚持以习近平新时代中国特色社会主义思想武装头脑、指导实践、推动工作。提升政治建设引领。落实"第一议题"制度，学习贯彻习近平总书记重要讲话、对中国石油重要指示批示精神、党的十九届六中全会精神。召开西藏销售第三次党代会，完成党史学习教育专题民主生活会，34个支部全覆盖召开专题组织生活会，党员100%受教育。深化党史学习教育。编发《实施方案》和运行大表，明确8项工作、35条措施，发放教材713套。邀请专家辅导9场，基层宣讲28场，两级中心组学习132期，专题研讨23次，读书班19期，梳理办实事清单167项，落实158项，党员100%受教育。联合党建汇聚合力。创建标准化党支部10个。被西藏自治区党委组织部授予"党建指导员单位"，对4家民营和5家自治区管理国有企业指导帮建。

与中国电信、农行、邮政等相继成立"驻藏央企联合党支部"11个。推动跨界异业合作，增销油品4500余吨，非油销售500余万元。夯实安全维稳。确保建党100周年、西藏解放70周年等重要节点安全稳定，受到集团公司嘉勉电报。维护民族团结。开展"四讲四爱""我和我的祖国"等教育活动，信仰宗教排查整治、意识形态管控全覆盖，继续保持团结稳定全员"零事件"，获"西藏自治区民族团结进步先进集体"称号。履行社会责任。投入橇装加油设施50余座，解决偏远乡镇农牧民群众用油难问题。完成前线军队保供任务，为"5·22"青海、云南地震，河南水灾捐赠40万元格桑泉。创建司机之家、环卫之家、爱心驿站13座。助力乡村振兴。在所属驻村点提前一年全面脱贫基础上，继续在15个乡村振兴点开展工作。西藏自治区170余座油站设立扶贫专柜，37项西藏特产纳入集团公司消费扶贫产品目录。"幸福水·格桑泉"销售超8000万元，同比增长89.5%。

【队伍建设】 2021年，西藏销售深化制度改革，加强领导班子和干部队伍建设，健全完善"生聚理用"机制。深化队伍机构。打造经营管理、技能操作、油站经理、市场营销4支队伍，完成"9+2"大部制改革，精简机构2个。打通晋升渠道。在全区范围内组织实施二级公司总经理助理岗位内部推选，4名年轻三级正职干部予以提拔；12名年轻同志通过竞争上岗和内部推选走上三级正副职岗位，平均年龄29岁；干部队伍结构调整优化、干部成长通道更加广阔。强化培训教育。利用"中油e学"平台，推进"党的十九届五中、六中全会精神"和"党史百年"网络专题培训班，二级副职以上领导干部培训覆盖率100%；从基层选拔2名站经理、2名中层领导干部，参加集团公司中青年干部培训班；21名党员领导干部参加"学党史，践行两路精神"专题培训班；34名党员干部到井冈山开展党史学习教育现场培训。干部队伍政治信仰得到巩固，理论素养、管理水平、业务能力得到提升。

【强基惠民活动】 2021年，西藏销售重点解决基层员工"急难愁盼"的问题。筹集资金1000余万元，投入近700万元集中解决那曲办公楼与周转房供暖、那曲聂荣加油站周转房维修、阿里狮泉河油库水管网改造等9项民生工程。投入246万元，优先在条件艰苦的阿里和那曲公司建设健康小屋、微压氧舱。投入50万元，解决60余座高海拔油站员工冬季安全饮水难题。开展暖人心、聚人心的工作。帮助118户困难户脱贫摘帽，获2021年全国城市困难员工解困脱困重要贡献集体奖。加强与美年大健康、宝石花医疗合作，开通员工内地就医绿色通道。落实120余万元节日慰问和困难职工帮扶金。慰问生病入院职工88名，帮扶金34.6万元。开展"你的心愿、我来实现"活动，实现200名干部员工心愿认领。投入20余万元，安装雾化系统，丰富花卉绿植，营造良好工作生活环境。投入100余万元，为高海拔偏远库站员工配给新鲜水果。推进历史遗留问题解决。雪域花园问题取得突破性进展，政府将雪域花园纳入拉萨市80个自建小区遗留问题解决范围。

【加油机器人（试验）暨智能识别提枪技术启动仪式在拉萨举行】 2021年12月29日下午，西藏销售加油机器人（试验）暨智能识别提枪技术启动仪式在海拔3650米的拉萨机场高速加油站举行，伴随着国内首台室外防爆加油机器人落户雪域高原，标志着加油机器人（试验）暨智能识别提枪技术引领国内加油站销售服务科技创新再上新高度。

智能识别提枪技术通过加油站专项设计，增加提枪识别、身份认证等特殊结构，具备保护功能。在准确识别异常拔枪时，加油枪立刻停止出油，杜绝加油过程中油枪脱离油箱口喷油带来的安全问题。通过安全加油控制系统联动，严控加油开停过程油气散发，提升环保能力。在实现"一人多枪"服务的同时，保障人身财产和现场安全。

（次仁曲珍）

中国石油天然气股份有限公司 江苏销售分公司

【概况】 中国石油天然气股份有限公司江苏销售分公司（简称江苏销售）2003年9月成立，前身系中油销售江苏有限公司成品油分公司。2008年12月，由中国石油华东销售公司管理上划集团公司直管。2009年9月，中国石油上海销售苏州分公司划入江苏销售，标志着江苏销售在江苏地区成品油销售业务实现统一管理。2021年底，设9个职能部门，2个附属机构（非油分公司即非油品经营部、储运分公司即仓储调运部），下辖13个地市分公司，48家股权企业（其中并表企业42家）。员工总数4100人，其中合同化员工76人，市场化用工4024人。党委下属基层党委13个，党总支5个，党支部96个，党员1157人。有加油站771座，油库13座，库容59.3万立方米。资产总额100.98亿元。

2021年，江苏销售坚持以客户为中心，突出市场导向，把握销售规律，连接各方资源，打造合作共同体，继续为客户创造价值，全力打好市场攻坚战，切实提升市场竞争力、品牌影响力和可持续发展能力。实现油品销售388.19万吨，同比增长12%；其中，纯枪销售266.77万吨，直批销售79.7万吨；实现非油业务收入9.08亿元。开发立项加油站14座，投运加油站10座。作为唯一销售企业在集团公司工作会议上作主题为《以客户为中心，做强销售终端，打造可持续盈利能力的销售企业》经验交流发言，取得良好效果。2021年江苏销售主要经营指标见表3-24。

表3-24 江苏销售主要经营指标

指　标	2021年	2020年
成品油销量（万吨）	388.19	346.50
汽油销量（万吨）	238.57	225.56
柴油销量（万吨）	149.63	120.94
加油站总数（座）	771	775
油库数量（座）	13	13
油库库容（万立方米）	59.30	56.79
纯枪销量（万吨）	266.77	259.83
非油业务收入（亿元）	9.08	7.93
非油业务利润（亿元）	0.72	0.35
吨油费用（元）	400.96	438.00
资产总额（亿元）	100.98	99.43
收入（亿元）	282.99	216.50
利润（亿元）	1.27	-2.88
税费（亿元）	2.98	3.24

【零售业务】 2021年，江苏销售零售业务主要是围绕"规律""连接""协同"3个关键词开展。挖掘近10年零售数据价值，构建纯枪量价规律模型，摸清不同市场份额区域纯枪量价波动关系，掌握纯枪价格到位率变化与纯枪销量波动规律，精选100座加油站开展营销活动，日均提量197吨；减少价格直降站点122座，减少营销支出1730万元；综合考虑各地市公司运输距离、物流成本等因素，构建区域协同模型，划分高效、中效区域，推动高效区域扩大市场份额、提量增效，中效区域重点开发优质客户、推价保效；高效区域增量3.2

万吨、中效区域增加毛利 2318 万元，吨油物流费用同比下降 18 元。与江苏省公安厅、港运集团、徐工集团等 102 家政府部门及大型企事业单位建立连接，在实现公车用油、员工私家车用油等合作的同时，推动在油站安保、新能源、橇装站等方面的拓展；与电信、移动等 23 家单位合作，通过电子券连接，吸引对方客户到站办卡消费；与平安银行、江苏银行等 8 家银行开展跨界合作，吸纳对方促销资源 1.28 亿元。与油站周边商家合作打造价值小循环，打造城市社区型、省道驿站型、乡镇补给型等五类价值网络加油站 199 座，因地制宜投放基础服务、特色服务、增值服务资源，实现日均提量 252 吨。

【直批业务】 2021 年，江苏销售直批业务围绕精细化营销，实现毛利最大化为主要目标。打破传统经验做法，构建油价预测数字化模型，科学预判油价走势，指导制定不同时期的营销策略，为开发维护客户、把握销售节奏、运作库存资源提供依据，实现直批毛利 8560 万元，同比增长 68%。改变以往客户经理流动卖油的局面，将油库直销触角向前延伸，与加油站形成业务连通，推进"站代库"业务，构建一级直销终端网络。通过梳理单位卡、增值税发票、现场询问等方式，深挖加油站区域市场客户，"站代库"开发客户 393 个，形成销量 3 万吨，实现毛利 292 万元。与中国邮政合作，将其覆盖全省乡村、连接千家万户的"邮乐购"网点纳入业务管理，打造二级直销终端网络，对 3923 个"邮乐购"网点授权代理，实现对周边农林牧渔、物流基建类客户的摸排开发，"邮乐购"开发客户 459 个，形成销量 2.6 万吨，实现毛利 283 万元。在物流园区、港口码头、运输企业开发橇装站 35 座，抢占市场空白区域，实现增量 1.9 万吨。直销终端网络的形成，将业务拓展到市场每个角落，触达众多小微客户，形成新的量效增长点，直批销量同比增长 66.7%。

【非油业务】 2021 年，江苏销售非油业务探索多种发展模式，销售质量得到提升。快速拓展汽车服务洗车网络，新增汽车服务洗车站点 50 座，配建率 30%；通过整合外部资源，推动汽车服务洗车业务从洗车平台向养车平台迭代升级，为客户提供洗车、保险、车检等一揽子服务，实现收入 1727 万元，毛利 436 万元。在 17 座加油站开设品牌店中店，吸引和聚拢客户，盐城新都路加油站肯德基店当年投产当年盈利，并带动纯枪销量同步增长。以基层党支部为主体，组建"网红"直播团队，培养网红员工 126 名，拍摄"油站趣事"原创视频 1193 个，吸引粉丝 16.7 万人；开展直播带货 48 场，实现非油销售 1074 万元，相当于增加 10 个百万元店。

【提质增效】 2021 年，江苏销售坚持低成本发展，严控运营费用，提质增效"升级版"打造效果明显。在营销支出管控上，强化主动算账意识，实施费用切块跟踪管理，推广加油站量价利测算模型，吨油纯枪营销成本控制在545元。在投资成本管控上，理性参与加油站土地拍卖，优化存量站改造和迁建升级方案，深化轻资产合资合作，新投运加油站10座。在物流费用管控上，与中国石化共享资源、共享油库、共享运力，与参股单位共同租库、共摊费用，整体物流效率大幅提升，节省物流费用2988万元。在人工成本管控上，推动机关与基层、苏北与苏南用工协同，有效缓解一线缺员压力；从苏北向苏南派员83人，节约人工成本165万元。在资金运行成本管控上，提高低费率的微信、支付宝收款比例，与顺丰速运合作，收款费用同比下降420万元；增加昆仑银行、中油财务公司等中国石油金融企业承兑汇票开具，减少资金使用成本1138万元。在税收筹划上，推进股权企业降低所得税支出，利用优惠政策争取降税，发生企业所得税1.05亿元，同比减少4744万元。在亏损站治理上，传导治亏压力，"一站一案"制定减亏扭亏措施，实现净扭亏加油站52座，亏损额同比减少2875万元。

【资源组织】 2021年，江苏销售围绕"稳定"和"优化"两条主线，打造高效资源供应链。坚持以稳为先，2月，克服中国石油运输有限公司挂靠单位对淮安等4个地区166座站停止油品配送事件，春运期间临时组织相邻地市车辆跨区配送1214吨，追加配送计划112车次，优化调整配送120车次，组织中国石化及社会客户19辆车配送，解决节日期间南通、盐城地区重要站点的保供；7月，克服南京、扬州地区新冠肺炎疫情运输管控问题，扬州地区配送稳定，无加油站断供现象。持续优化购进，常态化利用中国石化库容5万立方米存储下海资源，确保配置资源兑现率的完成；东北下达配置计划286万吨，配置计划完成率100.3%，超计划0.89万吨；将东北销售地付资源量大幅提高至111.4万吨，同比增加15.51万吨，转移东北销售支付公路运费6807万元；完成海进江计划5.54万吨，转移东北销售支付水路运费492万元。优化物流方案，开展"以站找库"统筹物流优化降费；1月在淮安油库增加92号高清汽油仓储；3月底盐城分公司与运输公司完成南部地区加油站的路线测算，4月开始改由泰州油库配送，新方案完成配送2.79万吨。

【风险防范】 2021年，江苏销售实现重大数质量、资金、党风廉政、信访维稳、新闻保密等事故事件为零的目标，企业经营环境向好。整治油库事故隐患，通过国家应急管理部大型油气储存基地安全风险评估；常态化组织"双盲"实战演练，落实突发事件应急处置激励政策，为分公司成功处置应急事件加分12次，让基层一线更加重视应急管理，妥善应对10月本田车投诉事件。狠抓新冠肺炎疫情防控，贯彻江苏省委省政府、集团公司党组部署，第一时间启动应急机制，统筹安排资源调运、物资供应，打赢南京、扬州等地疫情保卫战，实现零感染、零疫情和复工复产销售上量的"双胜利"，疫情防控志愿者服务获南京广大市民称赞，《南京晨报》等媒体进行专题报道。在合规经营方面，开展合同突出问题专项治理，引入专业律师团队参与法律审核，合同审查审批的质量效率提高；推动以往纠纷案件全部结案清零，案件胜诉率提升，避免经济损失4301万元，收回现金补偿50万元；推动项目审计从外委向自审、联审转变，开展工程结算审计、经济责任审计、专项管理审计等项目500余项，跟踪督促整改问题137项，推动完善制度和管控措施16项，促进增收节支、挽回损失630余万元。

【队伍建设】 2021年，江苏销售在落实人才强企工程等方面持续发力。加强中层队伍建设，年内提拔20名党委管理干部，其中"80后"13名，占比65%；优化所属单位班子结构，调整交流中层领导人员46人次，推进任期制和契约化管理。提升员工综合素质，举办零售管理人员、客户经理、便利店店长等各类专项培训班33期，培训2304人次；56个教练小组开展"师带徒"培养5263次，开展到站指导7162人次，开展集中研讨2288次；412人实现技能等级提升，28人晋升为中级职称，9人参评集团公司副高级职称，1人获集团公司首届实操培训师大赛最佳培训方案设计奖。优化组织机构，完成两级机关大部制改革，机构设置全部到位，实现省公司机关职能部门"9+2"管理模式的调整，规范地市分公司"三部一室"机构设置，撤销2个二级单位、3个机关职能部门、3个附属机构，压减三级机构19个，压缩275个机关管理岗位；149座加油站开展夺标竞争上岗，37名普通员工通过竞聘走上站经理岗位，交流调整63名站经理，基层管理人员"新鲜血液"得到补充。

【企业党建工作】 2021年，江苏销售以政治建设为统领，提升党建质量，深度凝聚发展合力。落实"第一议题"制度，学习贯彻习近平新时代中国特色社会主义思想和习近平总书记对中国石油的重要指示批示精神。开展党史学习教育，通过中心组专题学、党委会跟进学、党员干部带头学、红色基地沉浸学，实现党史学习常态化、全覆盖；推进"我为员工群众办实事"实践活动，用心用情用力办实事、解难题、开新局。坚持大抓基层鲜明导向，推进基层党建与经营贯通融合，公司"支部+网红""5W"工作法（客户是谁、客户在哪里、用什么策略开发客户、为客户创造价值、实现共赢）、对外联建共建等有效做法被集团公司采纳，成为基层党支部建设的标杆。在建党100周年之际，南京城区党支部获集团公司基层党建"百面红旗"称号，作为销售企业唯一代表向全国党建研究会汇报党建工作成果，获"群众声音、带着泥土芬芳"的称赞。加强党风廉政建设和反腐败工作,健全完善责任体系,开展政治巡察,推动巡察成果有效转化;开展基层"微腐败"专项整治,严肃纠治"四风",一体推进"三不腐"机制建设,党风企风持续向好,政治生态持续净化。

【企业文化建设】 2021年,江苏销售以"讲好江苏销售故事"为重点,以庆祝中国共产党成立100周年为主线,聚焦改革发展中心任务。坚持正面宣传,《江苏销售》发行26期,门户网站更新稿件1686余篇,"中油苏声"公众号策划推送"干部员工热议党的十九届六中全会精神""团青风采""高质量发展""公司新闻周报""分公司新闻周报"等专题文稿320篇,其中《江苏销售首季经营创新高》《江苏销售"六升级"严格落实疫情防控保障》等107篇稿件在集团公司网站、股份公司销售分公司网站、《中国石油报》等媒体刊登。举办以"石油工人心向党"为主题的开放日活动,吸引人民日报社、中国新闻社、江苏电视台等众多媒体参与;开展"我与党旗合影,我为党旗添彩"书画、摄影、征文活动,收到征集的作品230余件。推动EAP工作,在加强战略伙伴联系方面,推动苏州地区先行先试,联合凤凰集团新华书店、盐业公司共同开展"心理读书会",提升企业品牌,扩大EAP在战略合作单位的影响力。

(谢小鹏)

中国石油天然气股份有限公司浙江销售分公司

【概况】 中国石油天然气股份有限公司浙江销售分公司(简称浙江销售)1999年1月成立,2008年12月上划股份公司直接管理,主要承担中国石油在浙江地区的成品油批发、零售和非油业务,负责浙江地区销售网络的开发建设和管理工作。2021年底,浙江销售本部职能部门9个,下属11家分销公司和2家专业公司,有员工3437人(合同化员工63人)。

2021年,浙江销售成品油销量304.57万吨,同比增长14.05%,超额完成提质增效目标;其中直批销售104.87万吨,同比增长57.93%,历史首次突破百万吨大关(表3-25)。

表 3–25 浙江销售主要经营指标

指标	2021年	2020年
成品油销量（万吨）	304.57	267.05
汽油销量（万吨）	202.75	184.72
柴油销量（万吨）	101.82	82.33
加油站总数（座）	458	481
油库数量（座）	11	12
油库库容（万立方米）	41	43
纯枪销量（万吨）	199.70	200.64
非油业务收入（亿元）	7.75	6.80
非油业务利润（亿元）	0.84	0.51
吨油费用（元）	493	580
资产总额（亿元）	94.62	97.02
收入（亿元）	225.43	169.33
利润（亿元）	-1.19	-3.99
税费（亿元）	3.25	2.76

【油品业务】 2021年，浙江销售贯彻落实集团公司市场营销工作会议精神，坚持把市场占有作为关键指标，聚焦客户开发、渠道拓展，精研市场提质量，直批相对市场份额21.7%、同比提升5.7个百分点，毛利1.83亿元、同比增长123.9%，实现量效齐增。构建长效机制，推动客户经理选拔走深走实，新聘直批专职客户经理15名，105名专兼职经理人销售油品20.91万吨。加大直销APP推广力度，线上营销成效初显，线上订单比例由年初3%增至68%。以市场为导向、以客户为中心，深化市场、客户、对手、策略研究，实施针对性、差异化营销策略，实现纯枪销量199.7万吨。创新互联网营销，打造会员体系，标签用户1100万以上。深化异业合作，推动跨界引流，引进营销资源1900万元，新增客户110万人，带动交易2.69亿元、销量2.37万吨。与平安银行联合营销实现销量1.6万吨；运营车专项活动新签约客户5万人。专注品牌营销，"10惠"和"线充现送"两大主力活动影响力持续提升。

【非油业务】 2021年，浙江销售围绕"人·车·生活"，强化昆仑好客体系运行，挖掘创造客户需求，实现非油业务收入7.75亿元、非油业务毛利2.15亿元，非油业务毛利全国第五，毛利率全国第二。策划省级活动14期，实现收入

1.77亿元。以非带油，打造西凤酒、泸州老窖等爆款商品，实现收入1975万元，拉动油卡充值3297万元。汽车服务洗车网点增至200座，实现收入2524万元。投运尿素销售网点45座，销售散装尿素2431吨，实现收入454万元。发挥品牌优势，新增军营超市25座。加强外部合作，与中国烟草签署合作协议。杭州时代大道、金华环北"大搜车"门店开业，一站式解决"卖旧车换新车"。启动阿里国际站等项目建设，探索增收创效新途径。持续做强自有商品，新开发舒客牙具、艾伽盾消杀、娃哈哈茶饮料等热门产品，自有商品"更接地气"，适用性、实用性持续提升，实现收入1732万元。优化"我爱销售"，发放奖励721万元，人均增收2004元。探索全员营销，依托员工私域流量实现批发团购4753万元。

【加油站管理】 2021年，浙江销售聚焦新投运站高效达销、高销站精益增量、"双低"站稳步提升、亏损站重点治理、水上站攻坚克难，全面加强加油站管理。浙江全省34座亏损站"摘帽"。完成120座站店面优化，非油业务收入同比增长34%、毛利增长30%。营销活动监测系统有效监测3144次，现场管理能力得到提升。践行"阿米巴"理念，推进转制委托，激发员工内在动力。

【投资建设】 2021年，浙江销售树立"不让历史遗留问题成为历史，不再错过任何一次发展机遇"理念，把网络开发建设作为"生命工程"。坚持严谨投资、精准投资、效益投资，13座新开发站预计新增年可行性研究零售能力7.1万吨。低成本竞得温州龙港新城站用地，有效填补龙港区域网络空白，成功租赁南浔服务区、洲泉服务区、荣吉西路等9座站，落实临平新塘站迁建用地，营销网络稳定性持续提升。加大正向激励，活用开发策略，拓展轻资产网络，开发（含续约）委托管理（特许经营）加油站16座，年销售能力9.6万吨，品牌和技术服务年均创收604万元。揭榜挂帅、分类治理、重点攻坚，38个历史遗留项目取得明显进展，14个项目销项，收回资金1909万元。衢州康达项目实现迁建，湖州吉利等一批项目落实规划用地，临平第一站排除万难原地重建，宁波陈倪、湖州勾里项目"起死回生"。狠抓工程质量和进度，完善考核机制，推广开业条件认定、工程运营交接、开业计划制定、员工招聘培训、安装调试布置、运营情况跟踪"开业六步法"，落实早投运早创效。

【首座光伏发电站】 2021年，浙江销售响应"双碳"要求，推进绿色转型，在利用分布式光伏发电技术上迈出第一步。金华石江站站房和辅房房顶安装78片太阳能光伏发电板，发电30916千瓦·时。

【创新装配式施工】 2021年，浙江销售工程建设探路先行，采取装配式施工模式新建温州桃花岛项目，实际有效工期89天，节约工期110天。

【资源运行】 2021年，浙江销售优化资源运作。科学筹划运输方式和库存结构，实施梯次运输、跨区配送，增加内陆串换比例，巩固温台地区下海一次直达率100%和油库48小时靠泊机制，推动宁波油库主动配送，物流费用同比减少1255万元。稳准把握下半年政策优势和市场机遇，月均销量突破10万吨，1—5月环比增长116%。库存和客存管理持续加强，遵循动态紧平衡原则，账面库存从年初20.12万吨下降到12.85万吨、下降36%。客存保持在月均销量之内，9个月以上客存全部清零。

【质量健康安全环保】 2021年，浙江销售QHSE管理水平由B1良好级升至A2优秀级，连续3年获集团公司"质量健康安全环保节能先进企业"称号。压实安全环保责任，促进全员履职尽责，扣罚安全绩效考核14.39分、员工安全生产记分361.5分，罚款4.1万元。推进"一体化、差异化、精准化"体系审核，开展多批次专业化培训，攻关QHSE管理难题，管理体系良性运转。深化双重预防机制建设，狠抓关键节点风险管控，确保建党100周年等特殊敏感时段安全平稳。加强承包商管理，"零容忍"查处违章行为。全面强化排污许可管理，475座库站全部在规定时间内完成申报，有序推进库站动静密封点排查治理，开展挥发性有机物专项整治，环保合规理念深入人心。节能量10.03吨标准煤，节水量439立方米，完成集团公司考核指标。抓严油品质量全环节管控，抓细非油商品质量全流程管控，抓精服务质量全方位提升，国家和集团公司质量抽检合格率100%。

【企业管理】 2021年，浙江销售稳步提升企业治理效能。改革三年行动、对标提升行动均提前完成集团公司年度目标。立足依法治企、依规办事思维，健全两级公司综合管理体系，"按制度办事"成为行为准则。开展制度建设评价，做好制度"立改废"全生命周期管理。纠纷案件整体受控，5起已结案件均获胜诉。内控管理持续强化，集团公司内控评价连续5年优秀。法人压减任务超额完成。坚持合作共赢理念，求解利益最大公约数，运用法治思维和方式定纷止争；增强派出人员履职尽责意识，推动管理红线落实落地，股权企业管理持续规范、有序。

【数字化转型】 2021年，浙江销售主营业务系统全面进入2.0时代，标准化应用取得新成果。自主创新的预约加油模式在全系统推广。完成协同办公2.0、便利店管理、油站综合管理、施工现场监管等系统开发升级。浙江销售获评集团公司信息化工作先进单位。

【首座智能中央仓投运】 2021年，浙江销售建设系统内第一座智能中央仓，实现高效供应能力输出，库存周转天数同比下降12天。利用"大数据+物联网"

强化中央仓的仓储能力、分拣能力和配送能力，形成服务自身、服务供应商、服务社会的共享供应链；通过软件和规模调度算法及计算引擎驱动，实现上千台智能运动单元精准配合，高速准确完成"货到人"拣选，实现每日配送，并以高速、稳定的满负荷工作能力轻松消化"10惠"活动等重大时间段的海量订单。

【三项制度改革】 2021年，浙江销售推进三项制度改革。修订完善中层领导人员管理规定和考核评价办法，严格干部选任标准和工作程序，树立正确用人导向，选人用人风气持续向好。坚持"严管就是厚爱"，个别干部按巡视整改要求降级降职使用或调离岗位，套转未过的降级套转，无法更好发挥作用的提前退出领导岗位。推行任期制和契约化管理，打破"终身制""铁饭碗"。"大部制"改革全面落地，撤并二级机构4个、三级机构43个、附属机构13个，达到浙江销售本部"9+2"、地市公司"三部一室"的目标，基本实现市场营销、仓储调运和支持保障一体化运作，决策机制更短更快更有效。优化劳动组织措施，加强用工分类管控，用工总量比上年末减少356人，劳动效率和人工费用管控水平大幅提升。

【人才强企工程】 2021年，浙江销售以工程思维推进人才强企，确定中长期人才建设规划目标、6个专项工程和4个发展机制。推进加油站职业经理人试点，构建四类岗位序列体系和人才晋升通道，打破人才成长"天花板"。成立工程、政工专业职称中评委，提高获取职称奖励力度，提升任职职称要求，增强员工自主提升素质能力的积极性。参加集团公司职业技能竞赛，库、站工种分别排名销售分公司第九、第十，个人赛4人参赛3人获奖，取得历史最好成绩，获评集团公司"十三五"技能人才工作综合评估先进单位。

【抗击台风"烟花"】 2021年，面对最强台风"烟花"，浙江销售逐级压实工作责任，切实做到"预判早、处置快、损失少"。各单位树立"防大汛、抢大险、救大灾"意识，主动对接有关部门和周边企业，形成合力、通力协作，及时掌握防汛工作动态，提升联动处置能力。两级公司成立应急抢险队15个，129辆油品应急保供车辆随时待命，168名抢险队员"投入战斗"。未发生伤亡事故，未发生质量事故和环境污染事故，受灾库站第一时间抢修自救、恢复投运，浙江销售防台经验在销售分公司迅速推广。

【企业党建工作】 2021年，浙江销售制定《关于进一步加强党的政治建设的重点措施》，开展"第一议题"学习36次，集中学习党的十九届六中全会精神60次。坚持大抓基层的鲜明导向，分7方面24条措施推动党建"三基本"与"三基"工作有机融合，开展党支部量化考核，推动支部建设标准化、规范化，在湖州、绍兴试行片区党支部和支部书记专职化。发展党员117名，表彰优秀党员及党务工作者43名。湖州第一党支部获集团公司基层党建"百面红旗"。

2021年，浙江销售用好浙江"三地一窗口"优势，赓续红色血脉、传承红色基因，开展党史学习教育。学习研讨120余次，讲授党课90余次。专题组织生活会查摆问题342个，制定整改措施277条。打造惠民"五大工程"、实事清单34类，解决基层问题257项。《中国石油报》两次头版报道浙江销售典型做法，集团公司党史学习教育简报专刊发布《浙江销售用活用好红色资源深入推进党史学习教育》。

2021年，浙江销售加强党风廉政建设和反腐败工作。聚焦"两个维护"强化政治监督，围绕提质增效、新冠肺炎疫情防控做实日常监督，零容忍整治基层"微腐败"。以高度的政治自觉抓实巡视反馈问题整改，制定"1+4"巡视整改模式（"1"指整体巡视整改方案，"4"指选人用人、微腐败、招投标和事后合同、投资工程建设4个专项工作组），压实党委书记首责、分管领导领责、相关部门履责、纪检部门督责，整改措施完成率99%，企业治理效能大幅提升。

【企业文化建设】 2021年，浙江销售发挥群团组织优势。以建党百年为契机，高标准办好石油开放日、先进事迹宣讲等活动。先进典型、标杆库站不断涌现，石红燕获评集团青年岗位能手，嘉兴油库获评集团公司青年文明号，唐佩娟、周小利分获中国石油十大标杆站经理、油库主任，宁波徐家漕站、湖州和孚油库分获中国石油十大标杆油站、标杆油库。将镜头聚焦发展、对准一线，在《人民日报》《中国青年报》《浙江日报》等外部媒体发稿219篇，位列销售分公司第三，在上级媒体发稿140篇，《中国石油报》头版发稿7次，宣传报道聂伟、徐桂芳等一批先进典型，《倒班》系列微纪录片在"学习强国"等媒体播出，赢得更多关注和支持。

（吴孝翔）

中国石油天然气股份有限公司安徽销售分公司

【概况】 中国石油天然气股份有限公司安徽销售分公司（简称安徽销售）负责

中国石油在安徽省的成品油销售、市场开发、非油销售业务。2002年6月成立中国石油天然气股份有限公司安徽销售分公司筹备组，2002年9月正式注册成立。2021年底，设机关处室9个，直属机构2个，所属二级单位13个。在册员工3166人。党委下属基层党委15个，党总支1个，党支部56个，有党员1074人，其中在职党员1052人。资产总额70.37亿元，在营加油站570座，管理油库10座，库容28.46万立方米。

2021年，安徽销售成品油销量221.09万吨，其中纯枪销量155.09万吨，非油业务收入8.97亿元、同比增长30.6%，非油业务毛利1.62亿元、增长8.5%，商流费用10.25亿元、下降5.5%，实现净利润0.43亿元、增长1.68亿元，保持安全环保事故为零的良好业绩（表3-26）。

表3-26 安徽销售主要经营指标

指　标	2021年	2020年
成品油销量（万吨）	221.09	211.67
汽油销量（万吨）	122.62	120.70
柴油销量（万吨）	98.47	90.97
润滑油销量（万吨）	0.84	0.76
在营加油站总数（座）	570	572
油库数量（座）	10	10
油库库容（万立方米）	28.46	28.46
纯枪销量（万吨）	155.09	157.29
非油业务收入（亿元）	8.97	6.87
非油业务利润（亿元）	0.74	0.66
吨油费用（元）	464	512
资产总额（亿元）	70.37	72.05
收入（亿元）	164.98	136.42
利润总额（亿元）	0.49	-1.05
税费（亿元）	1.96	1.73

【成品油业务】 2021年，安徽销售坚持量效并重、效益优先，坚定实施价值营销，守住毛利底线，直批销量和零售平均销价在华东区域处在前列，12家分公

司实现盈利。坚持毛利总额最大化原则，紧盯销售分公司营销政策，紧贴市场实际，批零一体化算账，日预警、旬分析、月总结，科学统筹经营计划，合理把控销售节奏，得到各类补贴奖励25896万元。实施客户开发提速工程，依托网格化作战地图、客户管理小程序和快速购卡支付平台，做细走进社区、走进单位、走进厂矿、走进车场、走进展会"五走进"客户开发。通过零售提油券、打桶油等工具，增量11.8万吨。实施精细服务提档工程，与72家集团客户共享合作，引入促销资金4375万元。实施基础管理提升工程，开展亏损站治理攻坚行动，推广"阿米巴"经营模式，74座站实现扭亏，扭亏比例31%，亏损金额同比下降4951万元。争取资源创效渠道，打通高标号汽油水路资源；把控资源调运节奏，创效2300余万元。处理好竞合关系，配合安徽省政府开展非法经营成品油整治，促进市场公平竞争，减缓低价资源冲击。

【非油业务】 2021年，安徽销售推进非油业务改革创新，落实"夯实基础，重视店面，平价保供，优化品类，主抓爆款，精细营销，平台共享，创新创效，亲情服务"的工作方针，实现非油收入8.97亿元，毛利1.62亿元。重点跟进非油批发业务开展，大宗商品销售业绩实现新提升，累计销售化肥4590万元，家电1.8亿元，好客之力1270万元。开展社群营销和直播带货，线上累计完成销售588万元，同比增长546万元。直播84场，其中所属分公司直播29场，销售额288.7万元，实现非油毛利44.1万元。

【网络建设】 2021年，安徽销售打好网络开发攻坚战，深化与安徽省交控集团全面合作，成功竞租其成熟站点。与天长城投合作，开发加油站1座，实现当年开发、当年建设、当年投运。争取公平参与权利，在安庆低价取得一宗项目用地。打好项目投运主动战，新投运加油站25座。打好新能源布局抢滩战，与中核汇能、三峡清洁能源、神皖能源等企业合作，开展光伏发电；与国家电网、特莱特等企业合作，开展充电业务。

【提质增效】 2021年，安徽销售着力打造提质增效升级版，强化科学统筹，层层压实责任，跟踪督导，超额完成销售分公司下达的提质增效奋斗目标。坚持经营上精打细算，实现定额卡销售2.2亿元，直批增量3.14万吨，非油业务增收2亿元；推进直批线上和战略营销，增强直批创效能力，实现购销毛利5762万元。坚持运行上精耕细作，推进物流再优化，扩大直达资源比例，增加石化串换量，开展三山油库主动配送，物流费用比预算节约4810万元。坚持管理上精雕细刻，强化极限成本管控，油品综合损耗率同比下降0.06%；折旧折耗比预算节约1911万元、创效1762万元，盘活水上站6座、减亏335万元；通过税收优化、用工优化、非生产性费用精益管理等方式降本增效，相关费用比预算节约 5415 万元。

【改革创新】 2021年，安徽销售坚持改革创新激活新动力，坚持油品不足非油补、站内不足站外补、线下不足线上补的创新转型思路，推进非油体系重构，初步建成线上线下、站内站外、零售批发"三位一体"的非油业务销售体系，非油业务主要经营指标实现双增双超，转型发展的底气更足、动力更强。全面梳理党委、行政相关制度，强化制度执行力建设，增强规范意识、标准意识、执行意识。

【风险管控】 2021年，安徽销售牢固树立风险意识，系统推进安全环保、数质量和廉洁风险治理，各类风险整体受控。高质量开展QHSE体系审核，加强较大以上隐患和违规问题问责，对"环保违规、油气泄露、设备带病运行、承包商违章"四类问题零容忍。安全环保责任有效落实，基层"三违"问题大幅下降。保持新冠肺炎疫情防控不松懈，确保员工零感染。推进"三不"有效机制建设，不敢腐的震慑强化，不能腐的防控机制完善，不想腐的自觉形成。信访举报案件明显下降，减存量遏增量取得较好成效，政治生态向上向好。落实集团公司巡视、审计问题整改，完成35项巡视发现问题整改，推动6项审计发现问题整改。

【企业党建工作】 2021年，安徽销售推动落实"第一议题"制度化、常态化，组织"第一议题"学习18次，从党的创新理论中汲取智慧和力量，提高把握新发展阶段、贯彻新发展理念、融入新发展格局的政治能力、战略眼光、专业水平。强化理论武装，通过党委会议、中心组学习、领导干部读书班开展学习研讨35次，邀请权威专家围绕贯彻落实党的十九届五中、六中全会精神、中国共产党的百年奋斗历程、新发展理念等开展专题辅导，增强深度和广度；两级党委组织中心组学习167次，推进理论学习与实践的深度融合。开展"党史学习教育"，引领各级党员干部学思践悟。加强基层党组织建设。推动党建"三基本"建设与"三基"工作相融互促，出台具体实施方案，在合肥片区党支部选树有机融合先进典型，推进基层党建与基础管理全面融合全面进步全面过硬。优化基本组织设置，推动党建与经营深度融合，在合肥、阜阳等10家分公司试点成立机关与片区加油站联合党支部。规范基层党组织换届程序，向7家基层党委下发换届提醒函，完成14个基层党支部换届选举。开展机关作风建设活动，打造"六型"模范机关，倡导"马上就办、担当尽责"，促进服务质量、工作标准提升。通过办好9件实事，推动"我为员工群众办实事"走深走实，促进党群干群关系更加密切。完成巡视巡察问题整改，先后召开巡视整改专题会议10次，巡视反馈的44个问题已完成整改37个，修订完善制度63项，挽回经济损失 52.64 万元，追责问责 10 人次。提前一年完成对所属分公司巡察全覆盖，党委对 3 家地市公司和 1 家专业公司进行常规巡察，对 1 家单位开展巡察"回头看"。两轮巡察发现问题 176 项，提交加油卡风险防控、促销管理等专题报告 6 个，向相关职能部门提出建议 10 个，发挥巡察利剑作用。

（李晓敏）

中国石油天然气股份有限公司福建销售分公司

【概况】 中国石油天然气股份有限公司福建销售分公司（简称福建销售）成立于 1999 年 2 月，2008 年 12 月上划股份公司直接管理，主要负责中国石油在福建的成品油销售、非油品业务与网络建设工作。2016 年 12 月，中国石油天然气股份有限公司天然气销售福建分公司成立，与福建销售实行"两块牌子、一套人马"，负责中国石油在福建的天然气销售工作。

2021 年 2 月，天然气销售福建分公司划转天然气销售分公司。2021 年底，福建销售设 9 个职能处室、下辖 9 个地市分公司和非油分公司、储运分公司，有员工 3281 人。在营加油加气站 470 座；资产库 4 个，库容 30.6 万立方米（表 3-27）。

2021 年，福建销售总销量 219.39 万吨，其中直批销量 98.93 万吨、自营纯枪销量 119.89 万吨、车用气 783.23 万立方米；非油业务店销 6.20 亿元、非油业务毛利 1.16 亿元。成品油总销量完成率排名销售分公司第四，净利润完成率排名销售分公司第五，直批销量完成率排名区外第一。实现利润 523 万元。安全环保数质量、舆情事件为零。全体员工全年零疑似、零感染、零确诊，常态化新冠肺炎疫情防控平稳，安全环保形势稳定向好，切实做到疫情防控和生产经营两不误。获销售分公司劳动竞赛红旗 13 面；在昆仑好客公司组织的首届购物节中，获全国优秀组织一等奖、销售竞赛三等奖。

【油气销售】 2021 年，福建销售落实双增部署，精细营销、精准施策。开展"市场大调查、客户大开发"活动，开发柴油客户 1551 个、增量 14.86 万吨，锁定高频运营车辆月均加油量2450吨，获股份公司销售分公司柴油提量创效奖励4219万元。发力终端市场，强化核心客户导向，终端直销比例85%，直批APP上线率84%，客存维持在较低水平，调减信用额度526万元。加强计划、调运、销售一体协同，减少递补清算扣罚1.2亿元，优化销售节奏增利3686万元。建立省市两级全方位沟通机制。找准地市公司差异化市场定位，系统整合营销资源，汽油营销支出同比下降9.4%。推进会员服务体系建设，线上粉丝超370万。移动支付比例9%，排名销售分公司第八。客服工单同比下降12%，神秘顾客检查排名销售分公司第四，综合客服排名第五，获股份公司销售分公司客户服务质量劳动竞赛红旗4面。优化团队管理，推广巡站式例会，完成三支基层队伍轮训，诊断加油站401站次，"双低"站摘帽17座，经营提升27座。建成泉州德和司机之家，增设18座站点为司机提供休息、热饮等增值服务。新增数据应用模型16个，迭代优化12个，研发8个移动端应用，初步实现全渠道客户自定义聚类，助力零售工作。

表3-27 福建销售主要经营指标

指　　标	2021年	2020年
成品油销量（万吨）	218.10	205.90
汽油销量（万吨）	120.36	126
柴油销量（万吨）	97.74	77
加油站总数（座）	476	505
油库数量（座）	4	4
油库库容（万立方米）	30.60	30.60
纯枪销量（万吨）	119.89	123.63
非油业务收入（亿元）	6.20	5.30
非油业务利润（亿元）	1.16	0.91
吨油费用（元）	424.11	481.56
资产总额（亿元）	71.78	71.67
收入（亿元）	156	125
利润（亿元）	0.05	-4.98
税费（亿元）	1.52	1

【非油业务】 2021年，福建销售强化油非一体运作，开展以非带油、以油促非

活动，带动店销收入 1450 万元、油品销售 6.3 万吨。打造爆款商品，优选高毛利组合，组织武夷山水饮水节，推进消费主题促销，实现促销收入 9911 万元、毛利 1747 万元，重点品类销售 1.87 亿元。深化店长制管理，强化收入挂钩，调动创业热情，店长制便利店收入同比增长 29%、毛利增长 3%。打通客户换油服务，建成三方合作门店 11 家，双品牌门店 3 家，销售车用润滑油 34 吨。建成洗车网点 120 座，实现汽车服务收入 2565 万元。引入新品 270 个，淘汰滞销品 56 个，开发清茶湾、福鼎白茶 2 款自有商品。建档化肥客户 258 家，共建示范基地 5 家，实现化肥销售 752 吨。开展省市直播 33 场，线上线下数码家电团购 4 期，实现线上业务增收 387 万元。布设简易加注设备 32 套，联合润滑油公司开发终端客户 55 家，实现尾气净化液销售 7320 吨，同比增长 51%。优化非油仓配，实现周双配，设立应急周转仓 7 个，探索与中国石化联合配送，解决畅销品配送难题。

【安全环保】 2021 年，福建销售加强新冠肺炎疫情常态化管理。坚持疫情"周调度"机制，召开疫情防控领导小组会议 38 次，通报本土疫情和疫苗接种情况，动态调整防控措施，严把人员审批关，坚决杜绝"四种不良倾向"。推动疫苗二剂次"应接尽接"，第三针加强针接种率 69%。特别是在 9 月福建疫情中，迅速制定下发升级管控"二十条"、加油站运营新冠肺炎疫情管控实施方案，严格落实、妥善应对。在年初下拨 66.68 万防疫专项资金基础上，紧急追加 37.78 万元。为 1478 名高风险地区在岗职工发放疫情特殊津贴 71.03 万元，下拨 13 万元工会经费进行专项慰问。莆田分公司获福建省商务厅 2021 年疫情期间保供突出贡献奖。狠抓安全环保、质计量管理，以筑牢建党百年安保维稳保障体系为主线，落实"党政同责、一岗双责"要求，强化 QHSE 体系审核评估，全员宣贯新《安全生产法》，强化安全环保监督检查，开展反违章专项行动。推进安全生产专项整治三年行动计划，全面实施全员记分考核，把承包商员工纳入安全记分考核管理，推进安全文化建设。利用库站视频监控系统实行 24 小时视频扫站，两级机关中层干部 122 人次下站检查，推进安全专家常态化督导，建立常态化"四不两直"检查工作机制。全年一般 A 级及以上安全生产事故为零。成立专项行动组，开展质量计量及公路运输油品质量专项检查，送检油品 787 批次、抽检 141 批次，全部合格。4 座油库全部取得排污许可，264 座登记管理加油站 100% 完成申报，169 座简化管理加油站全部完成。委托第三方开展库站监测，库站油气回收设备在整改后均符合监测要求。

【网络建设】 2021 年，福建销售部队项目重获新生，福州宗棠站再次续租并重新取得成品油零售资质，莆田新度、华亭 2 个项目低成本回归，莆田荔涵南、荔涵北、黄霞3个部队项目纠纷得到妥善处置。合资合作稳步推进，新增福州福鑫、福联油、三明生态新城等3家合作发展平台，开发项目14个、投运10个。抓住福建省高速能源板块改革契机，扩大双方合作，开发高速出入口项目3个、重启1个、建成投运1个。有效清理历史项目，清理问题25项，收回款项3256万元。福源站结束14年历史长跑，投产试运营。近3年清理完成历史项目53个，累计收回款项1.2亿元，历史项目存量降到最低水平。

【企业管理】 2021年，福建销售改革创新进一步深化。贯彻落实习近平总书记关于"深化国企改革"的有关要求，推进改革三年行动，完成改革任务69项，完成率93.2%。按照业务驱动、协同高效的原则，稳妥推进大部制改革。地市分公司"三部一室"全部调整到位，二级、三级机构分别压减36%和22%。天然气业务平稳划转，省公司人员优化至100人内。围绕8个管理方面26项提升措施50项工作成果，与国内外知名销售公司精准对标，在找差距、补短板的对标中逐步向一流企业迈进。全年任务完成进度95.8%，成果完成率92%。

费用管控进一步压实。制定控本降费责任清单，将控费目标分解至各责任单位，深化全员成本目标管理，深挖各环节降本增效潜力，全员、全过程、全方位推进控本降费工作。采用出租、处置、关停、迁建等多种方式，优化加油站资产，折旧摊销费4.03亿元，低于预算2429万元，同比减少1612万元。均衡摆布资源，合理安排船舶，加大一次入库直达率，提升车辆运输效率，运输费0.98亿元，低于预算1063万元。商流费9.25亿元，低于预算2456万元，同比减少6608万元。获股份公司销售分公司降本控费劳动竞赛红旗3面。

损耗管理进一步加强。严格指标考核，制定年度、季度、月度损耗控制目标，层层分解机关、地市、基层库站任务，严肃考核落实，实现控耗目标和责任双落地。严抓过程管控，利用GPS、车载视频监控等信息手段，多方面、多层次、多维度监控运输全过程，严格途中停车等异常情况报备，防止"跑、冒、滴、漏"，公路运输损耗0.87‰，同比下降0.55个千分点。加强损耗分析，盯住"重点环节、重点库站、重点车辆、重点油罐、重点设施"，依托信息系统，加强监控、数据分析，持续降耗增效。油库盘盈0.95‰；加油站综合盘盈4.13‰，同比多盘盈0.15个千分点。一次、二次运输损耗双下降，综合指标创历史最好，获股份公司销售分公司运输损耗劳动竞赛红旗2面。

合规管理进一步规范。加强案件管理，围绕"达到诉讼效果实现公司利益最大化"目标，建立内部多方联动机制和外部沟通协调机制，抓好诉前全盘筹划、诉中分析应对、诉后复盘总结。践行纠纷案件全程应对机制、建立法律人员有效沟通机制、推行案件单位主要负责人出庭制，确保纠纷案件整体运行受控，最大限度维护合法权益。处理纠纷案件16起，避免或挽回经济损失3660.8万元。深化基础管理工作，以"谁主管业务、谁控制风险"为核心，制订权责清晰、业务规范、风险明确、措施有力、预警及时的风险防控体系建设实施方案，构筑业务部门、直线监管和检查监督"三道"风险防线。建立事后合同长效管控机制，每月通报整改不到位的单位，2021年事后合同得到有效根治。举办股权企业董事、监事及高级管理人员业务培训班，培训考试通过后上岗，提升股权企业派出人员履职能力。组织参股企业经营投资自查，规范投资行为。

【党建工作】 2021年，福建销售加强理论武装，统筹推进党史学习教育和"转观念、勇担当、高质量、创一流"主题教育，落实"第一议题"制度，两级党委开展中心组学习139次、专题读书45次、专题党课113次、专题宣讲183次。巩固提升基层党建工作质量，结合生产经营需要和加油站团队管理变化，修订《福建销售党建与生产经营深度融合实施方案》，印发《关于加强地市分公司基层党支部工作与生产经营融合的通知》，探索基层党支部与加油站团队管理同步设置，推行基层党支部书记兼任团队经理，9家地市分公司34个基层党支部全覆盖97个团队，在党支部设置上实现"省公司—分公司—团队"统一步调，党建管理上下"一盘棋"，增强党支部的战斗堡垒作用。加强党建督导，派出8个督导小组，开展两轮督导检查，形成12份督导报告。狠抓党组巡视整改，深刻吸取教训，健全完善制度，构建长效机制，同步推进巡察整改督导检查，完成巡视整改阶段性目标和4家分公司巡察督导检查。修订《落实全面从严治党主体责任清单》，压实管党治党责任。践行"马上就办、真抓实干"，领导班子带头走出办公室，走进市场、走进政府、走进基层、走进群众、走进合作伙伴，听真话、察实情、问良策，推进作风转变，收集办实事项目273项、办结261项。

（肖腾飞）

中国石油天然气股份有限公司江西销售分公司

【概况】 中国石油天然气股份有限公司江西销售分公司（简称江西销售）2001

年12月成立,前身是中国石油华东销售江西分公司,2008年底上划股份公司直接管理。主要从事成品油批发、零售业务及便利店、润滑油、天然气等非油销售业务,承担销售网络开发建设及管理等职责。2021年底,"9+2"模式全面落地,机关本部缩减为9个部室和2个直属机构(专业分公司),下辖11个地市分公司和15个控(参股)公司,全口径用工总数2073人,运营加油站305座,运营油库8座,库容13.3万立方米。

2021年,江西销售销售油品125.42万吨,同比增加18.6万吨,其中纯枪销售76.59万吨,同比增加2.38万吨;非油店销收入3.4亿元,同比增长25%,非油利润0.33亿元,同比增长63%;合资开发加油站6座,投运加油(气)9座;商流费7.3亿元;净利润-4.99亿元,大额亏损主要是处理历史遗留问题和补提折旧(表3-28)。质量、计量和安全环保事故为零(表3-28)。

表3-28 江西销售主要经营指标

指　　标	2021年	2020年
成品油销量(万吨)	125.42	106.79
汽油销量(万吨)	62.76	47.97
柴油销量(万吨)	62.67	58.83
润滑油销量(万吨)	0.23	0.24
加油站总数(座)	305	302
油库数量(座)	8	8
库容(万立方米)	13.3	12.8
纯枪销量(万吨)	76.59	74.21
非油业务收入(亿元)	3.40	2.76
非油业务利润(亿元)	0.33	0.14
吨油费用(元)	584.70	683.36
资产总额(亿元)	48.84	53.22
收入(亿元)	88.38	64.62
净利润(亿元)	-4.99	-0.46
税费(亿元)	0.09	1.65

【油品销售】 2021年,江西销售坚持"量效兼顾、以效为先",拓展营销一体

化内涵，理顺营销体制机制，逐渐扭转重销售轻营销的现象。实施"一体化统筹"，市场份额同比提高2.3个百分点。打好纯枪柴油市场进攻战，柴油日均纯枪销量自4月起止跌企稳，全年同比增长7%。坚持纯枪汽油创效主体定位，在社会加油站大幅降价、主营单位同比下降的环境下，同比实现正增长。直批销量同比提高48%，实现直批毛利3834万元。坚持"市场需求+问题导向"原则，深化"上下里外"四大维度，建立"日研判、周分析、月总结"市场化研判机制，有效提升营销的精度、深度和广度。以"中油好客e站"为主阵地，核销电子券1728万元，同比新增粉丝10万人。推广直批APP，认证客户966个，销售油品11.5万吨。试点昆仑金融服务，解决客户关键痛点。与工行、银联、江西邮政、江铃等加大异业合作，引入促销资源3500万元。开展工作现场标准化、员工行为标准化、操作流程标准化、设备设施标准化"四个标准化"创建，提升加油站形象和现场服务水平。秉持客户服务高质量，搭建三级市场开发和客户分级管理体系。网格化摸排客户981户，新增销量4.8万吨。完成萍乡云河加油站"司机之家"建设。增设44名加油站兼职客户经理，围绕加油站及油库周边地区开展客户开发。实行"基础量+额外量+奖励"的激励措施，发放直批奖励81万元。与江西省内成品油经营单位建立定期沟通协调机制，共同促进江西省内成品油市场良性健康发展。参与配合地方政府成品油市场专项整治，助力扭转柴油销售颓势。优化资源运作，串换资源5.3万吨，节约运输成本约410万元。加大串换，有效解决赣南地区柴油资源配置难题。客存油数量控制在4万吨以内。全面停止一票制配送服务。

【非油业务】 2021年，江西销售非油业务收入、非油业务毛利均创3年来历史新高，实现量效齐增。抓做优做精店销，以店面优化诊断为抓手，挖掘店内销售潜力，油非转换率20%、同比提升6.2个百分点。打造百万元以上店106座。开展"春风十里，约你换新""双11"等9档主题促销，实现促销收入6000余万元。组织开展直播带货活动4次，实现销售130万元。与TCL厂家、格力电器等开展线上线下一体化营销，利用员工私域流量开展社群营销，增收186万元。开展手机积分兑换，带动增收389万元。销售自有商品4083万元、同比增长307%，贡献毛利1396万元。新开发"昆觅"洗衣液等3款自有商品，其中昆觅赣南脐橙销售额超1100万元，成为江西销售特色爆品。新增全自动洗车业务网点40座，汽车服务收入250万元，同比增长208%。开展化肥销售业务，销售化肥1500吨，获"最佳营销奖"。加强商品采购创效，集采商品2838亿元。优化库存管理创效，清理滞销品库存271万元，库存周转天数由62天降至54天。

【网络建设】 2021年,江西销售推进与政府投资平台、地方大型国企、江西省高速集团等单位的合资合作,新设立合资公司4个、开发加油站6座,储备合资项目6座。编制《工程建设项目进度控制表》,梳理优化建设项目全过程管理节点并落实到人,新建站建设周期从36个月压缩到23个月。投运加油站9座,其中4座提前投运。清理遗留项目3个,追回投资款2056万元。推进宜春油库复工。开展现场检查77站次,视频扫站35期,解决和整改问题630项,对承包商处罚10次。严格工程量清单管理,杜绝违规签证,超合同价款现象得到有效控制。加强施工项目审计分析,节约工程费用593万元。

【质量计量安全环保】 2021年,江西销售首次引入安全诊断审核方式,QHSE体系量化审核由良好B1级晋级到优秀A2级,湖口油库通过国家应急管理部大型油气储存基地安全风险评估专项检查。推进安全生产三年行动专项整治,确定重点隐患治理项目40个,落实安全隐患治理资金1133万元。开展"四不两直"监督检查479余次,发现问题1372项,整改率100%。有效保障建党100周年等重点时期、敏感时段库站安全稳定。采取"固定计划+不定期抽样"方式抽检油品1076样次,抽检合格率100%。加强储运销各环节能耗及损耗管理,完善油品库存盘点机制,一次、二次运输损耗均控制在股份公司销售分公司管控范围内,零售保管损溢率居销售分公司前列。把员工生命健康安全放在首位,加强职业健康管理,抓好新冠肺炎疫情防控,疫苗接种率98%,有力有效地应对上饶等地散发疫情考验,疫情防控实现"双零"目标。

【提质增效】 2021年,江西销售树立"管理是生产力"思想,坚持"一切成本皆可降",明确7大类38条重点措施,打造提质增效升级版。精准资金管控,严格往来清欠及库存规模,"两金"压控综合完成率121%,财务费用同比减少391万元,下降7%。办理票据贴现业务6.75亿元,节约财务费用57万元。在顺收业务基础上,创新开展员工送存业务,上门收款费同比减少372万元,下降72%。减免城镇土地和房产税211万元。推进遗留项目处置及闲置资产盘活,盘活资产76万元,处置6套拆迁安置房,实现处置收入60万元。

【企业管理】 2021年,江西销售开展"四查四提升"活动,组织开展"江西销售的事,大家想、大家说、大家干"思想解放大讨论活动,通过查思想引导员工转变思想观念、更新思维方式,查技术解决制约生产的瓶颈问题、难点问题,查管理扎实推进治理体系和治理能力现代化,查纪律着力培养一支销售铁军。推进法治企业建设,2021年度处理法律案件3件、办结3件,开展法律尽职调查10次,出具法律意见21份。综合管理体系发布运行,制修订制度35项。实施经济责任、建设工程、管理效益与专项审计等审计项目,取得经济效益941

万元。2021年股权企业分回利润218万元，实现股权投资收益322万元。完成国企改革三年行动计划51项改革任务，完成率91%。

【改革创新】 2021年，江西销售推进人事三项制度改革，"9+2"模式全面落地，建立机构职责动态调整机制，重新梳理机关各部门及直属机构职责。动态调整11家地市公司分级分类。完成地市分公司任期制及契约化管理责任书签订。公平公开公正地在省公司、分公司和加油站3个层面开展干部选拔，提拔公司副总经理1人、二级正职1人、二级副职1人、三级管理干部4人，进一步使用5人、交流干部38人，着手研究为其他一线岗位成长进步搭建平台。评聘星级站经理277名，中级、高级职称39人。评选优秀内训师12名。再添2名高级技师、6名技师，高级技能人才培养成效初显，获集团公司2021年行业技能对抗赛团体第二名。优化考核激励，突出效益导向，严考核、硬兑现。取消"双百"考核机制，实行月度考核、季度约束。建立健全加油（气）站工资与效率效益联动机制，提高高标号汽油升油提成标准，推进管理人员薪酬结构调整。成立V创新创效工作室，"水位控制器控制罐区观测井水位"荣获集团公司创新创效攻关项目。成立新媒体文化营销工作室，搭建线上市场营销平台，培养线上直播团队。

【信息化建设】 2021年，江西销售落实首问负责制，提升信息系统运维服务质量，进一步减少问题处理时长。推进开票流程优化，提升运行效率和客户体验。聚焦基层难点，开展信息设备运行优化工作，60座站点完成优化后，主要系统操作平均提升速率50%以上。推进大数据应用工作，提升数字化助力经营能力。深化应用"阿米巴"单站模型，新增加油站量效价测算、非油利润下钻、加油站对标和零售损耗管理模型，助力日常运营。加快推进管理数字化转型，提升数字化助力管理提升能力。深化应用加油站一站式服务平台，实现机关与加油站信息传递的集约化、信息化和共享化。通过优化技术方案，节约资金80余万元，完成与江西省公安厅雪亮工程平台对接。完成散装汽油登记销售系统的建设部署，在满足同等功能的前提下，比原方案减少总投入62万元，下降85%。补齐安全短板，提升网络安全保障能力。完成建党100周年等重要时期网保任务，通过江西省公安厅信息系统等保评定，夯实网络安全管控能力。

【企业党建工作】 2021年，江西销售坚持"第一议题"制度，系统学习习近平新时代中国特色社会主义思想、党的十九届六中全会精神和习近平总书记对中国石油及相关工作的11次重要指示批示精神。提升管党治党水平，推进党史学习教育和"转观念、勇担当、高质量、创一流"主题教育活动，组织建党百年系列活动，两级党委组织理论中心组学习197次，开展专题党课21场、专题宣讲43次，集团公司党史学习教育简报专刊发布江西销售用好红色资源、传承红色基因的典型做法。开展"我为员工群众办实事""全员岗位讲述""石油开放日"等系列活动，激发全员爱党爱国爱企热情。加快推动基层党建"三基本"建设与"三基"工作有机融合，制定党委落实全面从严治党主体责任清单，压紧压实管党治党主体责任。推动所属股权企业党建工作要求进章程。集团公司党建工作责任制考评为A档。落实党建带团建工作实施意见，团青工作呈现新气象。获省级青年文明号1个，集团公司青年文明号1个，集团公司、省级青年岗位能手2人。开展例行廉洁谈话89人次，受理信访举报6件、受理问题线索8个，立案8起，给予7人党纪处分，1人政务处分，1个集体被通报批评，4人受到组织处理。严肃整治加油站"微腐败"，发现问题35个，解除劳动合同13人。开展离任审计3次，专项审计1次，发现问题20个。对4家分公司党委开展党内巡察，发现109个具体问题，挽回直接经济损失16.8万元。各类监督有机贯通、更加精准，政治生态进一步向好。落实意识形态工作责任制，严格舆论阵地管理，建立网评员队伍，完成敏感词清理，妥善处理4起舆情事件。设计制造特色红色文创茶具为建党百年和江西销售成立20周年献礼。发布红色及石油元素IP形象。微信公众号"中油赣之声"系统内排名创历史最好水平。获集团公司"宣传思想文化工作先进集体"称号。

【扶贫工作】 2021年，江西销售在产业帮扶、消费帮扶、党建帮扶等各方面努力作为，投入项目帮扶资金1000余万元。其中，青板乡霞阳村和姚家乡建作村桥梁建设项目1000万元；黄藤村扶贫超市项目6万元，旭航助学10.5万元。完成消费帮扶700余万元。加强与地方政府沟通汇报，拜访江西省委省政府和职能部门多名主要领导，为江西销售创造和谐发展环境。切实履行社会责任，推动脱贫攻坚与乡村振兴有效衔接。江西省委组织部、江西省帮扶办公室对江西销售公司定点考核等次为好；对驻村工作队队长的考核等次为优秀。挂职干部梅世丽、驻村队长黄勇、驻村队员肖奔获评集团公司脱贫攻坚先进个人；江西销售扶贫办获评集团公司脱贫攻坚先进集体；原驻村第一书记林忠贤获江西省国资委"五四青年"称号。

（刘　卉）

中国石油天然气股份有限公司山东销售分公司

【概况】 中国石油天然气股份有限公司山东销售分公司（简称山东销售）是中国石油天然气股份有限公司在山东省设立的全资分公司，主要从事成品油（气）与非油销售业务，2000年成立，本部设在济南。2021年底，山东销售机关本部设职能部室9个、直属机构2家，设地市分公司17家，独资公司3家、控股公司18家、参股公司13家；运营油库6座、库容18.3万立方米；运营加油站1020座，占山东省加油站总数9.10%；在册员工5255人，其中库站员工4450人、占比84.68%，资产总额98.23亿元。2021年山东销售主要经营指标见表3-29。

表3-29 山东销售主要经营指标

指　　标	2021年	2020年
成品油销量（万吨）	219.69	269.74
纯枪销量（万吨）	166.35	228
加油站总数（座）	1020	1058
油库数量（座）	6	7
油库库容（万立方米）	18.30	19.50
非油业务收入（亿元）	12.24	10.83
非油业务利润（亿元）	0.77	0.89
单站日销量（吨）	5.03	6.28
吨油费用（元）	834	689
资产总额（亿元）	98.23	103.60
收入（亿元）	164.83	162.40
利润（亿元）	-10.23	1.63
税费（亿元）	2.52	0.92

【成品油销售】 2021年，山东销售面对市场需求下降、内外价差悬殊、新冠肺炎疫情反复等不利影响，振奋精神、艰苦奋斗，油品营销水平实现显著提升。坚持毛利最大化原则，实施批零一体、精准营销、精益管理，销售成品油219.69万吨，其中纯枪销量166.35万吨，实现毛利5.95亿元、超预算4191万元。推进直批做贡献，把保资源后路畅通作为必达使命，强化市场研判，树立竞合意识，实施客户分类分级定价、客户经理动态积分制分级管理，直批销量53.34万吨、同比增长28%。抓实零售创效益，坚持预算引领、定期会商，出台"放管服"方案，推进站级"阿米巴"经营，实施油站效能价值分类管理，全省综合价格到位率同比增长3.41%。拓客跑客见实效，开展三级联动客户开发维护、"88512"客户开发（指山东销售针对817家山东省直单位、816家山东省各地市直单位、中国500强驻鲁企业、山东省100强企业、2416家山东销售供应商进行的客户开发工作）、4S店"抢滩行动"和"千里马"招标获客，开发直批客户454个、零售客户6161个，销量9.18万吨；新发卡73.70万张、充值92.10亿元。做优服务创价值，构建驿站服务体系，打造"中国石油货车驿站"12座、红色旅游主题站3座、司机之家示范站2座、免费洗车站49座，在88座油站试点推行价值服务项目清单，神秘顾客访问和客户服务成绩排名销售分公司第一。

【非油业务】 2021年，山东销售将非油业务作为转型发展的重要方向和抓手，构建"一体两翼、双轮驱动"发展模式，实现收入12.24亿元，同比增加1.41亿元；毛利1.48亿元，毛利率12.20%。店内营销迎难而上，克服站点数量下降、营销政策缩减等困难，坚持"油卡非润"一体统筹，打造爆款油非组合促销套餐，开展多项主题节日促销和劳动竞赛活动，实现店内收入8.88亿元，新增加油卡充值4596万元，打造"亿元级"品类5个、"千万元级"品类8个。"全员跑店"成效显著，坚持领导带头、全员参与，制定跑店激励政策，实施分区分类攻坚，同步完善昆悦超市运营管理体系，跑店17290家、收入2619万元；打造昆悦超市连锁店612家，其中直营店43家、加盟店569家。自有商品日趋丰富，相继开发洗衣凝珠、手工皂等自有新品，完成"昆趣""昆语"等11个自有商标注册。跨界营销业绩突出，与移动、联通、电信、京东开展合作，增加收入1100万元、带动卡充值1.18亿元；销售新能源汽车108辆、实现收入474万元；化肥销售收入2.72亿元、同比增长1.88亿元；运营汽车服务网点180座，实现收入1364万元、毛利579万元。

【网络建设】 2021年，山东销售破解网络建设发展难题，坚持把网络建设作为"生命工程"，坚定不移走低成本发展道路。树立"吃亏赢市场"理念，强化

"份额优先"意识，完成投资计划1.47亿元，投运加油站10座，续租加油站12座，盘活加油站7座。实施"变动租金"合作模式，推进合资合作项目落地，评审通过项目24个，签订框架协议16个，完成注册9个，新增纳入加油站55座。推进智慧综合能源体建设，4个项目签订开发框架协议，8个项目完成选址，2个项目获土地批复。推进油气一体协同发展，携手驻鲁兄弟单位，共举"中国石油"一面大旗，完成64座加气站现场探勘和谈判，首批推进4座加油站增设LNG设备。推进新能源项目建设，设立新能源办公室，统筹研究部署油气氢电光综合能源服务站建设，争取到销售分公司光伏试点单位资格，完成1座光伏站投运和31个光伏项目方案编制。推进工程管理质量提升，完成库站建设项目120个、完工率98.3%、工期控制率116%；完成隐患及维修改造工程97个，工程质量达标率100%，湖屯油库改造基本完成。

【精益管理】 2021年，山东销售开展"转观念、勇担当、高质量、创一流"主题教育活动，推进治理体系和治理能力现代化。强化制度体系建设，制定完善制度24项、立项完成率100%；"大监督"体系深化应用，整合检查项目25项，发现整改问题900余项。推动依法合规治企，办理纠纷案件103件，避免和挽回损失1700万元，实现经济效益944万元；签订合同3953份、法律审查率100%，事后合同为零；围绕新业务制定法律风险防控措施66项，对照9大方面研究化解跑店风险，从16个方面对合资合作进行规范。加强股权企业管理，规范商标授权，配齐董监事人员，论证新增股权项目39个，获股利0.62亿元。推进提质增效升级版，盘活资产470万元，清理在建工程1.62亿元；低效站处置获租金8760万元、降费3030万元；招标采购降费1245万元；工程建设降费428万元；运费降低2304万元；技术服务费降低1994万元；上门收款费降低806万元；472座加油站进入电力交易市场、节约成本15.8万元。

【安全环保】 2021年，山东销售贯彻落实集团公司"安全生产专项整治三年行动计划"要求，紧盯安全工作中的主要矛盾、主要风险、重点隐患，强化各类风险治理，实现安全平稳运行。抓实风险管控和隐患治理，以"安全生产责任制"建设为中心，优化中高风险岗位职责83个，整改库站"反违章"问题431项，完成隐患治理86项，投入资金954万元。深化QHSE体系建设，优化内部审核模式，确定库站HSE"优先监管名录"108个，检查发现整改问题797项，通过集团公司下半年QHSE体系量化审核，得分率92.13%。推进加油站政企融合标准全覆盖，完成庆祝建党100周年等特殊时段保障任务，获评山东省2021年安全生产月活动优秀组织单位。严守环保底线，督导20座加油站完成运营手续补办，环境检测中心正式投入运行，VOCs排放问题得到有效整改；落实"冬奥会"空气质量保障任务，查改各类隐患 31 项。严抓油品计质量管控，自检自查样品 320 批次、过月油品 994 批次，接受政府抽检样品 2790 批次，质量全部合格。制定 42 项降损耗措施，协调计量纠纷索赔油品 377 吨。抓实常态化新冠肺炎疫情防控，稳步推进健康企业建设，有效应对烟台、日照两起本土疫情，员工疫苗接种率 96%，实现全员零感染目标。

【改革创新】 2021 年，山东销售聚焦深化改革任务，推进实施一系列重要举措并取得实质进展。贯彻落实集团公司改革三年行动部署，完成改革任务 45 项、对标管理提升任务 31 项，完成年度任务指标。稳步推进"大部制"改革，成立昆悦、兴隆、云信等合资公司，为两级机关"开渠放水"搭建平台；明确人员分流"时间表"和"路线图"，完成两级机关部门整合，156 名员工进入新公司创造更大价值。推动管理机制变革，建立动态考核调整机制，实施分公司分类管理，推动工资总额与考核结果全额挂钩；完善领导人员任期考核制，推动临退休领导人员退出实职，12 人转岗任职。推广"夫妻站"运营模式，实行"机关、党支部、大站＋夫妻站"帮扶模式，打造夫妻站 232 座，减少用工 318 人，节约费用 1144 万元。强化创新成果应用，立项公司级重点课题项目 15 个，培育创效降费类成果 35 个，实现经济效益 800 万元。推动数字化转型、智能化发展，搭建昆悦超市信息系统，完成 52 座合资公司加油站零管系统上线，实现加油卡在所有挂牌站推广应用。

【企业党建工作】 2021 年，山东销售党史学习教育扎实推进，建立"第一议题"制度，专题研学习近平总书记系列讲话和重要指示批示精神 225 次，跟进学习贯彻党的十九届六中全会精神，组织"一起学党史"读书班 10 期、主题党日活动 405 次；开展"我为群众办实事"实践活动，调整工资发放模式，设立异地交流员工探亲交通补助，解决基层问题 145 项。党建引领作用充分发挥，两级公司按要求召开党代会完成换届选举工作；构建清亲政企关系，拜访地方政府，牵头与济南市签订战略合作协议，推动新办公楼落户市中区；开展"三争六问"（"三争"指两级机关要争气、争光、争雄，"六问"指两机干部机关要时刻问一问"我该做些什么、我能做些什么、我做了没有、我做的过程中还有没有提升余地、我是否可以建立长效机制、我是不是拟定了下一个更好的计划"）执行力修炼，基层党支部和广大党员积极融入改革发展大局，推动全员跑店、客户开发等重点任务落地。纠治"四风"，开展节日反腐和"五个一"微腐败专项整治活动，整改审计发现问题 33 项，新一轮巡察覆盖率 94%。群团工作组织有力，开展劳动竞赛、"单身的你加油"等活动，滨州 51 站被全国总工会授予"最美工会户外劳动者服务站点"，临沂沂蒙姐妹党支部被评为集团公司基层党建"百面红旗"。推进家长放心、领导安心、员工暖心的"三心"企业文化建设，帮扶困难员工564人次，落实帮扶资金143万元；履行企业责任，热心助力社会公益事业，第一时间筹集物资救援河南灾区，社会正面宣传力位列销售分公司第一。

（郭见昌）

中国石油天然气股份有限公司河南销售分公司

【概况】 中国石油天然气股份有限公司河南销售分公司（以下简称河南销售）是集团公司直属一级企业，1999年2月成立，承担中国石油进入河南省的成品油资源配置，加油、加气、加氢、充换电综合能源站开发建设管理及非油业务销售等职能。2021年底，机关设9个职能部门，下辖20个分公司、27个股权企业，在册员工4600多人。投运加油（加气）站800多座，运营资产型油库7座，形成油库辐射全省、油站覆盖所有区县的储销网络。2021年河南销售主要经营指标见表3-30。

【油气销售业务】 2021年，河南销售面对需求下滑、竞争加剧、能源替代等不利因素，克服"7·20"特大暴雨洪涝灾害和新冠肺炎疫情多点散发双重冲击，落实集团公司市场营销会议精神，坚持毛利最大化原则，统筹量价效平衡，以市场为导向、以客户为中心、以效益为目标，坚决打造"三个高于"（高于竞争对手的站容站貌、高于竞争对手的环境卫生、高于竞争对手的现场服务），落实"三不政策"（不打价格战、不搞普惠制、不做亏本买卖），推进扩销增效、提质增效，实现营销、管理、功能三大提升。搭建"1+N"数字销售模型，动态跟踪营销支出，零售价格到位率同比提高0.5个百分点，增利5500万元。深化异业合作，引入外部资金1726万，带动收入1.1亿元。坚持网格化、全覆盖、责任制，推动全员营销，拓展社群营销、线上营销，"引、拓、迁、固、裂"五维驱动，螺旋式提升客户数量和客户价值。组织60支党员突击队，践行"救援队伍走到哪儿，保障队伍就跟到哪儿，油品就供应到哪儿"的服务承诺，24小时

表 3-30 河南销售主要经营指标

指　标	2021年	2020年
成品油销量（万吨）	257.00	274.20
汽油销量（万吨）	132.5	136.50
柴油销量（万吨）	124.5	137.80
润滑油销量（万吨）	0.41	0.20
加油站总数（座）	842	859
油库数量（座）	9	9
油库库容（万立方米）	23.90	19.40
纯枪销量（万吨）	144.9	177.3
非油业务收入（亿元）	8.17	6.41
非油业务利润（亿元）	0.42	0.47
吨油费用（元）	530	490
资产总额（亿元）	69.74	76.41
收入（亿元）	176.36	156.9
利润（亿元）	-6.81	0.53
税费（亿元）	0.87	1.13

不间断为电力、通信、医疗等应急单位保供油品656吨，在抗洪救灾中弘扬石油精神、彰显石油力量，受到《人民日报》、中央广播电视总台、新华网等中央媒体多次关注和报道。2021年实现销售总量257万吨，自营纯枪销量144.9万吨。

【非油业务】 2021年，河南销售锚定非油业务三年发展规划，坚定创新、合作、市场、品牌、服务"五大发展战略"，打造门店零售、电商业务、汽车服务、大宗商品、品牌输出、餐饮生鲜、租赁广告、仓储配送、异业合作、代理代收"十大业务板块"，狠抓完善五项管理机制、夯实五大基础保障、建立6支专业化团队等13项重点工作，踏上三年收入毛利"两个翻一番"的目标进度。

2021年，河南销售搭建"自有品牌、营销品牌、对外输出品牌"3大品牌运营体系；建立"核心品类+重点门店"的分级督导体系，7个核心品类销售占比84%，酒类销售收入在销售分公司排名第二。强化运营管理，加大百万元以上重点门店培育，百万元以上便利店224座；自创"兰妮儿、契孩儿"文创IP，开发好客乐家、江湖食神、熹玛等73个自有商品，实施"便利店+"工程，三门峡"警营超市"、安阳林州大众便利店等2个品牌输出项目投入运营，自助售卖机网点布局20座，首家肯德基汽车穿梭餐厅在郑州26站开业。员工分销平台日益成熟，开展直播带货35场，线上销售额突破200万元，在中国石油2021年度消费帮扶产品展销会暨首届昆仑好客购物节直播比赛中，获团体三等奖、优秀组织奖；在昆仑好客首届购物节活动中，获股份公司销售分公司竞赛一等奖和优秀组织二等奖。

2021年，河南销售优化统采供应商管理模式，减少中间环节，增加厂家供应商合作比例，开展采购谈判71次，新入围供应商18家，优化淘汰供应商8家。全面推行代销结算，代销结算供应商同比增加24家，有效降低资金占用成本。发挥中央仓"保障+创收"双职能，提高中央仓运营效率和仓库利用率，降低配送仓储费用，开展代储业务增加效益来源。降低仓储费用30万元，新增代储收入50万元。

【加油站管理】 2021年，河南销售分层开展加油站优化诊断，分类推进亏损站治理，因站施策开展"双低"治理，11月推行3吨以下站内部承包，321座承包站用工减少356人。协调推进市场治理，"四不放过"（事故原因未查清不放过、事故责任人未受到处理不放过、事故责任人和周围群众没有受到教育不放过、事故没有指定切实可行的整改措施不放过）专项整治基层微腐败，加油站终端治理取得成效。在国省道沿线建成"中油驿站"5座，在城区汽油站布局洗车业务，探索推进光伏业务、充电桩建设，拓展加油站服务功能。

【油库管理】 2021年，河南销售深化油库共享模式，细化协商机制，重点加强无库、运输困难及资源缺口地区的串换力度。实现串换资源42.65万吨，有效规避运行风险。统筹调度效率，发挥库站一体化管理优势，统一运作，统一规划。完善付油、卸油流程，优化配送路径。配送完成率98%，完善业务流程3项，复核配送路径2555条。调整库容结构，配合完成郑州油库95号组分汽油储油罐改造，增加库容2.3万立方米，增强高标号汽油保供能力。严控数量质量，内练本领，外强沟通，管输损耗同比降低1.6个万分点，保管损耗−0.64‰。接受内外部油品质量抽检80次，合格率100%。

【投资建设】 2021年，河南销售投运加油站28座，实施品牌输出项目10座。开展项目专项治理工作，优化站点结构，梳理165座租赁项目，清退长期不达标租赁站24座。加大遗留项目治理，6座遗留项目复投。拓展新能源项目，制定《河南销售分公司"十四五"新能源发展规划》，细化新能源项目推进方案，与河南国电投合作，在郑州15站试点实施光伏发电项目，日发电量200余千瓦·时，年节约电费3万余元；实施LNG项目3个、加油站重卡换电站项目2个、达成氢能源站合作意向。

【资源运行】 2021年，河南销售强化资源创效，在发挥生产运行调控能力上有新谋划，盯走势、控库存、踏节奏，实现资源创效4578万元，创效吨位10万吨以上。完善"联合标校"及"提标降耗"机制，公路配送损耗率0.32‰，低于预算指标0.08个千分点。

【队伍建设】 2021年，河南销售推动"大部制"改革，省公司机关、地市公司机关组织架构搭建完成，两级机关机构减少19个；合理调整用工结构，引导管理人员向基层一线流动，推进富余人员分流安置，持续提高组织运行效率和人均劳效水平。严格选人用人制度，选拔任用中层干部11名，其中二级正职4名、二级副职7名；交流调整干部22人次，其中二级正职15人次、二级副职7人次；9人提前退出工作岗位；所属20家分公司中，有14家班子中配备"80后"干部，占比70%；中层干部平均年龄44岁，大学本科及以上学历100人，高级职称人员增加8人，领导班子功能增强，队伍结构改善。建立健全加油站工资与效率效益联动机制，全面实行升油含量工资制，激发加油站员工扩销创效的活力动力。推动以员工为中心的政策落地，持续五险两金全覆盖。推行技能晋升、创新创效能力提升和"石油名匠"培育计划，2021年度获集团公司"技能人才培养开发工作先进单位"称号，获集团公司销售企业加油站经理职业技能竞赛团体一等奖，获集团公司销售企业油品储运调和工职业技能竞赛团体二等奖，两项创新成果——汽油中醇类（甲醇及乙醇）快速检测方法及检测盒和紫外荧光硫水平自动进样装置分别获2021年集团公司一线创新成果一等奖和二等奖。

【企业党建工作】 2021年，河南销售党委坚决贯彻党中央及集团公司党组决策部署，聚焦"学史明理、学史增信、学史崇德、学史力行"目标要求，将党史学习教育与"转观念、勇担当、高质量、创一流"主题教育活动相结合，开展党史学习教育和庆祝建党100周年系列活动。通过坚持以上率下，采取中心组学习、专题读书班、"三会一课"、主题党日、专家辅导等形式，开展形式多样的集中学习，举办"大干百天、献礼百年"主题竞赛、征文讲述活动、党史知识竞赛、"辉煌百年、颂歌献党"视频合唱比赛、建成河南销售石油精神教育基地，增强党史学习教育的鲜活性和实效性。学习教育中，组织中心组专题学习220期，学习1700多人次；录制视频微党课18期；132个基层支部，1369名党员严肃开展批评和自我批评，开展谈心谈话3000余次，收集意见和建议

1300余条，检视和整改问题866条；开展为员工群众办实事活动200余次，帮助基层解决各类难题750余项。

2021年，河南销售推进基层党建"三基本"建设与"三基"工作有机融合，健全完善党建工作责任制，层层传导压力，推动党建责任向基层延伸，所属单位党委书记和党支部书记述职评议实现"两个全覆盖"。坚持党员发展向一线倾斜，基层一线新发展党员90名，消除党员空白站点64个。线上线下相结合，举办和参加党员培训班8期，参训5600余人次，其中培训党组织书记924人次，人均超过60学时，党组织健全率和党员受教育率均100%。召开第二次党代会，完成"两委"换届选举工作。组织开展庆祝中国共产党成立100周年暨"两优一先"表彰，2个先进基层党组织、3名优秀共产党员和2名优秀党务工作者获集团公司党组表彰奖励，安阳分公司第二党支部获集团公司基层党建"百面红旗"称号。党委表彰22个先进基层党组织、53名优秀共产党员和28名优秀党务工作者。

【社会责任履行】 2021年，河南销售调整乡村振兴定点帮扶管理机制，出台《关于巩固脱贫攻坚成果，接续推进乡村振兴定点帮扶工作的实施意见》《定点帮扶项目管理指导意见》《定点帮扶干部履职评价指导意见》。除集团公司安排的帮扶任务以外，河南销售还承担9个地市的9个帮扶村的帮扶任务。开展"旭航助学"系列活动，资助贫困高中生600人次，资助金额120万元；奖励高考优秀毕业生194人，奖励金额97万元。

【抗洪救灾】 2021年7月中下旬，河南多地出现特大暴雨，发生"7·20"特大洪灾，河南销售受灾库站375座，发生停业库站195座。第一时间启动应急预案，员工及家属无人身伤亡，库站未出现渗漏和环境污染事件。开展防汛抢险和生产自救，保护财产安全，守住"生命安全和环境保护"两条底线，安全科学推动受灾站点恢复运行，做到不发生次生灾害。第一座受灾加油站复业，用时不足12小时。保障油品资源供应，坚决做到"救援队伍走到哪儿，保障队伍就跟到哪儿，油品就供应到哪儿"，7月21日中央和地方媒体第一时间发布中国石油紧急抢险保供加油站的信息，以实际行动支持政府抢险救灾。通过网络平台发布信息，在微博公布"中国石油河南全省800余座加油站中已有684座正常营业，并附联系方式"，在外部环境极度困难的情况下，坚决保障当地成品油供应，消除群众对油品供应方面的种种担忧。

（徐　静）

中国石油天然气股份有限公司
湖南销售分公司

【概况】 中国石油天然气股份有限公司湖南销售分公司（简称湖南销售）2000年6月进入湖南市场，2002年10月正式注册成立，2008年12月上划股份公司管理，主要负责中国石油在湖南地区的成品油、天然气、新能源、非油商品的零售及直批业务。2021年底，湖南销售机关设9个职能部门、1个附属机构，2个专业分公司（非油分公司和储运分公司）及13个地市分公司、12个控参股公司，投运加油站674座，运营油库15座，在册员工2892人。2021年湖南销售主要经营指标见表3-31。

表3-31　湖南销售主要经营指标

指　　标	2021年	2020年
成品油销量（万吨）	224.23	208.68
汽油销量（万吨）	142.58	120.77
柴油销量（万吨）	81.65	87.91
加油站总数（座）	674	664
油库数量（座）	15	13
油库库容（万立方米）	29.9	24.82
纯枪销量（万吨）	141.14	163.87
非油业务收入（亿元）	5.41	5.10
非油业务利润（亿元）	0.42	0.22
吨油费用（元）	469.24	493.5
资产总额（亿元）	86.5	88.18
收入（亿元）	161.85	128.84
利润（亿元）	-3.04	0.42
税费（亿元）	1.51	1.6

【油气销售业务】 2021年，湖南销售面对新冠肺炎疫情和激烈市场竞争的叠加冲击，统筹推进疫情防控、改革创新和提质增效各项工作，全面推进"量去哪里了、效从哪里挣"大讨论活动。销售成品油224.23万吨，同比增长15.55万吨，纯枪销量141.14万吨。坚持经营运作一盘棋，主动对标对表，研判形势、把握拐点、高点多销，直批销量51.8万吨，同比增加24.1万吨，其中汽油直批销量同比增加18万吨、增长260%。建立以市场化价格为基准的毛利考核机制，创效6191万元，同比增加2888万元，增长88%，直批效均创市场化改革以来的新高。搭建自有平台，引流网约车客户2.1万家，汽油增量2.15万吨。拓展异业合作范围，引流外部促销资源1600万元，带动汽油交易6780吨。提升服务效率，高标号汽油销售25.65万吨。实施柴油批零一体营销，布局13座"泉眼"站点，扭转柴油下滑趋势。分品号、分环节、分构成优化营销支出，同比下降6.9%，吨油毛利提升7.5%。

【非油业务】 2021年，湖南销售开展"油卡非润"、线上线下一体化营销，策划年货节、后备厢竞赛、武夷山水饮节、"9酒"节等形式多样的主题促销和专项竞赛活动。后备厢竞赛包装饮料销售收入超3000万元，同比增长40%；毛利820万元，同比增长20%。油非转换率14.3%，同比提升6.4个百分点，成功打造含浦首座千万元便利店。依托昆仑好客旗舰店、好客湘有赞商城、中油内购商城，开展年货大街、永州之野等节庆主题活动6次，时令水果分销6次。以分销和直播为突破口，直播营销带货19次，线上收入754万元，同比增长296%，其中黄桃16天销售额突破200万元。举办首届"我是带货王"直播大赛，培养直播储备人才62人。中国石油首座高速服务区肯德基餐厅在株洲醴陵服务区投运，日均营业额超8100元。推进汽车服务业务，新增站点40座，在营汽车服务站点145座，占运营加油站的23.4%，超全国平均水平10个百分点。开展化肥农资销售，销售化肥7350吨，收入近1400万元，同比增长65%，毛利52万元，增长45%。64个"好客湘"单品进入全国集中运营商品目录，亮相2021年中国连锁餐饮峰会、便利店大会，全年销售1550万元、同比增长750%，毛利240万元、同比增长300%。

【加油站管理】 2021年，湖南销售抓好新冠肺炎疫苗接种、人员排查和防疫物资配备使用，实现工作场所零污染、员工零感染。构建油非损耗综合治理体系，明确"一库一策、一站一策、一类一策"等28项重点工作，降耗创效303万元。坚决守住生态环保底线，完善环保管理机制，25座站完成三次油气回收改造。加强促销量效分析，营销支出4.11亿元，同比下降6.9%，吨油毛利401元，同比增长7.5%。打造"10惠"与会员日双品牌，"10惠"充值7亿元，汽油会员日增量700吨。绘制客户开发作战图，开展网格化大摸排，摸排零售客户6544家，开发E类以上客户2674家。开展发卡"破零"行动，发放个人卡34.75万张，同比增加6.5万张。培育线上营销能力，坚持以APP为主阵地，推广移动支付和电子卡，客户突破36万家。推进"阿米巴"试点，开展"巴长"选拔专项培训，制订优化排班与权限下放方案，加快全员经营探索。完成54座高销站全流程诊断，月均诊断率70%以上，服务效率实现提升。完善神秘顾客访问、视频扫站和综合检查"三位一体"的现场服务监管机制，开展神秘顾客访问900余站次，推动现场管理水平持续提高。

【油库管理】 2021年，湖南销售通过"一周一次学习考试，一周一次安全检查，一周一次工作例会，一月一次预案演练"的"四个一"制度的执行落实，对基础工作进行细致部署和跟进，全员应急处置能力得到提升，知责、守责、担责思想得到升华，"令行禁止，遵章守纪"的运营氛围得到深化。通过"示范区""亮身份""结对子"活动让党建与业务充分融合，设立设备维保"党员示范区"党员带头为班组打样、带头；开展党员"亮身份"活动，形象上戴党徽、整着装，工作上抢累活、干脏活；开展党员群众"结对子"活动，开展调研帮扶，解决衡阳油库挂车不及时、邵阳油库真空泵维修、154油库员工驻库用餐等13项问题。风险防控、环境保护能力增强。开展综合检查和联合稽查714站次，发现并整改问题2.1万余项。投入整改资金4400万元，高效率完成衡阳油库消防自动化、高效密封浮盘等综合治理。细化风险管控措施，确保建党100周年、洪涝灾害、雨雪冰冻等重点关键阶段运营平稳受控。

【投资建设】 2021年，湖南销售紧扣提质增效主题，精确定位，精细算账，精准投资，保持"投运一批，开发一批，储备一批"思路，确保网络开发不停步，项目质量有提升。新增运营站15座，其中地级市城区站8座，年增加零售能力9万吨，首座LNG加气站投运。通过遗留项目清理、长期停业站复投、现有网点扩能等手段，提升资产创效能力。清理遗留项目2个，减少长期停业站7座。解决"历时10年追损6年"的永州育才南项目，收回益阳团山商贸电厂加油站，推进停业8年之久的长沙湘府东加油站等项目复投，实现长沙机场加油站"一变二"。通过2个维度、8个方面诊断，梳理13条原因，探索7种模式，"一站一策"推进治理，实现摘帽38座。拓展新业务新领域，瞄准"油气氢电非"综合服务商发展方向，探索布局新能源和充换电等业务，首座光伏充电站在长沙响塘湾加油站建成投运。

【资源运行】 2021年，湖南销售主动对接、靠前协调，争取直炼资源足额调入，配置计划兑现率100%，连续3年拿到考核加分项，完成新冠肺炎疫情封城、资源紧张等特殊时期保供任务。推进长沙码头汽油全品种运行，接卸资源近 14 万吨，节约费用 540 万元。统筹直炼、串换两种资源，仓储物流降费 1816 万元，连续 5 年实现硬下降，吨油配送费用控制在 64 元以内，再创历史最好水平。经营协调小组一体化管控进销，库存控制在合理范围内。紧盯调价窗口，调控发运节奏，资源创效 3463 万元。明确管控目标，长期客存实现滚动清零。油库运行平稳受控。细化运行方案，破解衡阳油库挂车、邵阳油库真空泵维修等难点环节，自营油库周转效率 7.98 次，同比提高 0.3 次。

（熊翔宇）

中国石油天然气股份有限公司广西销售分公司

【概况】 中国石油天然气股份有限公司广西销售分公司（简称广西销售）2000 年 10 月组建，2008 年 12 月由西南销售公司上划股份公司管理，主要负责中国石油在广西地区的成品油市场开发、销售以及非油品经营和车用天然气终端销售工作。

2021 年底，有 9 个机关部门、2 个直属机构，2 个附属机构，下辖 14 个地市分公司，27 个控（参）公司；运营加油站 590 座（含控参股公司），油库 8 座，合计库容 40.62 万立方米；在册员工 3214 人，资产规模 75.11 亿元。

2021 年，广西销售销售总量 286.07 万吨，零售量 163.2 万吨，非油业务收入 7.37 亿元（表 3-32）。

【油气销售业务】 2021 年，广西销售始终坚定信心、鼓足干劲，践行"重上 300 万吨，迈入 A 级企业"的承诺，树牢市场导向、客户至上，政企合作、同行牵手，业财融合、产融结合的发展理念，实现销量、份额逆势上行。出台"放管服"15 条激励政策，网格化摸排机构客户 4409 家，盯死看牢广西壮族自治区重点项目 74 个，坚决不遗留一个客户、不放弃每一个成交机会。直批销量 125.5 万吨，同比增长 82%。把量效齐增作为根本目标，发挥零售创效的定海神针作用,以实施3000吨级以上加油站全流程诊断为抓手,加强营销支出价值管理,依托企地合作、异业联盟,精心办好广西壮族自治区"三三消费节"、温暖回家路、唤醒城市曙光等系列活动,零售价格到位率98.2%,同比增长0.52个百分点。以"阿米巴"经营为抓手,深化"4+X"("4"指目标经营、委托管理、出租经营、品牌输出4种模式,"X"指各分公司自主创新的管理模式)、"双低"站治理,实现同比增量3.5万吨,费用同比下降5.4%,增收毛利近5000万元。

表3-32 广西销售主要经营指标

指　　标	2021年	2020年
成品油销量(万吨)	286.07	230.01
汽油销量(万吨)	115.08	115.64
柴油销量(万吨)	170.99	114.37
润滑油销量(万吨)	0.42	0.40
加油站总数(座)	590	586
油库数量(座)	8	8
油库库容(万立方米)	40.62	40.62
纯枪销量(万吨)	174.70	157.10
非油业务收入(亿元)	7.37	4.69
非油业务利润(亿元)	0.70	0.44
吨油费用(元)	332.20	433.54
资产总额(亿元)	75.11	72.74
收入(亿元)	199.01	140.51
利润(亿元)	1.02	-4.43
税费(亿元)	3.14	0.91

【非油业务】 2021年,广西销售围绕"人·车·生活"多元化需求,强化昆仑好客体系运行,结合52周行事历,挖掘创造客户需求,策划开展家电厂购节、牛奶节、水饮季等"造节活动",核心品类商品同比增收1.2亿元,增长39%,单店日均收入突破3900元,店销毛利率提升至22%,其中北海分公司、南宁分公司、桂林分公司、河池分公司、百色分公司非油业务收入同比增长70%以

上。创新"非油+"模式,建成投运汽车服务洗车项目98个,汽车服务收入4200万元,打通特色农产品产业链,化肥销售收入突破1200万元。贺州分公司、柳州分公司、北海分公司抓住"宅经济"风潮,深度打造脐橙、螺蛳粉、海鲜礼包等特色自有商品,单品收入突破千万元。自有商品收入同比增长60%。倡导人人行动、站站争先,多层面培育"星主播",激发全员营销活力,开展直播营销173场次,直播营销收入突破2000万元,朱晓玲、秦涵钥、陈磊获全国直播大赛"人气主播"称号。

【加油站管理】 2021年,广西销售开展加油站综合稽查42站次,开展远程视频稽查5500余站次,查处问题1642项,实现稽查全覆盖。不定期开展电子券、加油卡专项视频稽查,查处电子券违规套刷、油站员工刷卡套现的问题。树牢"打造强大现场,服务创造价值"营销理念,开展第三方神秘顾客访问工作,通过优质、快速的服务打破零售业务的发展瓶颈,助力零售上量。第三方神秘顾客访问500座加油站点,开展竞争对手调查访问30余次,为广西销售第一时间掌握竞争对手管理水平提供依据。按照销售分公司"阿米巴"经营推进整体要求,制定《广西销售公司阿米巴经营实施方案》,明确广西销售"阿米巴"组织划分标准,设计《阿米巴单站核算表》《新客户开发量效测算模板》,确保加油站管理人员准确掌握加油站经营效益情况,推进31座站开展单站"阿米巴"试点,24座站开展团队"阿米巴"试点,试点范围覆盖14家地市公司。推进开源节流、降本增效工作,落实4个方面65项提质增效措施,强化全价值链、全经营活动的预算管理。以总毛利最大化为原则,推进业财融合,将毛利指标精确到库站、关联到品类。优化实施三级经营对标分析机制,在找准增效点、控制"出血点"上下功夫。商流费较预算减少1.1亿元,财务费用创利570万元。

【油库管理】 2021年,广西销售坚持守住油库生产受控、员工操作安全、保供服务高效的运行基准线,梳理完善南宁支线、柳江支线管输新业务操作规程,管输业务增量增效、安全平稳。聚焦制约运行效率的短板弱项,开展外销提油操作流程风险专项排查,配置油品入库业务数据在油管系统和ERP系统实现集成,业务流程风险漏洞得到有效控制,油库运行保障类考核指标稳步提升,获股份公司销售分公司运行保障类流动红旗2面。构建完善安全风险分级管控和隐患排查治理双重预防机制,开展大型油气储存基地安全风险评估。细化完善重大隐患监控台账,常态化分级管控,动态化逐个销项。国家督导核查问题32项,自评估问题142项,整改完成率100%;深度评估问题65项,整改完成率85%。排查隐患205项,整改完成率51.2%。57项列入重点整改隐患大表,剩余57项延缓整改并监控使用。立足金扳手、金石、金创100技师工作室,以服务生产需要、激发创新活力为目标，开展创新课题研究攻关，完成桂林虚拟仿真系统在油库范围的应用、自动化培训及测试系统建设、柳江汽车下装发油油气回收流量计安装与应用、南宁铁路栈桥固定泡沫灭火系统应用4个创新研究课题。

【投资建设】 2021年，广西销售坚持网络"一把手"工程定位不动摇，树牢"有质量、低成本"开发理念，坚决破除拼投资、拼资源、恶性竞价的思维定式，以一手价格取得南宁利福、百色五塘、贺州黄姚等7个优质项目，填补百色西林网络空白县，按市场溢价测算，节约土地成本2亿元。将品牌输出作为网络破局重要抓手，编制下发指导意见，实现服务输出项目"零突破"。推进油气业务与新能源融合发展，引入国家电投等战略伙伴，借力广西壮族自治区"续航工程"，通过"油加气""小改大"等措施，"零成本"拓展LNG网点、光伏电站，积极赋能零售终端。成立历史项目推进领导小组，落实"一把手"责任制，对重点项目实施挂牌督办、逐一销项，消化解决遗留问题近亿元，破解一批多年来要解决而未能解决的难题。建立案件挂牌督办机制，处理诉讼案件17起，挽回经济损失1.1亿元。以"统战"思维推进与北部湾港务、桂林五洲、柳州北城、玉林铜州等优势企业合作，新增股权企业5家。创新对等装站、土地入股、收入提成等合资合作方式，锁定优质网点16座，节约投资成本9200万元。全年控参股企业成品油销量35万吨，投资收益5700万元。

【资源运行】 2021年，广西销售开展计量管理专项行动，推进"制度+科技"管理，杜绝源头失控、监管悬空等突出问题，同比降耗5600余万元。聚焦问题关键，破解建成10年的钦南柳管道历史遗留问题，实现管道全面开通投运，自有油库运行效率、人均劳效同比提升40%，吨油综合物流成本下降57元/吨，实现钦南柳管输90万吨，同比增长35%，为集团公司节约产业链物流成本4800万元。加强油品储运全流程损耗管理，协调广西石化、西北销售等上游单位，全程跟进发油源头流量计标定12次，推进零损耗铁路发车落地实施。油库刚性开展流量计检定校准56台次，发油准确率保持在98%以上。落实公路配送损耗专项整治行动，联合运输公司跟车监控80余车次、加油站二次清净20站次，有效杜绝偷盗舞弊行为，铁路运输损耗率0.02‰，公路损耗率0.2‰，水运损耗率1.2‰，保管损耗率−1.17‰，保管损耗盘盈油品1504吨，获销售分公司损耗管理类流动红旗1面。

【打非治违】 2021年，广西销售把打非治违作为破解市场乱象的关键一招，力促广西壮族自治区政府出台成品油非法经营专项整治方案，构建有部署、有督查、有落实的长效机制。各地市公司干部员工配合商务、公安等部门取得打非治违突出成绩。协助开展打非专项行动 2400 余次，查封黑窝点、小油罐车 5200 余处，查获非法油品近万吨，打击非法经营的嚣张气焰。钦州分公司在打非治违中取得突出成效，日均零售量由原来不足 250 吨，一举跃升至 550 吨，得到集团公司党组领导高度肯定，特别是推动政府出台"30 号文件"，布局 7 座橇装站，填补市场空白。贺州分公司深化企地合作，与税务部门达成"费用垫付、税收冲抵"的合作模式，率先实现税控系统全面上线。

【改革发展】 2021 年，广西销售聚焦企业治理"翻身仗"，出台公司治理体系和治理能力现代化实施方案，完善企业发展能力评价体系，推进领导干部任期制和契约化管理，机关"大部制"改革全面落地，撤并二级机构 4 个、三级机构 5 个，优化减少机关管理人员编制 99 个，现代化销售企业体制机制基本建成。以搭赛场、建平台为重点，打破企业"大锅饭"，完善"收入靠挣、费用靠挣、利润兜底"的考核机制，实行月考核、季兑现的动态调整，盈利与亏损、高效与低效单位的收入差距拉开至 1.5 倍，员工岗位工资和公积金基数全面普调。坚持贯彻党管干部、党管人才原则，完善"生聚理用"人才机制，把重实干、重实绩、重担当的用人导向鲜明树立起来，加大对营销骨干、基层一线精准激励力度，选人用人风气得以匡正，群众满意度明显提升，一批优秀年轻干部得到重用，40 岁以下、40—45 岁中层干部分别占干部总数的 13%、32%。坚持把平台做擂台，举办职业技能大赛，启动职业经理人本领提升"砺剑计划"，培养选拔首席经理 6 人、资深经理 38 人、高级经理 63 人。在集团公司技能竞赛中，获 2 枚银牌、团体二等奖。

【企业党建工作】 2021 年，广西销售坚持党建引领，将转变观念、统一思想作为头等大事，破除等靠要看、甘于落后的狭隘观念，在一系列大讨论活动中，阐明原则立场，划清底线红线，校正发展方向。以庆祝建党 100 周年为契机，召开第三次党代会，落实全面从严治党方针，动员全体干部员工争标杆、当旗帜。坚持把政治建设放在首位，精心部署党史学习教育，将"学史明理、学史增信、学史崇德、学史力行"贯穿始终，举办党的十九届六中全会精神专题党课，引导干部员工自觉做习近平新时代中国特色社会主义思想的信仰者和践行者。推进改革三年行动、对标管理提升等重点工作，深化"转观念、勇担当、高质量、创一流"主题活动，领导班子深入基层调研 380 余库站次，开展专题宣讲 180 余场次，落实"办实事"项目 340 个，为打赢"翻身仗"提供坚强保证。

（谭建安）

中石油海南销售有限公司

【概况】 中石油海南销售有限公司（简称海南销售）前身为中国石油天然气股份有限公司海南销售分公司，2004年6月成立，2010年9月上划股份公司管理，2015年12月改制为中国石油全资独立法人企业。2017年完成股份多元化改革，8月正式在海南省注册为有限公司，注册资本6亿元，中国石油、中国海油、海南省发展控股有限公司分别持股51%、39%、10%，成为从事海南省内库站网络开发建设，成品油、润滑油及非油业务销售的国有股份制综合性油品销售服务企业。2021年底，"大部制"改革后，设9个部门、1个直属机构、4个分公司，管理15家参控股公司，员工700人。运营加油站108座，全资和参股油库各1座，库容6万立方米；资产总额18.52亿元。

2021年，海南销售利润总额3.34亿元，上缴税费4.8亿元（表3-33），跻身2021年海南省企业100强，获"海口市秀英区纳税大户""海口市五四红旗团委""2021年海南省国资系统先进基层党组织"等荣誉，上榜全国市场质量信用A等、用户满意企业名单。

【油气销售业务】 2021年，海南销售在汽油、柴油市场低迷、岛外油品资源涌入、新能源加速发展、新冠肺炎疫情防控等多种不利因素影响下，坚持市场导向，加强营销队伍建设，推进全员客户开发，推动市场化运作和多元化合作，汽油销量36.3吨，柴油销量33.24吨。直批工作方面，组建专职客户经理队伍，加强全员营销工作力度，调整优化全员营销奖励政策，新增客户94家，增量6.7万吨。直批APP客户上线比例66%，电销比例逐月提升。灵活制定营销策略，合理平衡量价关系，直批销量同比增长35.6%，市场份额提高3.2个百分点，毛利大幅增加，销售能力和创效能力明显增强。零售工作方面，在精益管理、创新经营上发力，油非一体运作更加娴熟，异业合作、数字营销和组合促销蓬勃开展，"大干100天"劳动竞赛成效显著，与中国石化推进"509专案组"行动净化市场，新增固定客户681个，单日销量突破1482吨，引入促销资源1010万元，微信客户拉新超13万人。油品销售总量69.54万吨，同比增长14.47%，基本恢复到新冠肺炎疫情前销售水平。

表3-33　海南销售主要经营指标

指　　标	2021年	2020年
成品油销量（万吨）	69.54	60.75
汽油销量（万吨）	36.30	36.53
柴油销量（万吨）	33.24	24.22
运营加油站（座）	108	105
油库数量（座）	2	2
油库库容（万立方米）	6	6
纯枪销量（万吨）	37.71	37.28
非油业务收入（亿元）	1.8	1.3
非油业务利润（亿元）	0.25	0.09
吨油费用（元）	488.72	489.33
资产总额（亿元）	18.52	15.81
收入（亿元）	48.8	37.03
利润（亿元）	3.34	3.51
税费（亿元）	4.80	4.03

【非油业务】　2021年，海南销售做精常态化促销，调整优化常态化主题促销礼包，培育20余种热销爆款，增收2400万元。突出核心品类创效，抓好白酒促销，推出21种套餐礼包，增收超3000万元。探索微信视频号、抖音短视频宣传渠道，组织开展11场直播，打造专业直播团队，线上销售实现突破。开发"北纬18°"火龙果汁、海南岛椰汁等自有商品，开拓岛外销售渠道，向全国17家单位销售超1800万元。建成投运17个洗车网点，服务车辆超5万辆次，促进油品单站日均增量0.6吨。百万元店增至56座，日均销售提升45%。提前对接进口商品，探索免税商品销售及合作模式。非油业务店销收入、毛利分别以36.9%和89.6%的幅度保持高速增长，创新业务种类和营销模式，取得业务转型升级新成效。

【加油站管理】　2021年，海南销售加强现场服务管理，开展服务监督检查86站次，视频巡查1627站次，形成服务监督检查通报21份。定期开展服务监督督导检查，形成调查报告，进行经验分享，有效稳固提升服务质量水平。推进损耗专项治理，加强设备管理，建立远程视频监控和考核管理制度，明确V20

日损耗跟踪，组织开展分公司月底交叉盘点工作；每月开展加油站油枪自检、液位仪与手工计量比对与复核，查找分析误差原因，及时进行处理。开展违规违纪稽查，加强加油卡及电子券等业务稽核工作，利用 CRM 系统、风控系统调取异常明细，配合监控视频查处基层微腐败案件。

【投资建设】 2021 年，海南销售发挥"5 个片区开发组 +3 个合资公司"开发和专班优势，统筹内外一切力量，提升网络质量，探索网络破局新路，开发油气站 13 座、投运 6 座，完成 3 座增气改造，建成 2 个光伏综合利用试点，充电、加氢等新能源及船用燃料、汽车、手机、免税品等新业务取得新进展。谋划"十四五"发展规划，坚持"以油为主、多种能源同步发展"的规划路线，布局新能源、新业务，锁定博鳌乐城、黎安教育先行区等一批支撑海南销售"十四五"发展的优质项目。发挥合资合作优势，与昆仑燃气、港航控股、海南交控、乐东旅投等地方国企合资合作，取得 3 个加油站项目，完成秀英港 LNG 项目立项签约，锁定 5 对以上高速公路服务区项目，开发乐东抱由等优质站点。

【资源运行】 2021 年，海南销售加强价格政策研究，准确把握直炼资源定价参数，精准推演预判，及时对比直炼和外采价格，为合理平衡资源采购渠道提供价格支撑，采购成本达到最优。科学把握调运节奏，抓住油价低位，加大采购力度。面对库存跌价，准确研判走势，保持库存合理低位运行。11—12 月国家连续 3 次下调成品油价格，有效规避跌价损失 1640 万元。克服库容不足、台风封航及疫情交通管制等困难，突出重大节假日等关键时点，提前制订保供方案，配送油品 1.8 万车次 37.7 万吨，无断供和数质量事件。加强串换资源协调。与中国石化串换出库 7.5 万吨，节省仓储费 485 万元。通过精细运作，资源运作创效 1.1 亿元，确保海南销售效益顺利实现。

【数字化转型】 2021 年，海南销售成立"数字化转型、智能化发展"工作领导小组，邀请华为、昆仑数智、河北销售等专家开展研讨，形成数字化转型思路。发布"数字化应用方案"，推动系统应用从记录反映向融合创新转变，加快推进电子加油卡等 38 项措施，组织培训 14 次，培训 1467 人次。建立信息系统考核责任清单，每周考核通报；建立重点项目约谈机制，研究制订提升措施，销售分公司劳动竞赛考核小组排名第二，全系统提升 9 名；成为电子加油卡、支付宝和微信小程序等项目首批上线推广单位；构建全域会员体系，集成多渠道信息，汇集 64 万客户资料，单个客户 283 项标签，为精准营销奠定基础；推进中油好客 e 站 APP 应用，移动支付比例从 6% 提高到 18%；部署网约车线上认证模块，锁定高频消费客户，线上开立 1327 户；实施洗车业务中油好客 e 站集成，实现线下场景引流和线上客户在自有系统留存；试点实施预约加油，解决跑单问题，快速提升高峰时段服务效率；升级协同办公系统，梳理优化流程46项，电子化表单29个，提升办公效率。智能营销平台建设快速推进，海南销售数字化转型、智能化发展道路愈发明晰。

【提质增效】 2021年，海南销售强化精准预算管理，紧盯提质增效目标，压实控本降费责任。费用总额3.1亿元，较预算节约3323万元，吨油商流费和吨油营销成本分别同比减少40.6元和38.6元。加强一次物流监管，下海油综合损耗率0.33‰，开展加油站地罐校验工作，二次配送运输损耗率降至2.66‰。落实企业改革三年行动，确定六大方面、19项重点举措、54项具体任务，并配套形成任务分解表，滚动完成具体任务49项，完成率90.7%，提前完成70%目标任务。优化股权投资管理，投资收益2068万元，完成率206%。

【"大部制"改革】 2021年，海南销售推进三项制度改革、三年行动计划，贯彻落实集团公司文件精神，并按照制度要求，组织开展二级、三级正副职及高级主管等52个岗位的竞争上岗工作，报名参加竞争上岗85人次，51人竞聘上岗，推动由身份管理向岗位管理和契约化管理转变，把干部能上能下、员工能出能进、薪酬能增能减的要求落到实处。调整优化机构职能，明确9个部门+1个直属机构+4个分公司的机构设置和职能分工；同步开展"三定"，组织管理人员选聘竞聘，推行末等调整、转岗；在下属单位领导班子推行任期制和契约化，确定不胜任退出机制。

【人才队伍建设】 2021年，海南销售健全完善人才评价体系，规范专业技术职务任职资格评审管理，提高评审质量和水平，激发管理和专业技术人员的工作积极性和创造性。利用周五组织开展分公司业务专项培训，加强分公司班子成员"四种能力"建设。实施加油站经理"淬炼计划"，开展"10+1"学习交流，每批选拔10名优秀加油站经理到先进单位挂职交流学习1个月，强化市场营销能力建设，提高加油站经理队伍素质。加大创新创效能力建设，举办年度加油站经理职业技能竞赛，105名加油站经理全部参加，选拔1人参加销售公司加油站经理职业技能决赛。组织5人参加高级技师、技师晋级认定。以分公司为单位开展技能等级认定培训，提升认定通过率，促进技能人才队伍素质提升，满足主营业务高质量发展需要。

（王诗雅）